中國學術思想 研究輯刊

二一編

林慶彰 主編

第13冊

嵇康〈聲無哀樂論〉之玄學思維
——論題架構的思想格局對魏晉思潮之回應

張珍禎 著

花木蘭文化出版社

國家圖書館出版品預行編目資料

嵇康〈聲無哀樂論〉之玄學思維——論題架構的思想格局對魏
晉思潮之回應／張珍禎 著 -- 初版 -- 新北市：花木蘭文化出版
社，2015〔民 104〕

目 4+196 面；19×26 公分

（中國學術思想研究輯刊 二一編：第 13 冊）

ISBN 978-986-404-053-7（精裝）

1.（三國）嵇康 2. 魏晉南北朝哲學 3. 玄學

030.8   103027155

中國學術思想研究輯刊

二一編　第十三冊　　　　　　　　ISBN：978-986-404-053-7

嵇康〈聲無哀樂論〉之玄學思維
──論題架構的思想格局對魏晉思潮之回應

作　　　者	張珍禎
主　　　編	林慶彰
總 編 輯	杜潔祥
副總編輯	楊嘉樂
編　　　輯	許郁翎
出　　　版	花木蘭文化出版社
社　　　長	高小娟
聯絡地址	235 新北市中和區中安街七二號十三樓
	電話：02-2923-1455／傳真：02-2923-1452
網　　　址	http://www.huamulan.tw 信箱 hml810518@gmail.com
印　　　刷	普羅文化出版廣告事業
封面設計	劉開工作室
初　　　版	2015 年 3 月
定　　　價	二一編 27 冊（精裝）台幣 50,000 元

嵇康〈聲無哀樂論〉之玄學思維
——論題架構的思想格局對魏晉思潮之回應

張珍禎　著

作者簡介

張珍禎，民 68 年生於台北。師大國文所碩士班畢業。現任教於台北市立建成國民中學。自幼習琴，聽力音感甚佳，曉音律，可自度曲。教學時嘗試將古文、新詩譜曲，以唱遊方式引導學生背誦與鑑賞。青少年時期嚮往大海之寬，色之藍；少壯時期感覺人之於海，無所遁藏，漸偏愛山林之蓊鬱，行走其間。喜歡接觸文藝，音樂與詩是心靈想像的美好空間，書法是真實的紀錄，哲學則是善的源頭。嵇康的研究充實了生命的力量，延展了思想的高度，在人生面臨彷如魏晉的幽微人性之際，能不畏懼的向真、善、美的方向前行。

提　要

　　〈聲無哀樂論〉是嵇康生平的重要論作，所提出的觀點與傳統樂教立場不同，引起後世諸多爭論，堪稱魏晉時期一巨響，於主體性自覺、價值觀重建有十分深沉的啓發與影響，在藝術美學的理論與鑑賞之觸發，更是如漣漪般不斷擴散。然就中國文化符號性（非文字性）聽覺藝術方面，卻是自魏晉迄今一千多年來之絕響，實可謂前無古人而後無來者，可見長久以來對於「聲無哀樂」的觀點有所質疑者甚多，中國文化的傳統包袱著實不輕。

　　本論文研究之目的，起初便在釐清〈聲論〉往來論辨繁複之論點，從探析嵇康之音樂觀做爲基始點，卻在研讀此論之際，審視學者詮解之說、概覽魏晉思想時，發現嵇康思想殊勝之處：「舊云，王丞相過江左，止道聲無哀樂、養生、言盡意三理而已，然婉轉關生，無所不入。」依此而言，僅三理即有可相互關照、互相掛搭之處。嵇康著有〈聲無哀樂論〉、〈養生論〉，於三理中占有其二，又嵇康以和聲養生濟世，則二論實有相關之處。而二論如何與歐陽建〈言盡意論〉相互爲論？〈聲論〉中所提及的「得意忘言」，則以言不盡意的立場作爲關涉言意之辨的線索。至此，〈聲論〉已非僅是筆者最初所欲探究嵇康之音樂觀而已。筆者再進一步思索，若三理能「婉轉關生」，以至「無所不入」，則其所引發之議題爲何？其所關懷者應不脫離魏晉之思潮，於是魏晉玄學所涉及的命題，便成爲筆者對〈聲論〉試探梳理的對象。

　　立基於前人的研究成果上，企圖從〈聲無哀樂論〉中爬梳出其所「婉轉關生」的論題，諸論題與嵇康其他作品的關係，以及與魏晉玄學的交涉，由此觀察到〈聲論〉所架構出的思想格局，正以玄思與實踐並進的方式，用生命對於魏晉玄學做出了畫時代具有創發性的回應。而這些都將以〈聲無哀樂論〉作爲基礎，即〈聲無哀樂論〉可以是囊括、提挈嵇康思想的重要著作，並在魏晉玄學論潮當中，以當時獨特的清談方式，以具有創發性的論題，進行了玄學內容的提點，讓後人可以任由不同的概念進行主觀性的詮釋，此論作因而婉轉關生，生生不息，在在表現出魏晉是個自覺、獨立自主與精神自由的時代。

　　鎖定魏晉玄學爲主要研究範圍，以〈聲論〉作爲出發點，進而關聯嵇康之思想，甚至牽涉魏晉思想的主題範圍，但論述範圍主要在嵇康著作本身。第一章爲緒論，先說明研究目的，進行文獻探討，界定研究的範圍，確立研究方法與論文撰寫之詮釋進路。在文獻探討後，將〈聲論〉的義理進行分析比對，歸納出〈聲論〉的架構與關涉之主題。所析出的論題有六：「音樂」、「言意」、「有無」、「聖人」、「養生」及「自然與名教」，將此六者依「玄理」——「物」與「才性」——「人」二分後再並列爲論。「玄理」部分首論「音樂觀」，乃因本論文以〈聲無哀樂論〉爲主題，傳統以樂論觀之；嵇康以音樂來表現「得意忘言」，此觀念被當時

藝術所資取，於是將「言意觀」放在「音樂觀」之後；「有無觀」則進一步由言意之辨探討「聲無哀樂」立論的辯證方式。「才性」部分欲從本體論下接人生哲學，以至社會思想，所以順序分別爲「聖人觀」、「養生論」、「自然與名教」。總而言之，此論題分爲二部分六命題，而排序時思考各部分內在理路之論述邏輯，可以環環相扣，再者此二部分可並列齊觀，則各論題依其二分後論述之順序，既可並列又可相互牽涉，如「音樂——聖人」同論至道，「言意——養生」同論功夫與方法，實「有無——名教與自然」同爲生命實踐，果眞婉轉關生，具有時代意義。

　　第二章至第四章爲論文的主要部分。第二章爲「〈聲無哀樂論〉的詮釋進路」，先以自然宇宙觀、認識方法論，確立嵇康的本體論以及論辯的方法。第三章爲「和聲無象——玄理的體察」，探討嵇康由和聲體悟道的玄解，聲即是道。並以音樂在時空特殊的存在方式，亦是一種類於言與意的關係，由此詮釋嵇康的言意之辨。最後由聲、情關係，言、意關係，發現其關聯道家有、無思想的運用，爲延伸老、莊以來辨異而玄同的思維模式。

　　在結構上與第三章並立的是第四章「哀心有主——才性的觀證」，討論道下落於人的生命展現。從嵇康在〈聲論〉中對和聲的體察，「哀心有主」所展現的是一個對和聲多元性的詮釋，這樣多元性的詮釋，就詮釋者而言，基於每個人對於和聲體察的層次不同，各人不同才性的觀證所導致。至人是嵇康認爲能「聽」者，妙音非其不能御，而也是心目中理想的形象。著眼於這個論點，「才性」便是一個生命追求實現不可忽略的觀點，也是多元發展很重要的基點。生命實踐的工夫所在多有，〈聲論〉中呈現音樂導養的觀念，涉及嵇康的養生觀，與其對當世養生風潮的回應。〈聲論〉中呈現的「聲」、「情」關係，便是嵇康對「自然」與「名教」的會通，也從個人生命的修養擴展到社會群體的關懷，而「無聲之樂」便是起點，也是訖點。

　　全文從本體論及至道，下貫至工夫與實踐，企圖以「螺旋式」的理路作爲詮釋進路。第五章則爲結論，呈現研究的成果與貢獻，末以本論文不足之處以及可再發展的方向作結。

誌　謝

　　論文終於付梓，在過程中，感受到學術研究的嚴謹與充實，浩瀚與孤獨，不安與緊張，也呼吸到自由的空氣，這都感謝指導教授莊老師的認真用心與雍容大度，而使得研究能更盡善盡美。也感謝家父、家母的叮嚀，家姊的經驗分享，與舍妹的鼓勵，還有眾多師友的加油打氣，讓我在面對教職工作與學術研究蠟燭兩頭燒的窘況之時，如蠟油般滴下來的汗與淚，都能再轉化成向前行的動力。

　　讀書是一個人在時空中的旅行，與千百年前的生命相會，靜觀其思維與實踐的歷程，對於其生命的抉擇、抉擇的勇氣，以及實踐的力量，從不可置信或充滿疑惑到感動震撼，也曾經遺憾與惋惜，終於知道前人的故事使後人「淚滿襟」不是假說，當下我也反覆檢視自己未臻英雄的生命歷程。旅行中，我遇到山，第一次自己爬山既興奮又緊張，看到指標都想走走繞繞。走到了定點的風景，人潮較多。試著往未知之路探去，有時候覺得自己走到了峰頂，在喘息的時候，欣賞自得的風景。休息夠了，還有氣力，於是再行。短而陡的階梯是最累人的，氣喘吁吁之際，又看到了另一番風景，才羞愧剛才的得意。會不會有更高之處？慚愧之後，讓我顧不得發痠的小腿和腳趾，趁著日暮之前，我接受膝蓋的指揮，再行一段。這會得拉著繩索，以稍稍減輕心中的恐懼；踏上落差極高的階梯，向林茂之深處前去。短短的十分鐘，已覺得氣力用盡。我聽到人聲，於是較為心安。到了一個三腳平台，坐在大石上，四周是簡單的林相，我從林縫較大處觀看落日，雲氣繚繞於眼前的山腰，夕陽順著山勢隱沒。比我早到的人已經離開，聽聞其中一位山友說著不一樣的路線，讓我躍躍欲試。不過時間晚了，我也無力再行。下山之時便不再畏懼，

飛快地前進，因不想在山中摸黑。問了路人，確定了回程另一個的方向。「怎麼沒找個伴，一個女生在晚間走山路不安全。」一位好心的婦女說。「從這裡走。」兩個年輕的女人帶著一個小孩，牽著一隻狗，很狐疑地回答我，好像我明知故問。「獨行而無友，則孤陋寡聞。」真是一點也沒錯。走回了熟悉的路上，最後的考驗，是一條人車稀少、路燈昏暗，步行約需二十分鐘的馬路。白天經過時，發現路旁都是工廠，夜來了，顯得更為漆黑。硬著頭皮，快速前行，時而注意身後，時而留意來車，時而奔跑向前，緊張得如驚弓之鳥。快到了，看到了便利商店明亮的光線，我知道旅程已經接近尾聲。當我停下來喘氣，放下聳起的肩膀，回首來時路，路的盡頭比我想像的還要漆黑。到了捷運站，我挾帶著室外溫暖的氣息進入室內清涼的空氣場域，坐在車子裡，身子雖熱，但還算舒服，閉上眼覺得身子有點累，雙腳有點沉重。吐了一口氣，終於，可以暫時休息。

當研究工作告一個段落，身體就像爬山後的疲累，但是精神卻很好。尤其是當書本中的疑惑在沉寂地昏睡、焦躁地做雜事、暫拋一切地出外行走，以及強打精神地工作後，隨著時間的蘊釀自然解除。靈感最後從隨手拾起、靜心閱讀的書本中乍現。那閱讀彷若毫無目的，又像是重打基礎般；那以前輕忽的文句，如今有了重量。思路未通時，心中鬱悶未開；找到線索時，胸有成竹；而求得明證時，豁然開朗，胸中氣充實而輕盈。在研究接近尾聲的時候，最後一個關鍵的疑難解決時，有一次一早走在捷運站裡，心裡反覆地確認著我所認為的答案，亦反覆地讚嘆前人高超之思維，突然想到一段詞可以形容我體會到的生命力量——「驚濤裂岸，捲起千堆雪。」這蘇詞用來形容嵇康生命的壯烈，與才華的橫溢，實在貼切。天縱英才，卻又如巨星般殞落，黑夜的長空，我用凝視留住那道曾經的燦爛，用美好的青春記錄其永恆的存在。

張珍禎 2007.5.27 書於台北板橋

目

次

第一章 緒 論

第一節 研究目的

〈聲無哀樂論〉（以下簡稱〈聲論〉）是嵇康生平的重要論作，所提出的觀點與傳統樂教立場不同，引起後世諸多爭論，堪稱魏晉時期一巨響，於主體性自覺、價值觀重建有十分深沉的啓發與影響，在藝術美學的理論與鑑賞之觸發，更是如漣漪般不斷擴散。然就中國文化符號性（非文字性）聽覺藝術方面，卻是自魏晉迄今一千多年來之絕響，實可謂前無古人而後無來者，可見長久以來對於「聲無哀樂」的觀點有所質疑者甚多，中國文化的傳統包袱著實不輕。

向秀〈思舊賦〉：「嵇博眾技藝，於絲竹特妙。」〔註1〕就可考資料的呈現，嵇康能音樂、書法、繪畫、鍛鐵，而音樂是其於臨死之前仍念念不忘者。嵇康音樂的造詣，或說是遊洛西時於華陽亭得古人授以《廣陵散》，甚而堪稱絕妙，聞名於世，尚不論此說然否，實目的在突顯嵇康音律與琴藝之高深。

由其音樂之造詣，與〈聲論〉做一連結，就論題而言，依照〈樂記〉由聲而音乃至樂，聲、音、樂乃可作區分且循序漸進鋪排而成，嵇康明白此理，故言「聲無哀樂」，進而可言「樂無哀樂」，顯示出其校名析理之精準，與對音律之精析。然對聲、音、樂於論中未作明確之區分，是注意到聲、音、樂三者之所同——「和」——以和玄同，同則通而能返，故直言「聲無哀樂」，

〔註1〕見（清）景印摛藻堂，清高宗敕撰：《四庫全書薈要·集部》（台北：世界書局，1999年），頁387。

—1—

正是呈現「有──無」之辨異、玄同和復歸的思辨歷程。就內容而言，其以毛詩序所言之治世之音與亡國之音各呈現出不同的現象，藉由秦客於論首提出問難，是從音樂的角度切入，顯示出〈聲論〉在勘破世人對於音樂所存在的成見與誤解。

筆者正如世人一般，以「聲有哀樂」爲理所當然。自小接受音樂薰陶，習琴數年，教授鋼琴的老師，每每提點須以感情詮釋樂曲，或從樂曲中揣摩作曲者之感情；西樂之各調性不同，屬大調者爲陽剛，小調者爲陰柔，亦爲音樂老師教授作曲時所提及的概念。音樂富涵情感之觀念於是根深蒂固。因緣際會，幸得求學研究之契機，拜讀了嵇康〈聲無哀樂論〉，初於論題便有所質疑，在進行理解之過程中，亦時時抱持懷疑的態度，來斟酌嵇康之論點，因爲筆者持相反之立場，在音樂上無論從作者、述者、聽者或樂曲、樂器之角度去思考：由旋律、和弦與節奏所構成的音樂，是用以傳遞感情，還用來抒發感情？音樂中是否富涵著情感？若答案爲肯定，而其中之情感是作者所賦予，抑或是聆聽者所自己產生，還是作者欲傳達給聽者？作者創作或演奏時的感情之於聽者所產生之情感，有何相關？若答案爲否定，那構成音樂之要素爲何？作者創作音樂經由構思所表達之情感何在？爲何能使聽者產生感動？我們聆聽音樂之目的爲何？現在科技發達，日新月異，音樂不必透過人之手，亦可藉由媒體傳播，甚至樂器可以電腦設定自動演奏，這些都是嵇康所料未及，然此現象是否對其論點會有所影響？諸多問題如浪濤，波波翻湧而來。

故本論文研究之目的，起初便在釐清〈聲論〉往來論辨繁複之論點，從探析嵇康之音樂觀做爲基始點，卻在研讀此論之際，審視學者詮解之說、概覽魏晉思想時，發現嵇康思想殊勝之處：「舊云，王丞相過江左，止道聲無哀樂、養生、言盡意三理而已，然婉轉關生，無所不入。」〔註2〕依此而言，僅三理即有可相互關照、互相掛搭之處。嵇康著有〈聲無哀樂論〉、〈養生論〉，於三理中占有其二，嵇康以和聲養生濟世，二論實有相關之處。二論如何與歐陽建〈言盡意論〉相互爲論？〈聲論〉中所提及的「得意忘言」，以言不盡意的立場作爲關涉言意之辨的線索。至此，〈聲論〉已非僅是筆者最初所欲探究嵇康之音樂觀而已。筆者再進一步思索，若三理能「婉轉關生」，以至「無

〔註 2〕劉義慶著，劉孝標註：《世說新語‧文學》（台北：藝文印書館，1959 年），頁128～129。

所不入」，則其所引發之議題爲何？其所關懷者應不脫離魏晉之思潮，於是魏晉玄學所涉及的命題，便成爲筆者對〈聲論〉試探梳理的對象。

於是筆者在前人的研究成果上，企圖從〈聲無哀樂論〉中爬梳出其所婉轉關生的論題，諸論題與嵇康其他作品的關係，以及魏晉玄學的交涉，由此觀察到〈聲論〉所架構出的思想格局，正以玄思與實踐並進的方式，用生命對於魏晉玄學做出了畫時代具有創發性的回應。而這些都將以〈聲無哀樂論〉作爲基礎，即〈聲無哀樂論〉可以是囊括、提挈嵇康思想的重要著作，並在魏晉玄學論潮當中，以當時獨特的清談方式，以具有創發性的論題，進行了玄學內容的提點，讓後人可以任由不同的概念進行主觀性的詮釋，此作因而婉轉關生，生生不息，在在表現出魏晉是個自覺、獨立自主與精神自由的時代。

第二節　研究成果概述

在蒐集整理與閱讀探索相關嵇康之文獻時，發現了許多與自己同好者，內心十分喜悅。面對多元的議題與資料，讓筆者驚訝的是，原來在動盪不安的魏晉時代，含藏著如此活潑又富詮釋性的思想，至今仍可以生生不息。著眼於學術的研究上，正因爲已有許多前人的努力，所以更難找到一條新的道路，而令人欣慰的，在釐清嵇康論作之梗概後，與眾多的研究成果進行對照，發現了大多數研究者不管抓住哪一面向的主題，加以發揮，往往都必須涉及〈聲無哀樂論〉中的概念加以討論。其實這正是嵇康以〈聲論〉從多面相翻，而一體全是的生命學問。茲先將學術期刊論文以〈聲論〉爲主者，加以說明；再者，以重要學者在魏晉玄學上的論著，搜羅其架構的主題，加以綜合歸納，並觀察其對嵇康或〈聲論〉的定位，將與以嵇康爲主的論著進行比對；最後，研究論文涉及嵇康者，進行分析與綜合，以了解研究嵇康思想的概況。資料繁多，茲於各重要論題舉重要之文獻作說明，或許可因此探究對於後人嵇康思想全貌的研究概況，以確立本論文寫作之必要性。

一、以〈聲論〉爲主的研究論題

徐麗珍《嵇康的音樂美學》是其以 1980 年在師大之碩士論文所出版的書。書名與原論文名已有不同，但內容未有太大的變動。以牟宗三先生所提「客

觀之音樂美學」為線索，從音樂的本質、音樂欣賞中主客體的關係、音樂的功能等，最後以美學作了精闢的詮釋；爾後，有許多對音樂美學的論題亦由此開展。在序言中有言：「雖以〈聲無哀樂論〉的音樂美學觀點作為詮釋重點，然而亦旁涉嵇康〈琴賦〉、〈琴贊〉、〈養生論〉、〈答張遼叔釋難宅無吉凶攝生論〉與其詩作等相關音樂美學思想部分」。〔註3〕對於這樣的概念，筆者十分認同，也是作者更動論題的原因。但細察內文中所述，則篇幅甚少，如第二章音樂的本質頁十五註二十八處，言及嵇康辨明物情與人情之別，以〈釋私論〉：「情不繫於所欲」並下四句為註，沒有多加論述便緊接而言物情、人情各有體性，確立音樂的客觀性質之說。又第四章音樂的功能頁九十四註十七處，在對於移風易俗問題的思考，提出嵇康復歸自然世界的哲學訴求，以「養生」與和「釋私」為具體實踐，於是徵引〈養生論〉、〈答張遼叔釋難宅無吉凶攝生論〉與〈釋私論〉作說明，再提出音樂於此以「導養」為功能，提引〈琴賦序〉、〈琴贊〉為證。關於〈琴賦〉中的音樂思想並未觸及，甚為可惜。這也是筆者將著力的地方。

　　張蕙慧《嵇康音樂美學思想探究》，1997年4月文津出版社所出版。在架構上，大概就是以其於第二章第三節基本文獻研究成果中所論述的資料作綜合整理，如第三章嵇康音樂美學的思想要旨之小節，為徐麗真《嵇康聲無哀樂論之音樂美學研究》論文之架構；第五章嵇康音樂美學的比較，參考了葉明媚《聲無哀樂論研究——從傳統音樂發展看聲無哀樂論》第四章第三節〈聲無哀樂論與樂記的比較〉〔註4〕，以及鄭明慧《嵇康與漢斯立克音樂美學思想比較》〔註5〕，並加上與阮籍〈樂論〉作比較，如此有所綜合亦有所增補。

　　鄭明慧《嵇康與漢斯里克音樂美學思想研究》（中國文化大學藝術研究所碩士論文，1988年），比較兩者音樂思想之異同，二人都主張情感不是音樂的內容，這樣的思想在其所處的時代，一於西元三世紀，一於西元十九世紀，都頗具震撼。作者以此作為論題，頗具創發性。吳毗〈嵇康「聲心異軌」論及其音樂美學〉單篇期刊論文就提到嵇康與漢斯里克的比較問題，兩者相似之處〔註6〕，鄭明慧或受其啟發。鄭氏以嵇康倡〈聲無哀樂論〉目的在使主體

〔註3〕　徐麗珍：《嵇康的音樂美學》（國立編譯館，1997年3月初版）。
〔註4〕　1977年，香港新亞研究所文學組碩士論文。
〔註5〕　1988年，中國文化大學藝術研究所碩士論文。
〔註6〕　詳見《鵝湖》，1985年10月。

精神能擺脫感情的束縛，達到道家『逍遙遊』的境界，自然能體會出樂音之美；漢斯里克的目的則在發掘音樂客觀美的價值所在，中國音樂觀落實於主體，西方則強調客體的和諧之美。」〔註7〕但言「音樂是一種藝術，凡藝術創作都不能脫離社會文化的束縛與需求，更無法完全僅追求客體面的藝術性，而不顧欣賞主體感受的多樣性，因此嵇康與漢斯里克將情感與音樂的關係加以隔離，……漢斯里克的理論失之唯美，而嵇康的理論失之抽象。」〔註8〕此說未考慮二者並未反對欣賞主體以感情之詮釋，如嵇康亦言「各師其解」，那是一個層次，極待超越的層次。然而就筆者體會嵇康除以音樂使主體精神能達到道家「逍遙遊」的境界，音樂除了是創作或欣賞的客體，亦有其主體性，而「聲無哀樂論」正還原了音樂的主體性，成就了藝術自身之獨立性。

羅嵐君在《嵇康音樂美學思想研究》（淡江大學中國文學系研究所碩士論文，1995 年）中，能並呈傳統樂論與當代學者詮釋嵇康音樂觀之說。其在論文表示展現嵇康音樂美學思想的原典，有〈聲論〉與〈琴賦〉，並以後者為前者在理論上實踐與印證之作。〔註9〕這幾乎是研究嵇康音樂思想者之共識，而其論文以〈聲論〉為主要之關注點，忽略研究一個人在某層面的思想，也要全覽其整體，才能找出最適當的詮釋和定位。而〈琴賦〉一文，亦含藏許多重要的思想線索，不能單純以「音樂類文賦」等閒視之。

蕭凱文的《嵇康〈聲無哀樂論〉研究：以「樂教」為核心考察》（淡江大學中國文學系碩士論文，2002 年）以「聲情關係」為議題，來說明主客雙方對「樂教」的論點，進而概括「聲無哀樂論」的思想，並接引「〈琴賦〉討論〈聲無哀樂論〉中尚未究明的議題，包括聲音的「和」理及東野主人的「移風易俗」觀。論文如此發展，可以說十分有論據，很有概括性，所以能進而涉及〈琴賦〉來做討論。這便是筆者以為〈聲論〉可以關涉〈琴賦〉，延展出其他議題可能性的論據之一；蕭氏研究仍以音樂層面的思想為主，對於嵇康其他層面的思想，尚未引發連結之處，正是筆者欲著力的。

二、可以管窺「魏晉玄學」主題的著作

概觀魏晉玄學主要的研究大家，對於嵇康在魏晉思想發展中，似乎並不

〔註7〕　參見鄭明慧：《嵇康與漢斯里克音樂美學思想研究》，頁 186、188。
〔註8〕　同上註，頁 187。
〔註9〕　參見羅嵐君：《嵇康音樂美學思想研究》，頁 1。

是一個開先啓後的焦點，只將其突出於竹林七賢之上，以至於論述的內容分量不多，對於後人在研究上其實有某些程度的限制與價值判斷。針對湯用彤與牟宗三於魏晉魏晉思想的主題論述整理如下：

湯先生在論述魏晉玄學，不外以言意之辨或有無之論作爲提綱，外加魏晉玄學之流別或思想發展，對於王弼、郭象和佛學的著墨較多。認爲以「自然」概括嵇、阮思想，並以阮之思想較佳，〔註10〕將二者歸於貴無論之流中。〔註11〕

牟宗三以魏晉思想主題有以下幾個方向：名士、清談（價值觀）、儒道會通、自然與名教、聖人論（才性）、有——無；迹——本、圓教、言意之辨（分解說、非分解說）、玄理、玄智、般若。〔註12〕在論述中只有提到王弼和郭象二者。牟宗三以「名理」的概念來呈現嵇康的思想，可能是由於其多以論辯的方式呈現，對於嵇康論作以〈釋私論〉爲最有哲學意味者。言此作理趣既精，辨解亦微。〔註13〕對〈聲無哀樂〉論肯定其以主觀之花爛映發，客觀的純美的主義，爲欣趣之極致，以高貴之審美靈魂，相契音樂之最高境界。〔註14〕亦以「聲音之色澤」肯定「聲有哀樂」同爲主觀之欣趣判斷。〔註15〕並言及此問題與范縝〈神滅論〉在中國思想史中最爲特出，此特出乃因其開闢了「客觀性」之領域。以「存有型態」、「客觀性型態」之格局爲西方學術所長，雖然嵇康觸及此一格局，是中國哲學問題中最有特色者，然不能精透。對於八段難答的論辯，自導自演，並不完全認同。〔註16〕而牟宗三只就其認爲最精采處之四難四答做一提述，但卻沒有細論，甚是可惜。而〈釋私論〉、〈聲無哀樂論〉在其論述的魏晉思想主題中，似乎沒有做太直接的關連。將〈聲論〉重點放在以主體欣趣判斷，於是很自然地會歸之於美學的領域，視其爲中國思想之特出，當然就非魏玄之主流，於是儘管其言：「此文（〈聲無哀樂論〉）之論點，似是涉及存有、體性、關係、普遍性、具體、抽象等所成之思

〔註10〕 《魏晉玄學》，頁438。
〔註11〕 參見湯用彤：《魏晉玄學》（台北：佛光文化事業，2001年），頁187、245。
〔註12〕 《中國哲學十九講》第十一講〈魏晉玄學的主要課題以及玄理之內容與價值〉（台灣學生出版社，1983年10月初版），頁225～241。
〔註13〕 牟宗三：《才性與玄理》（台灣學生書局，1997年8月修定八版），頁344。
〔註14〕 同上註，頁315。
〔註15〕 同上註，頁267。
〔註16〕 《才性與玄理》，頁356。

想格局。」〔註17〕卻不能正視之，於是失落了一貫串魏晉玄學的寶貴珍珠。

王葆玹之《玄學通論》在名理之學、言意之辨處以不假微言的「妙象盡意」——「音樂盡意」來論〈聲無哀樂〉〔註18〕；言及竹林七賢也談到嵇康其人其事，還有著作概要〔註19〕；玄學的本體論中物自體與其現象的區分，如「火不熱」、「指不至」則涉及〈聲論〉重要的啓發。〔註20〕雖然對於嵇康的論述篇幅不多，但從其筆意已可見對嵇康與之推崇。

若在斷代史方面，許抗生等之《魏晉玄學史》對嵇康的思想則有主題性的論述：自然觀、認識論、道德觀、養生論、「言不盡意」論、「聲無哀樂」論。〔註21〕雖爲史論，仍有哲學論述可觀。同樣爲史論，由莊師萬壽所著之《嵇康研究及年譜》，除以編年的方式詳考嵇康之生平以及時代背景，對於其論作也多有重點式的提撥，並能溯其源意，是很值得闡發的著作。而筆者由此書所推斷〈聲論〉之創作年代，爲嵇康諸作之首，且早於其而立之年，依此論據正增強本論文研究預期之成果，尤爲重要。

三、以嵇康爲主的研究論題

（一）當代學者方面

莊師萬壽所著之《嵇康研究及年譜》，1990 年 10 月由台灣學生書局出版。除以編年的方式詳考嵇康之生平以及時代背景，也可見相關人物的年譜，對於其論作也多有重點式的提撥，將嵇康在強烈政局影響下的哲學思想、文學創作，用學術史的方法加以分析而聯綴起來，並能溯其源意，是很值得闡發的著作。全書以繫年爲針，嵇康的哲學、文學心路歷程爲線，呈現出嵇康壯烈的生命。在先其世家族的關係、王戎去逝的年代、水力冶鐵、毋丘儉事件的洛陽政局、服食藥石、思想發展與文學創作方面，都有所貢獻。〔註22〕

謝大寧《歷史的嵇康與玄學的嵇康——從玄學史看嵇康思想的兩個側面》

〔註17〕《才性與玄理》，頁 356。
〔註18〕王葆玹：《玄學通論》（台北：五南圖書，1996 年），頁 228。
〔註19〕同上註，頁 354～361。
〔註20〕同上註，頁 500。
〔註21〕許抗生等：《魏晉玄學史》（陝西師範大學出版社，1989 年 7 月一刷），頁 194 ～233。
〔註22〕參見莊師萬壽：《嵇康研究及年譜》，（台灣學生書局出版社，1990 年 10 月），序言頁 1～2。

1997 年 12 月由文史哲出版社出版。其企圖將玄學的核心由王弼轉移到嵇康身上，並提供一套新的分析架構，供後進超越湯用同的詮釋做爲一參考。〔註23〕在作者於序中自述，此意圖在當時的學界似乎未受到多數的認同，不過相信時間和努力會給予客觀公允的評價。作者更期待能對玄學開展出一具「創造性詮釋」意義的面向，這也正是筆者努力的方向。

曾春海《竹林玄學的典範──嵇康》2000 年 3 月由萬卷樓出版。以嵇康的作品來論述其各種哲學的面向，與梳理整體文句辨析的工作，涉及其人之生平事略、時代環境、生命才情、論辯方法、詩文特色、自然觀、人性觀、生死觀、養生論、宅卜吉凶說、聲無哀樂論、政治社會思想等多種層面。全書架構堪稱典範，從嵇康的玄學方法論入手，再以「元氣」──氣之始的宇宙觀，點出在〈聲無哀樂論〉中提及由陰陽五行化生而來的「五音」，其形上的體性秉賦著做爲宇宙根本的「道」之「和」、「平和」、「太和」、「至和」。〔註24〕但後文論及養生與音樂方面，卻沒有以此作發揮，甚是可惜。若能有一中心思想來貫串各個面向，使能連結成一體，那豐富的內容結構性會更強。

（二）學位論文方面

一九七四年，蕭登福《嵇康研究》（國立政治大學中國文學研究所碩士論文，1974 年）首先發難，綜論嵇康，旨在探討其人及其玄論對後世之影響，開創有功，然內容稍嫌薄弱。後有李永求：《嵇康研究》（國立台灣大學中國文學研究所碩士論文，1985 年）重心在嵇康一生及其文學作品的全面性分析，欲補前人之不足。范瑞珠的《魏晉論辯散文之研究──以嵇康爲中心試探》（國立政治大學中國文學研究所碩士論文，1980 年）從論辯散文的角度切入，藉嵇康論文之思想和論辯方式，了解論辯散文從先秦到魏晉發展的概況。到了2002 年，黃貞菱《嵇康思想研究》（國立高雄師範大學國文教學碩士班碩士論文），抓住「越名教而任自然」、「聲無哀樂」、與養生三論，來概括嵇康的思想，綜論了前人的研究，卻未有新意。

何美諭的《嵇康之藝術生命探析》（國立中興大學中國文學系碩士論文，2002 年）論題定得很好，嵇康實乃一藝術之生命，論文中已言及關於〈釋私

〔註23〕 謝大寧：《歷史的嵇康與玄學的嵇康──從玄學史看嵇康思想的兩個側面》（台北：文史哲出版社，1997 年 12 月），頁 235～236。

〔註24〕 曾春海：《竹林玄學的典範──嵇康》，（台北：萬卷樓圖書公司，2000 年），頁 54。

論〉追求生命之絕美：「嵇康所追求的生命型態是一種『抱一而無措，則無私無非；兼有二義，乃爲絕美耳。』、『心無措乎是非，而行不違乎道者也。』的人格美。」其以嵇康的人格美爲主軸，嵇康的詩及音樂思想作爲線索，慢慢勾勒出嵇康的藝術生命。在第四章主論〈聲論〉時，涉及聲音的符號美學與言意之辨，並視〈聲論〉是「從自身存在意義推置到社會存在意義的音樂思想」，所引述論證與一般對儒家強調群性、道家重視個體的觀點不同，目的在指出〈聲論〉是玄學思潮下，儒道會通的最佳典範。〔註25〕

　　養生的思想，也是研究的重點。在此主題上的討論，也十分精采。如楊旋在《嵇康之養生論與樂論研究》（東海大學中國文學系碩士論文，2002年）中探究《世說新語》中「聲無哀樂」與「養生」如何在玄學世界裡「婉轉關生，無所不入」？這是一個很棒的發現，作者以「心無措乎是非」作爲詮釋的進路，發現因爲兩命題皆未脫玄學的範圍，所以成爲過江三論之一。〔註26〕然在整個研究卻歸結於「原因」的探討，其實就是探討「婉轉」二字之意涵，「關生」的內容，並未著力。作者在文末承認其論作對於養生與樂論的關聯十分薄弱〔註27〕，筆者認爲那是因爲作者對嵇康談養生，即是論音樂；談音樂，即是論養生的婉轉關生著墨太少，又對於過將江三論中的「言意之辯」沒有好好把握，忽略了「聲無哀樂、養生、言盡意三理」是同具同存，也就是「心無措乎是非」這個理路未進入言意的層面，所以未能「無所不入」的原因了。

　　張澤文在2003年，《嵇康神仙思想研究》（中國文化大學哲學研究所碩士論文）中，發掘養生思想之外的價值與意義，是體會到養生論之「婉轉關生」，並將其諸多思想總合爲「神仙思想」，分述於「心靈」、「現實」、「理想」，三種看似不同，卻又一體三面的人物，然而這個人物的產生，總述了儒家、道家、道教三家的精華，不僅替魏晉士人帶來無窮的希望，更象徵人對生命的自覺。論述有理，然嵇康雖承認神仙實有，但也認爲神仙非學而可至，其是以關懷生命之心，而言養生盡性命之理，若改以嵇康在其論作中屢次提及的「至人」上作發揮，會更爲適切。

　　在玄理方面，陳弘學的《嵇康玄學思想研究》（東吳大學中國文學系碩士

〔註25〕何美諭：《嵇康之藝術生命探析》，頁116。
〔註26〕楊旋：《嵇康之養生論與樂論研究》，頁125。
〔註27〕同上註，頁132。

論文，2003 年）很清楚地分析整理了嵇康的論作，是進學者的第一步；除了從政治因素分析，更進而以其內部性格與複雜思想作爲對照，考慮其所以然。其一方面放大視角，於二、三章中描繪嵇康思想、性格的整體脈絡；一方面也鉅細靡遺，將嵇康文論進行地毯式之分解與批判。透過這樣的方式，更加深入地研究了嵇康玄學思想的內涵，能對當代研究魏晉玄學有所補充。雖分篇分章探究了嵇康著作的玄學思維，似乎沒有主題性的關聯與統整，十分可惜。

在討論自然與名教方面，吳芳玉的《嵇康思想論》（輔仁大學哲學研究所碩士論文，1987 年 6 月），理出嵇康以『名實論』爲基礎，架構出其心中理想的世界圖像——自然世界，此即爲一理想性設定。「於其設定中，自然世界乃先於名教世界，故吾人稱嵇康要求由『名教』導源至「自然」的歷程爲『復歸』」。〔註 28〕如果以嵇康「越名教而任自然」一語和作者之言相比對，由「越」至「任」的詮釋，是否就是作者所界定的「復歸」，即作者所說的「要求由『名教』導源至『自然』的歷程」？什麼才是嵇康在魏晉時代用生命用力在追求在體現的價值？什麼才是奉獻生命也在所不惜，本著生命在實踐在作用的價值觀？這是筆者在探究嵇康「自然」與「名教」思想最後才頓悟，並深深向魏晉極高的思想致敬之處。不過吳氏能討論〈釋私論〉中「無措」對「有措」的超越方式，由多而一，獲取統一性本體的理論基礎，另外涉及〈養生論〉與〈聲無哀樂論〉，也算是對自然與名教此論題有所掌握。

崔世崙《嵇康「論文」及其玄學方法研究》（國立師範大學國文學系碩士論文，1998 年）透過嵇康的九篇論文及其他著作，分析出「自然」與「名教」的概念，肯定了其善用「辨名析理」的方式論理，並認爲「玄學的主題方面，他多少受到王弼、何晏的自然無爲思想，把『自然』與『名教』問題重新加以詮釋，以樹立了新的理論體系」〔註 29〕，「即是說，嵇康的『越名教而任自然』的思想，在王弼、何晏的『名教出於自然』與郭象的『名教即自然』二者思想脈絡上，起了橋樑的作用，成爲玄學的兩大中心命題之一。」〔註 30〕作者雖然不與其他學者相同，「按照王弼、何晏的『有無』、『本末』等貴無論的觀點去安排嵇康的思想及其玄學史上的貢獻」〔註 31〕，但其實王弼、何晏的『有無』、

〔註 28〕 吳芳玉：《嵇康思想論》，頁 20。

〔註 29〕 崔世崙：《嵇康「論文」及其玄學方法研究》，頁 73。

〔註 30〕 同上註，見其論文摘要。

〔註 31〕 此段文字作者有諸多錯漏字，已由筆者校之。

『本末』等貴無論的觀點本來就是要解決當時『自然』與『名教』衝突的問題，細觀王弼的生卒年，和嵇康屬於同一時期，是王弼（226～249）以天才早慧之姿而早夭，所以學者多將其放在正始時期來討論，似乎早於竹林時期的嵇康（224～263），忽略了嵇康的〈聲論〉之作，是在其二十六歲之時，所以或可說「玄學的主題方面，他多少受到王弼、何晏的自然無為思想，把『自然』與『名教』問題重新加以詮釋，以樹立了新的理論體系」，但後斷言「即是說，嵇康的『越名教而任自然』的思想，在王弼、何晏的『名教出於自然』與郭象的『名教即自然』二者思想脈絡上，起了橋樑的作用，成為玄學的兩大中心命題之一」，便有討論的空間。第一，就當時的政治社會背景來說，嵇康「越名教而任自然」之說較同期王弼「名教合於自然」為真，而「名教即自然」一命題是否切合郭象的思想，王葆玹持否定的態度〔註32〕，若是為了讓當時的名教合理化，就更為不堪。所以是否將嵇康的「越名教而任自然」視為兩者之橋樑，因此來肯定嵇康在魏晉玄學上的貢獻，反而是委屈了嵇康。

　　也有不少論作是關於嵇康和阮籍的比較〔註33〕，兩者同處於竹林時期，生命型態卻十分的不同，所以研究者在時代背景、學術風氣、生平、哲學思

〔註32〕 「人們常說郭象社會政治思想可用『名教即自然』的命題來概括，理由是郭象說過這樣的話：『臣妾之才而不安於臣妾之任，則失矣。故知君臣上下，手足內外，乃天理自然，豈真人之所為哉！』（《齊物論注》）……然而這裡所提到的只是社會上尊卑的等級，並未提到儒家所維護的名教。……更何況郭象對仁義孝慈等名教的批評其實很嚴厲，用『名教即自然』一句去概括郭象思想，無論如何是不貼切的。」詳見王葆玹《玄學通論》，頁562～563。

〔註33〕 陳嚴坤的《阮籍與嵇康比較研究》，東吳大學中國文學系碩士論文，1998年。從政治的層面與學術風氣、生平、哲學、音樂、詩賦等作比較，目的要讓阮籍、嵇康二人的定位有一個較為宏觀的看法。
任效誠的《嵇康與阮籍──其人品思想與文學之比較》，中國文化大學中國文學研究所碩士論文，1994年。和陳嚴坤的研究比較不同的是末章討論嵇康與阮籍對後代的影響，首先探討嵇、阮二人對於向秀與郭象莊學的影響。
陳慶元的《阮籍、嵇康處事態度研究》，東海大學中國文學系碩士論文，1994年。運用「思想史」的方法，即從哲學史、文學史等角度綜合切入，而特別注意政治、社會和傳記事件與觀念發展間的關係。並以二人的「處世態度」為研究範圍，從二人的處世思想、行事風格與詩文作品做比較研究，進而凸顯二人在中國思想史上的地位與貢獻，這也正是論文的目的。
游彩鳳：《阮籍、嵇康音樂理論中的儒道思想研究》，東海大學哲學研究所碩士論文，1992年。此文研究阮籍和嵇康在音樂想上的差異，以了解儒家音樂在先秦以至魏晉的傳承與轉化，及道家思想之音聲觀在魏晉的發顯，以期能透澈瞭解儒道兩家所持的音樂理論的不同之處。

想、音樂思想、處事態度、文學創作、對後世的影響上做了許多分析與比較。在這個主題已經頗有成果。

（三）期刊論文

嵇康〈聲無哀樂論〉的研究，和〈樂記〉相較之下，其實已經沉寂了千年，在近幾年有受到重視的趨勢。〔註 34〕上所列舉的資料，應是比較具有代表性與個人己見的論述，還有更多期刊式的論文，因為重複性高，所以沒有羅列，或散見在爾後的章節中。值得一提的是，林麗眞等於 2005 年 11 月由漢學研究中心出版的《魏晉玄學研究論著目錄 1884～2004》，縝密的搜羅與分類，對於研究者的助益匪淺。其中將研究嵇叔夜的論題（含大陸、日英文；不含專著、學位論文）分爲八大類：生平論著考辨（49 條）、其人其學通論（81條）、風格與人格（45 條）、自然名教之辨與釋私論（36 條）、聲無哀樂論（83條）、詩文歌賦（62 條）、養生論（30 條）、明膽論及其他（11 條）。在〈聲無哀樂論〉的研究方面，在七、八〇年代後才刊開始蓬勃發展，實可見嵇康之論作尚有深入研究的潛力。

四、研究範圍涉及嵇康

（一）當代學者方面

一九六五年，何啓民先生於《竹林七賢研究》一書的第六篇〈嵇康研究〉〔註35〕，是台灣開始涉論研究嵇康的代表作。

戴璉璋《玄智・玄理・文化發展》斟酌於有、無之玄理，從王弼、嵇康、郭象、僧肇到成玄英，這樣的提點是很理性的思維，尤其能將嵇康與僧肇納入長久被隱沒的玄學之中，最重要是能在語言的運用和思維上，來對僧肇的般若做觀察。〔註 36〕不過筆者認爲，僧肇並不是要將般若玄學化，而是運用玄理在語言上的方便，來將般若的智慧作一相契的傳承。雖將嵇康統攝其中，

〔註34〕 嵇冉在〈越辨越明眞理在──〈樂記〉、〈聲無哀樂論〉學術研討會紀略〉提到：「長期以來人們重視〈樂記〉，對〈聲無哀樂論〉研究過少，評價過低。這次會改變了這種狀況。會議收到的論文中，關於〈樂記〉的只有三篇，關於〈聲無哀樂論〉的確有十一篇之多。討論中充分肯定了〈聲無哀樂論〉在中國音樂美學史研究具有重要意義。」《中央音樂學院學報》1985 年第三期（總第二十期），頁 8。

〔註35〕 何啓民：《竹林七賢研究》（中國學術著作獎助委員會，1966 年 3 月初版）。

〔註36〕 戴璉璋：《玄智・玄理・文化發展》（中研院中國文哲研究所，2002 年），頁322～334。

不過對於「躁靜情緒說」，以及賞樂三個層次可以一體會通，吳冠宏在其《魏晉玄義與聲論新探》中有所反省，並依原文與以糾正。〔註37〕吳氏之書以「辨異與玄同」的詮釋進路，〈聲無哀樂論〉為其核心的其中一個面向，鎖定當代對〈聲論〉研究的反省，並以其「聲情關係」作為「情理並茂」之名士特質的理論展演，藉此彰顯嵇康在玄學思維與名士物我關係中的典範角色，並重新評估了嵇康在魏晉玄學中的地位。

　　李澤厚、劉綱紀〈嵇康的聲無哀樂論〉見《中國美學史》第二卷第六章，全章44頁，約三萬字，1987年7月中國社會科學出版社出版。台灣版由谷風出版社於民國七十六年十二月印行。從美學史的角度出發，全文有許多獨道的觀點，其肯定嵇康從本體的觀點來體察藝術，論證「和」是樂的本體論，嵇康樂論的根本〔註38〕，並從中演發出其他的觀點，並涉及了美學中許多重要問題。也說明了〈聲論〉是魏晉玄學以「無」為本的思想在美學上的系統應用。〔註39〕認為〈聲論〉極具哲學意義，對後世無形的影響比有形的影響要大得多。〔註40〕不過筆者認為其在第一節「嵇康的生平思想和特點」末提到〈養生論〉是嵇康音樂思想直接的理論基礎〔註41〕，應有待斟酌。音樂和養生在嵇康的生命中，應是音樂的才賦早於養生的實踐，觀物體道而反求諸己；又〈聲論〉創作時間早於〈養生論〉，所以應該是以〈聲論〉所言音聲之和，去延伸到養生之和。不過在第三節「嵇康的樂論和養生論」末以「嵇康的以『和』為核心的樂論的建立，可以說是魏晉玄學的美學完成」〔註42〕，有十分切要的提點。

（二）學位論文方面

　　有許多學位論文，雖不以嵇康為名，但在內容章節上也涉及了對於嵇康的討論，論題十分多元，筆者查詢到較多的是魏晉玄學中關於自然與名教的論題，再者文學、美學、嵇康思想對後世的影響，另外名理、有無、養生、體性、史學，以及言意觀等等，所在多有。茲概述如下：

〔註37〕吳冠宏：《魏晉玄義與聲論新探》，頁202～208。

〔註38〕李澤厚、劉紀綱：《中國美學史》（台北：谷風出版社，1987年再版），頁245～255。

〔註39〕同上註，頁260。

〔註40〕同上註，頁270。

〔註41〕同上註，頁236。

〔註42〕同上註，頁244。

在論自然與名教方面，這個論題涉及的範圍很廣，討論到魏晉時期的自然思想，名教的發展，或自然與名教的關係，還有更多是士人在當時名教與自然思想相互衝擊之下，如何自處的問題，「君子」一名到此時有了實質上的變化，隱逸之風盛行下的名士意識或親近自然山林所構成的園林文化，所以也牽涉道家政治思想的演變。除了儒道的會通，也有反玄的一隅，以及玄學與佛教初興時的格義。

文學方面，玄學思潮下的美學的鑑賞是一重點，提起魏晉六朝詩歌，嵇康是不可遺漏的詩人，詩的研究也比起賦的研究要多出許多。還有在詩論的比較中，舉嵇康之條例為比較案例者。另外因為〈聲無哀樂論〉一文中嵇康多次取譬於「味」，文論中「味」的審美意涵亦舉嵇康之說為例。

音樂美學和中國音樂史也是研究的重點，嵇康也是音樂家，其由音樂所體悟之道，延伸出藝術領域對於本質的探究，美的涵養與詮釋，嵇康已經用生命在夜空鑲上一顆閃亮耀眼的星鑽。

無疑地，嵇康對後世的影響可以說是繁星點點的。在玄學、美學、文學、音樂、養生方面，都有舉足輕重的影響。嵇康的生命，就是這些智慧融於一爐的具體展現，十分有彈性，活潑且多元，生命通透之時，便得觸類旁通，左右逢源。

五、小結

嵇康之〈聲無哀樂論〉引起廣泛的研究和討論，不過近幾年的研究，多趨向於音樂美學方面的主題，走的是牟宗三在《才性與玄理》中所提「純美的和聲當身之樂論」，強調客觀的音樂美學。曾春海先生也是早年專門研究嵇叔夜的大家，其以「儒道樂論」的角度切入，在研究上也多有從事樂論比較的主題。戴璉璋先生以玄理為主軸，從「和聲無象」的玄義言嵇康在玄理的體察。在眾多紛呈的論述洪流之中，吳冠宏先生也如牟宗三對〈聲論〉思想格局之體會，對其多面向的存在性格予以肯定。〔註43〕張蕙慧從音樂美學思想的角度作研究，在結論的第一點便肯定此與其宇宙觀、知識論、人生觀、人性論，乃至政治思想、社會思想都息息相關，尤其「越名教而任自然」的

〔註43〕吳冠宏：《魏晉玄義與聲論新探・第六章當代〈聲無哀樂論〉研究之三種論點商榷》（臺北：里仁出版社，2006 年 3 月 5 日初版），頁 187。

精神更貫串了他的音樂思想美學乃至整體思想。〔註 44〕今日我們正從學者體察出的連結，再進一步研究與落實。

莊師萬壽《嵇康研究及年譜》是一本重要史論，被列入《中國年譜辭典》中〔註 45〕，足以證明其考據之可靠性。在此書中嵇康（224～263 A.D.）第一篇出現的作品爲〈聲論〉，於正始七年（246 A.D.），時歲二十三前後所作。〔註 46〕許抗生等亦云此論約作於正始初年。〔註 47〕由此可知，嵇康的思想已在此論作中趨於完成且成熟，且依時間論之不亞於王弼之夙慧（226～249 A.D.）。言其完熟，是因其後論作之義理皆能與之貫通，是本論文所要闡述者，其作多以生命之反動來作爲論發；言其不亞於王弼，蓋因學界多依正始、元康、永嘉、東晉（佛學）四時期談論魏晉思想之發展〔註 48〕，亦有分期爲三或六者〔註 49〕，乃著眼點之不同，不管如何分期，卻都將王弼至於前，若要談「思想發展」，玄學的分期都尚有斟酌之處。又因王弼早與何晏善，於清談有聲名，又其以夙慧早逝，而常爲創發之先聲所推崇，加上學界在王弼之學上已多有

〔註 44〕張蕙慧：《嵇康音樂美學思想探究》（臺北：文津出版社，1997 年 4 月），頁 235。

〔註 45〕參見黃秀文主編：《中國年譜辭典》（上海：百家出版社出版發行，1997 年 5 月），頁 67，【嵇康】條下錄。

〔註 46〕莊萬壽：《嵇康研究及年譜》（台灣學生書局，1990 年 10 月初版），頁 96。

〔註 47〕許抗生等：《魏晉玄學史》（陝西師範大學出版社，1989 年 7 月），頁 232。

〔註 48〕湯用彤：《魏晉玄學・魏晉玄學論稿》（佛光文化事業，2001 年 4 月初版），頁 166。湯用彤先生又做了闡發「玄學發展大體上有以下四個時期：以王弼、何晏爲代表的正始時期；以嵇康、阮籍、向秀爲代表的竹林時期；以裴頠、郭象爲代表的元康時期；以道安、張湛爲代表的東晉時期。」見《郭象與魏晉玄學》（湖北人民出版社，1983 年三版），頁 38。許抗生等將玄學史區分爲正史、竹林、西晉元康、兩晉之際的玄學以及東晉玄學，此依自然與名教之辨分期。見《魏晉玄學史》（陝西師範大學出版社，1989 年）。

〔註 49〕馮友蘭：「魏晉玄學的發展，主要有三個階段：第一階段是貴無論，第二階段是裴頠的崇有論，第三階段是郭象的無無論。」此著眼於貴無、崇有之爭分期。見《中國哲學史新編》第四冊（人民出版社，1986 年），頁 42。許抗生等先生將玄學史區分爲正史、竹林、西晉元康、兩晉之際的玄學以及東晉玄學。此則以朝代分期。見《魏晉玄學史》（陝西師範大學出版社，1989 年 7 月第一刷）。王葆玹考察政治、思想與宗教三方面，假設東晉中期以後之玄學爲佛學的附庸，將其排除，則分爲五期：「一、正史時期；二、正史以後晉惠帝即位以前的時期，亦即竹林玄學爲重點的時期；三、晉惠帝元康時期（樂廣、王衍）；四、元康以後、永嘉五年以前的內亂時期（郭象）；五、晉室東渡以後、東晉中期以前的時期（殷浩）。」詳見《玄學通論》（五南圖書出版公司，1996 年 4 月初版一刷），頁 36。

琢磨，似乎只注意到嵇康以其生命風格代表魏晉時期發展之重要性，忽略其思想上其以論作「婉轉關生」之創發與脈絡。

　　學者以先秦兩漢，儒家明顯主張聲有哀樂，到漢末民歌發達，社會上曹宗室愛樂，風行草偃的影響下，朝臣提以音樂教化人心的思潮所產生的論辯，以及何晏、王弼在聖人有情說的辯論，阮籍反對悲音的主張下，推測〈聲論〉的創作背景。〔註50〕從〈聲無哀樂論〉之命題來觀察，這個見解是正確的。再以〈聲論〉的用語和筆調來考察爲早期的作品。「一問一答的形式辭賦或政論文的形式，再以名學，即邏輯的技巧來反駁對方……這不僅是中國一篇美學、音樂理論的重要文獻，也是重要的邏輯史料」〔註51〕，要補充的是從內容表面上看似論樂，卻能掌握住許多不同的層面，是用心刻意而爲之論作。

　　從分析〈聲無哀樂論〉的義理中顯隱徵微，著手闡發出相關的論題，針對其中用以論述或佐證之例，觀察其中一言二義，或一例二說之雙關，是否可與其相關論作做一連結，並與魏晉之議題或時事作一相應。目的在從〈聲無哀樂論〉描繪嵇康的哲學輪廓，徵顯出其論作的企圖心，在賦予浪漫趣味之際，強調的是將形上思考落實於現實所造就的生命意義，有其積極的時代性與影響力。

第三節　研究進路與詮釋方法

一、研究範圍與方法

　　鎖定魏晉玄學爲主要研究範圍，以〈聲論〉作爲出發點，進而關聯嵇康之思想，甚至牽涉魏晉思想的主題範圍，但論述範圍主要在嵇康著作本身。

〔註50〕〔魏〕劉邵在景初三年（239年）年初或年底作《樂論》十四篇，「以爲宜制禮作樂，以移風易俗」。書成，還未上呈，明帝方逝。這是企圖繼續利用傳統的禮樂思想，作爲牧民的工具。何晏作〈樂懸〉。阮籍〈樂論〉仍持與劉邵相同之見，並將音樂的源頭與自然結合。而夏侯玄作〈辨樂論〉駁斥阮籍所謂「天下無樂而欲陰陽和調，災害不生亦以難矣」的神秘主義觀點。詳見莊師萬壽《嵇康研究及年譜》，頁81、96～97。李澤厚、劉綱紀認爲嵇康可能爲首提「聲無哀樂」者，然並非與阮籍相對立，實質上是將阮籍的思想更爲明確的發展。詳見《中國美學史・嵇康的聲無哀樂論》第二卷第六章第二節〈關於聲的哀樂問題的論辯起源〉（台灣谷風出版社，1987年7月），頁237～240。

〔註51〕同上註，頁97。

以上論述，多以魯迅或戴明揚校注的版本，前者以吳寬本爲底本，後者以黃省會本爲底本。筆者以戴明陽校注爲底本，若遇分歧時多以吳寬說爲主。

先以〈聲無哀樂論〉內容八難八答作爲起點，分析主客問答之內容，爬梳出義理，並從中找出與其他論作相關的論題的線索，打破嵇康作品篇章的限制，歸納出主題後，進行論述，並與當代學者已歸納之魏晉玄學論題作一比照，考察其中的關連性，作一綜合的整理，了解從〈聲無哀樂論〉中所引發的論題在嵇康整個思想中的比重與概括性，以及對魏晉時期玄學的回應。

此研究方法除了包含基本的研究法：蒐集、閱讀、理解、分析、對比、綜合、歸納等，而在論文內容的邏輯推演上，嘗試運用「哲學觀念研究法」來詮解〈聲論〉，以及進行嵇康的哲學觀念的研究工作。

所謂「哲學觀念研究法」是杜保瑞用以詮解《老子》哲學觀念研究工作的方法，也是杜先生爲建立一套中國哲學研究方法的初步嘗試。此法是針對哲學原典中的「哲學觀念」進行「理解、詮釋與分析、批判」的方法，它是哲學活動的一種「工作方法」，是建立「方法論」的工作方法。其認爲以此法可以尋求出建構特定哲學體系的方法論，具有「問題意識」、「思辨脈絡」、「基本主張」的理論體系，即是對該體系建立新的表述系統——出於原典的「詮釋作品」。〔註52〕而此說法正符合筆者研究此論之目的。

另外，筆者也對傅偉勳所提出的「創造的詮釋學」作爲研究方法的參考，其中所談到五個辯證的層次：

（1）「實謂」層次——「原思想家（或原典）實際上說了什麼？」（"What exactly did the original thinker or text say？"）；（2）「意謂」層次——「原思想家想要表達什麼？」或「他所說的意思到底是什麼？」（"What did the original thinker intend say？"）；（3）「蘊謂」層次——「原思想家可能要說什麼？」「原思想家所說的可能蘊含是什麼？」（"What could the original thinker have said？", or "What could the original thinker's saying have implied？"）；（4）「當謂」層次——「原思想家（本來）應當說出什麼？」或「創造的詮釋學者應當爲原思想家說出什麼？」（"What should the original thinker have said？", or "What should the creative hermeneutician say on behalf of

〔註52〕杜保瑞：《反者道之動‧緒論》（台北：鴻泰圖書公司，1995 年 7 月），頁 16 ～17。

the original thinker？"）；以及（5）「必謂」層次——「原思想家現在
必須說出些什麼？」或「爲了解決原思想家未能完成的思想課題，
創造的詮釋學者現在必須踐行什麼？」（"What must the original
thinker say now？", or"What must the creative hermeneutician do now,
inoder to carry out the unfinished philosophical task of the original
thinker？"）〔註53〕

就廣義言，創造的詮釋學包括以上五個層次，就狹義言，特指「必謂」層次。
一般方法論的創造的詮釋學不得隨意越等跳級，而傅氏依其經驗，認爲對於
五個層次熟悉之後，不必再死板地依次探討原典詮釋的問題。就是說，一旦
駕輕就熟，五個層次可一時並了，同時進行每一層次的考察探索。創造的詮
釋學雖然重視詮釋的創造性，但絕不作主觀任意的層次跳躍；雖不承認有所
謂詮釋絕對的客觀性，卻十分強調相互主體性的詮釋強度或強制性。〔註 54〕
這個「創造的詮釋學」便爲本論文所嘗試爲論的精神所在。

二、研究架構與詮釋進路

　　第一章爲緒論，先說明研究目的，進行文獻探討，界定研究的範圍，確
立研究方法與論文撰寫之詮釋進路。在文獻探討後，與〈聲論〉的義理進行
分析比對，歸納出〈聲論〉的架構與關涉之主題。所析出的論題爲：音樂、
言意、有無、聖人、養生及自然與名教，將其依照「玄理」——「物」與「才
性」——「人」二分後再並列爲論。二分之法，實則參考牟宗三著作對魏晉
思想的論述與統籌：魏晉之論不是涉及名理，就是涉及才性。觀察所析之六
論題，確實可依此二分。嵇康〈聲論〉大義：「和聲無象，哀心有主」即是名
理與才性之體證。六論題並列爲論，乃嵇康繼承莊子「齊物」的思想，而得
以並立。玄理部分首論音樂觀，乃因本論文以〈聲無哀樂論〉爲主題，嵇康
以音樂來表現「得意忘言」，此觀念被當時藝術所資取，於是將言意觀放在音
樂觀之後，有無觀則進一步由言意之辨探討「聲無哀樂」立論的辯證方式。
才性部分欲從本體論下接人生哲學，以至社會思想，所以順序分別爲聖人觀、
養生論、自然與名教。總而言之，此論題分爲二部分六命題，而排序時除思

〔註53〕見傅偉勳：《從創造的詮釋學到大乘佛學・創造的詮釋學及其應用——中國哲
　　　　學方法論建構試論之一》（台北：東大圖書，1990 年 7 月），頁 10。
〔註54〕同上註，詳見頁 44～46。

考各部分內在理路之論述邏輯，必須環環相扣，亦因此二部分為並列齊觀，各論題依其之順序亦可並列而相互牽涉，如「音樂——聖人」同論至道，「言意——養生」同論功夫與方法，實「有無——名教與自然」同為生命實踐，具有時代意義。

　　第二章至第四章為論文的主要部分。第二章為〈聲無哀樂論〉的詮釋進路，先以自然宇宙觀、認識方法論，確立嵇康的本體論，還有論辯的方法後，第三章為和聲無象——玄理的體察，與第四章為哀心有主——才性的觀證，便承接第一章論題的安排進行討論。全文從本體論及至道，下貫至工夫與實踐，企圖以「螺旋式」的理路作為詮釋進路。（見表一）第五章則為結論，呈現研究的成果與貢獻，末以本論文不足之處以及可再發展的方向作結。

表（一）架構說明

【本體】		
第二章 〈聲無哀樂論〉的詮釋進路 一、自然宇宙觀 二、認識方法論（名實、邏輯、應用）		
【物】 第三章 和聲無象 ——玄理的體察	【道體】	【人】 第四章 哀心有主 ——才性的觀證
一、聲即道體：音樂觀探析	【至道】	一、至人妙音：聖人觀探析
二、得意忘言：言意觀探析	【工夫方法】	二、音樂導養：養生觀探析
三、辨異玄同：有無觀探析	【實踐】	三、無聲之樂：自然與名教

第二章 〈聲無哀樂論〉的詮釋進路

　　本章將由嵇康的自然宇宙觀，以及認識方法論，了解其在答難「聲無哀樂」此一命題時，所運用的詮釋方式。雖然此在嵇康整體著作中資料顯得較為零散，多只在討論其他的問題時順帶一提，非嵇康之專論。然而此詮釋方式涉及嵇康整體思想的基礎概念，還有何以〈聲論〉可以再關生出其他命題，故在盡力抽絲剝繭、蒐集網羅後，依嵇康之文理加以組織，從而發現嵇康靈活運用其博覽群書所獲得的概念，多取於當時清談風尚為主的易、老、莊，非只做章句訓詁，其應用的方式以回應時論，解決問題為創作動機，以自己所熟稔擅長的題材切入發論，除了澄清世人的迷惑，亦在呈現道之開展與復歸。〈聲論〉可說傾其所有，彈矢盡發，燦爛奪目，才思縱橫。以下以〈聲論〉為基礎，並從諸作中尋求相關資源，進行詮釋進路之探析。

第一節　自然宇宙觀

　　〈聲論〉中對於聲音的來源，做了一個交代，明其為自然之物，以宇宙的生成論來說明萬物生成之理則：

> 夫天地合德，萬物資生。寒暑代往，五行以成。章為五色，發為五
> 音。音聲之作，其猶臭味在於天地之間。其善與不善，雖遭濁亂，
> 其體自若而無變也，豈以愛憎易操，哀樂改度哉？〔註1〕

這段文字看似簡單，放在〈聲論〉初始之處，很容易便使人略讀。形式上所呈現的，是嵇康為論時重要的理緒：論述、舉例、詰問。內容上所要表

〔註1〕〈聲無哀樂論〉，《嵇康集校注》，頁 197。

達的是對聲音在性質上作一基礎性的探求。凡事探本求源的原則，顯露無疑。若再進一步深究，或可由此管窺魏晉時期對宇宙論的趨向。王葆玹：「漢儒都因君主專制體系之繁瑣，而亦將宇宙論繁瑣化，但魏晉時期宇宙論則有簡化的趨勢。」〔註2〕再看看嵇康於他作之說，如〈太師箴〉：「浩浩太素，陽曜陰凝，二儀陶化，人倫肇興。」〔註3〕〈明膽論〉：「夫元氣陶鑠，眾生稟焉。」〔註4〕天地、太素與元氣均為本體，是承漢人之說，然不似漢人論述之繁瑣；而此本體如道家之「道」，僅為概念性的存在，非全然為具體之存在。〔註5〕故嵇康之宇宙的生成論，雖沾染漢人之說，實承襲道家之自然變化觀念而來。這是必須特別注意的。由此可見嵇康在自然宇宙論方面的傳承與因革。

「天地合德」的概念，是否有王弼與向、郭等人的玄理中「無」之抽象本體義，待後章論及有無之辨時再述。在此比較與其相似之言：《荀子·禮論篇》：「天地合而萬物生。」〔註6〕《論衡·自然篇》：「天地合氣，萬物自生。」〔註7〕皆從自然義論述萬物生成。依此一路順解，可予空間的概念以普遍之通性蘊含在其中，加入「寒暑代往」時間的因素後，五行成化萬物。何以言之？須與〈太師箴〉中之「太素」、〈明膽論〉中之「元氣」合而觀之。「太素」為何？

> 始起先有太初，然後有太始，形兆既成，名曰太素。（《白虎通疏證》）〔註8〕

> 夫有形生於無形，乾坤安從生？故曰有太易，有太初，有太始，有太素也。太易者，未見氣也；太初者，氣之始也；太始者，形之始

〔註2〕見《玄學通論》，頁391、393。

〔註3〕〈太師箴〉，《嵇康集校注》，頁309。

〔註4〕〈明膽論〉，《嵇康集校注》，頁249。

〔註5〕參考呂凱：〈嵇叔夜與山巨源絕交書研究〉中對嵇康自然宇宙論之本體說而加以修改。此論文收錄於《魏晉南北朝文學與思想學術研討會論文集》第二輯（台北：文津出版社有限公司，1993年11月初版），頁617～643。

〔註6〕楊家駱主編：《荀子集解》：「天地合而萬物生，陰陽合而變化起，性偽合而天下治。」（世界書局，1978年10月九版），頁243。

〔註7〕王充：《論衡》（中國子學名著集成編印基金會印行，明萬曆年間新安程榮刊漢魏叢書本），頁781。

〔註8〕〔漢〕班固撰，〔漢〕陳立疏證：《白虎通疏證》（台北市：中國子學名著集成編印基金會印行，1978年），頁500。案：此段文字之後有引到〈乾鑿度〉之言，但卻未提到〈乾鑿度〉的「太易」。

也;太素者,質之始也。氣、形、質具而未離,故曰渾淪。渾淪者,
言萬物渾淪而未相離。(《易緯・乾鑿度》)〔註9〕

天地未分之前,有太易,有太初,有太始,有太素,有太極,是爲
五運。形象未分,謂之太易;元氣始萌,謂之太初;氣形之端,謂
之太始;形變有質,謂之太素;質形已具,謂之太極。五氣漸變,
謂之五運。(《孝經緯鈎命訣》)〔註10〕

從以上三段引文,除可見漢代宇宙論的繁瑣之外,對天地起源和演化過程,
都認爲萬物生成前有一段形象未分,未見氣的階段,再來便是氣、形與質開
始出現與分化的過程,「太素」是一個從無到有的氣化成形、質的橋樑。〔註
11〕而在〈太師箴〉中,嵇康省略了「太易」、「太初」、「太始」,直接從「太
素」、「太極」而言,以〈明膽論〉中之「元氣」合而觀之,承文句之脈絡,
「太素」便同於「元氣」,那陰陽未分的渾沌階段〔註12〕,這渾沌的狀態,
在其詩作中有簡略的描述:「朱紫雖玄黃,太素貴無色,淵淡體至道,色化
同消息。」(〈雜詩〉)。〔註13〕萬物眾色紛呈,而元氣卻是無色,正因爲無色,
才能成就眾色,是以無色而顯貴。在眾色轉化之消滅或生息,對於太素而言,
都是齊同的,此乃至道深遠淡泊之證明。「元氣」之名上承漢人,而此說亦
可再溯源至老莊。唐君毅以道家言氣,兼指人氣與天氣〔註14〕,莊子較老子

〔註9〕 安居香山、中村璋八編:《重修緯書集成・卷一(上)・易緯乾鑿度・卷上》(明
德出版社,昭和五十六年3月5日印刷、3月10日發行),頁23~24。此段
引文與《列子・天瑞篇》文字雷同,晉人張湛已注意到此問題,到底何者抄
襲,古今莫衷一是。相關討論可參見蕭登福:《列子探微》(台北:文津出版
社,1990年3月),頁79~80。

〔註10〕 安居香山、中村璋八編:《重修緯書集成・卷五・易緯乾鑿度》(明德出版社,
昭和五十六年3月5日印刷、3月10日發行),頁76~77。

〔註11〕 太易、太初、太始、太素,這是個相連貫的名詞是成立於西漢的。而在兩漢
之前及其前文獻,也都曾單獨出現,如《莊子》〈知北遊〉、〈天地〉提到「太
初」,《淮南子・天文》與張衡《玄圖》提到「太始」,張衡《靈憲》提到「太
素」。這些以「氣」爲萬物根源,都能被科學家所採用,如張衡、王充,他們
皆是反神學,到了漢末魏晉,仍主張元氣論的,也是較爲開明的思想家,如
王符與嵇康。上述相關引文和討論,可參見莊師萬壽:《道家史論・列子新證》
(萬卷樓圖書有限公司,2000年4月),頁142~146。

〔註12〕 參見許抗生等:《魏晉玄學史》,頁195。

〔註13〕 〈雜詩〉,《嵇康集校注》,頁80。

〔註14〕 老子:「心使氣曰強」(第55章,頁146)、「專氣至柔」(第10章,頁23),
指人之體氣;「萬物負陰而抱陽,沖氣以爲和」(第42章,頁117),指天地之
氣。以上原文見樓宇烈:《老子周易王弼校釋》(華正書局,1983年)。《莊子》

之說更為深入。今引其言闡明莊子之氣說，並溯「元氣」之概念至道家：

> 大率在莊子，此氣一名，在人則與心及身之形之名相別，而較心及
> 身之形之義，更深一層；在天則與物之形、質之名相別，亦較形質
> 之義深一層。言人身與物之「形」，乃自現狀說；言身與物之「質」，
> 乃自其內容之堅實者說；言心，則自有所知說；言氣則自其非定形
> 定質之存在，而為一流行之存在，亦在心之底層，而恆能虛以待物
> 之生命說。故言「通天下一氣」，即言一切有定形定質之物，皆為一
> 存在的流行、或流行的存在，而亦實亦虛，而更自以其虛，涵其他
> 之物之氣之實，以相通相涵相生，以合為一氣者。故此氣之一名概
> 念，乃所以表有定形定質之一切物，能自超化其定形定質，以合為
> 一存在的流行或流行的存在，以為此一切有定形定質之物之所依，
> 與所歸者。自此一氣為一切物之所依而相繼以生言，則此為一切物
> 之母之原或元始，而莊子大宗師有「氣母」之名，漢人即更有「元
> 氣」之名矣。〔註15〕

對於此「一存在之流行」，或「一流形之存在」，「虛以待物之生命說」，嵇康
「氣」之概念可上推至道家。以下試從嵇康之著作用語，以及在養生、音樂
方面之體會觀察之。在著作之中對「太素」一詞的使用：

> 絃超子野，歎過綿駒，流詠太素，俯讚玄虛，孰克英賢，與爾剖符。
> （〈雜詩〉）〔註16〕

> 徘徊戲靈岳，彈琴詠太真。（〈雜詩〉）〔註17〕

> 含顯媚以送終，飄餘響乎泰素。（〈琴賦〉）〔註18〕

〈逍遙遊〉言神人：「駕御六氣之辯」（頁16）、「乘雲氣」（頁28），〈齊物論〉：
「大塊噫氣，其名為風」（頁45），〈大宗師〉：「陰陽之氣有沴」（頁45），〈知
北遊〉：「人之生，氣之聚也。」（頁258），指的是天地自然之氣。〈人間世〉：
「無聽之以心，而聽之以氣」（頁733），指人氣，虛而待物者。〈庚桑楚〉：「欲
靜則平氣」（頁147），〈達生〉：「純氣之守」（頁815），言一生命之氣之平。〈大
宗師〉：「遊乎天地之一氣」（頁634），〈知北遊〉：「人之生，氣之聚也。」（頁
268）、「通天下之一氣」（頁733），則合一氣與天氣為一。以上《莊子》原文
見郭慶藩：《莊子集釋》（萬卷樓，1993年3月初版二刷）。

〔註15〕 唐君毅：《中國哲學原論·原道篇 貳》（學生書局，1993年2月全集校定版第
二刷），頁246。

〔註16〕 〈雜詩〉，《嵇康集校注》，頁77。

〔註17〕 同上註，頁80。

〔註18〕 〈琴賦〉，《嵇康集校注》，頁94。

> 寧寥落閒放，無所矜尚，彼我爲一，不爭不讓，遊心皓素，忽然坐
> 忘，追羲農而不及，行中路而惆悵乎？（〈卜疑〉）〔註19〕

此些句子可以顯示出嵇康對於此「一存在之流行」，或「一流形之存在」虛以
待物，生化、融合萬物的傾慕。又言身歸於大氣之消遙自適，爲一種生命的
向度。在「太素」之後的階段，嵇康雖未明言「太極」，筆者以爲指的就是那
陰陽。〈明膽論〉：「明以陽曜，膽以陰凝。豈可謂有陽可無陰，有陰可無陽耶？
雖相須以合德，要自異氣也。」〔註20〕強調陰陽是氣，也說明了陰陽相待相
合而萬物可得。又《易·繫辭下》：「陰陽合德而剛柔有體。」〔註21〕「陰陽
合德」處，或可見嵇康受到《易》的影響。〈聲論〉一言以蔽之曰「天地合德，
萬物資生。」〔註22〕不只肯定了音聲，也肯定嗅味、顏色爲氣之屬性，「其善
與不善，雖遭濁亂，其體自若而無變也」〔註23〕，便是從氣性的觀點來說。
再舉例說明，〈養生論〉中：

> 且豆令人重，榆令人暝，合歡蠲忿，萱草忘憂，愚智所共知也。薰
> 辛害目，豚魚不養，常世所識也。虱處頭而黑，麝食柏而香，頸處
> 險而癭，齒居晉而黃。推此而言，凡所食之氣，蒸性染身，莫不相
> 應。〔註24〕

這裡所舉的例子有植物：豆、榆、合歡、萱草、薰辛與柏；動物：豚魚；山川
水土：險（山是險峻之地）、晉（山西之簡稱，多高原）。因其稟氣而生，故具
有不同的屬性，人、動物等或食之、或居之、或用之，而受到其氣之薰染自身，
也讓自身具有某種特性，或出現某種反應。像是豆類食物多澱粉，食之容易累
積醣分，增加體重；榆樹春生莢仁，食之令人想闔眼睡覺；聽風吹過合歡枝葉
繁茂、葉葉相牽的樹梢，卻可以見其不相糾結牽連，枝枝相離，食之樹葉使人
心之怒氣銳減；吃萱草使人忘記憂愁。又如蔥蒜之類吃多了損害眼睛，河豚有
毒，食之有害無益。又如虱子長在頭髮裡會變黑，麝吃柏葉便生麝香，人久居
山勢險峻之處，脖頸上就會長瘤，晉人喜食棗，久之齒黃。這些都說明了物物
皆由氣生成，所以能相互感應。〔註25〕嵇康由氣多言形與神之養：

〔註19〕 〈卜疑〉，《嵇康集校注》，頁138。
〔註20〕 〈明膽論〉，《嵇康集校注》，頁254～255。
〔註21〕 《十三經注疏·周易·繫辭下》（藝文印書館），頁172。
〔註22〕 〈聲無哀樂論〉，《嵇康集校注》，頁197。
〔註23〕 同上註，頁197。
〔註24〕 〈養生論〉，《嵇康集校注》，頁148～150。
〔註25〕 參見許抗生等：《魏晉玄學史》，頁196。

今不言松柏，不殊於榆柳也。然松柏之生，各以良殖遂性。若養松於灰壤，則中年枯隕。之重崖，則榮茂日新。此亦毓形之一觀也。竇公無所服御，而致百八十。豈非鼓琴和其心哉？此亦養神之一徵也。〔註26〕

要依物之性，選擇合適的生活環境，有助於毓形；而人還可以感通物之和氣，來滋養心神。而這只是毓形養神之一隅。觀唐君毅論莊子之言「神」，可說明嵇康之「神」與「氣」之異同，與何以音樂可和心養神：

莊子之言神，則多只指人之心神、如〈逍遙遊〉之言「神凝」之「神」，〈養生主〉以「神遇」之「神」。莊子言神之語甚多，不必盡舉。此心神之為神，則要在此心之合於氣，而虛以待物時，無一般之心知，而感無不應，即同於鬼神之感格之「不可度思」，故名此心神為神。此心神之感無不應，即恆遍運而不滯，以變化無方，而亦不為所接之物之形之質所定，其義即有與氣之義相同者。然此心之神依心之知之遍運不滯說，則其義出連於心知。〔註27〕

「神」與「氣」之同在於遍運而不滯，變化無方，二者之異在於言神必須連於遍感遍運之心知，以通於所知。嵇康之言「神」是否有心知義？

夫服藥求汗，或有弗獲，而愧情一集，渙然流離；終朝未餐，而囂然思食，而曾子銜哀，七日不飢；夜分而坐，則低迷思寢，內懷殷憂，則達旦不瞑。勁刷理鬢，醇醴發顏，僅乃得之，壯士之怒，赫然殊觀，植髮衝冠；由此言之：精神之於形骸，猶國之有君也。神躁於中：而形喪於外，猶君昏於上，國亂於下也。〔註28〕

在〈養生論〉中舉諸例說明勞心傷神則使生理連帶受到影響，心神因感知外物，而受到擾亂，可見此神初以心知接物。不過要補充唐君毅先生所言「不為所接之物之形之質所定」，文中是針對至人而言，〈田子方〉：「至人者上闚青天，下潛黃泉，揮斥八極，神氣不變。」〔註29〕而在〈養生論〉中所舉之例為不精於養生者，所以才會因外物勞心傷神。此心神之為神，則要在此心之合於氣，而虛以待物時，無一般之心知，而感無不應，所以嵇康便得以音

〔註26〕〈答難養生論〉，《嵇康集校注》，頁179。
〔註27〕唐君毅：《中國哲學原論‧原道篇 貳》（學生書局，1993年2月全集校定版第二刷），頁246～247。
〔註28〕〈養生論〉，《嵇康集校注》，頁144～145。
〔註29〕郭慶藩：《莊子集釋》（萬卷樓，1993年3月初版二刷），頁725。

樂和心養神。神之初遇音聲，乃以心知相接，不過在合於音聲之氣後，便無一般之心知，能虛以待和聲之導引，先發抒心中不平之氣，再以和聲之氣充養心神，人最終只以氣與和聲相接，達一體氣平和，而人之才性並沒有改變，故〈琴賦〉有言：「是以伯夷以之廉，顏回以之仁，比干以之忠，尾生以之信，惠施以之辯給，萬石以之訥慎。其餘觸類而長，所致非一；同歸殊塗，或文或質。」〔註30〕音樂有明性持養的功效，而其中之功夫有幾個關鍵處，第一，對於音樂的識鑑，此落於心知之層次；第二，是否能「虛靜」，此則無一般之心知。這個進程，或許和才性有相當的關係，畢竟不是人人皆爲寶公。〈明膽論〉是其所衍生之才性論，從元氣衍而爲陰陽五行，人乃或有「明」（智）或有「膽」（勇），才性之高下，由此而分說，及至種種分別。另外，〈養生論〉所提及之神仙，順此宇宙構成論，則是特受異氣，非可積學而致。

養生之要，在於養氣以全身保神，若不能完全以音樂盡導養之能事，則可以從「吸朝霞以濟神」之呼吸吐納著手〔註31〕，「朝霞」應是大氣中之清者與精者。另外飲食也是重要的門道，「準性理之所宜，資妙物以養身」〔註32〕，服食上藥，「凡所食之氣，蒸性染身，莫不相應」〔註33〕。細觀和聲、神仙、朝霞與上藥這些人或物之特殊性，都建立於「氣」的基礎，又〈琴賦〉：

> 惟椅梧之所生兮，託峻嶽之崇岡。
> 披重壤以誕載兮，參辰極而高驤。
> 含天地之醇和兮，吸日月之休光。〔註34〕

嵇康言及製作雅琴的椅梧，本身木質純正，乃因其生長環境之造化與陶塑，是在那山的高峰處，衝破厚重的土石而萌生，筆直地向天空的星辰參天生長，保含天地醇和之精氣，吸收日月之精華，於是至物成就了至器之材質。植物稟氣而生，在前段引言已經說明，這裡要強調的是萬物除了具有元氣構成之普遍性，猶儒家言道德之普遍性，還有特殊性。

許抗生等贊成侯外廬以「常」──普遍性、「至」──特殊性的並行與對立，言嵇康在此自然宇宙觀上有類似何、王以本末、體用與有無的觀念來詮解世界，是本體論的傾向。筆者認爲嵇康的本體論從這裡切入，不太適切，

〔註30〕〈琴賦〉，《嵇康集校注》，頁107～108。
〔註31〕〈答難養生論〉，《嵇康集校注》，頁182。
〔註32〕同上註。
〔註33〕〈養生論〉，《嵇康集校注》，頁150。
〔註34〕〈琴賦〉，《嵇康集校注》，頁84～85。

因爲普遍性與特殊性是在氣化宇宙論下，以元氣作爲生成論之必然趨勢。〔註35〕呂凱以爲這「至」與「常」的分別，正如「概念」與「具體」存在的分際，雖然概念與具體之間，相生之問題是無法實驗的。但嵇康認爲「固尋所受之終始，推氣兮之所由，順端極末，乃不悖耳。」〔註36〕所以概念的存在，於理論上是可以成立的。〔註37〕

針對此論，湯用彤先生認爲嵇康將漢人的宇宙論混以浪漫之趣味，並無作形上學之精密思考，尚未達到本體論之地步。〔註38〕湯氏之本體論，舉王弼之說：「此所謂體，非一東西。萬有因本體而有，超乎時空，超乎數量，超乎一切名言分別，而一切時空等種種分別皆在本體之內，皆因本體而有。王弼不問世界是 what, or what is made of（什麼，或由什麼構成）。」《論語釋疑》：「道者，無之稱也。無不通也，無不由也，況之爲道。寂然無體，不可爲象。」〔註39〕本體稱之以道，沒有漢人之元氣爲質料義，而有理則之義，所以說先天地生，然此無時間之先後，和說元氣先天地生不同。

嵇康果無本體之論？已在本節之起始說明，湯用彤之說只見嵇康承接漢人宇宙論之說，而未透視嵇康實用漢人之語而簡化漢人繁複的宇宙論，是採行道家宇宙自然變化之說，其所言之天地、太素與元氣，實非全然爲具體之實物，而爲一概念、一理則，正如道家之道。不直言「道」，亦是肯定漢人在宇宙論上的發展，在本體論演化上的科學思維。李澤厚與劉綱紀從美學的角度，肯定嵇康從本體論的觀點來觀察藝術問題，以「和」爲音樂的本體：

> 嵇康根據他的宇宙論，從天地自然中去尋找音樂的本體，認爲音樂源於物質的自然界，……。但嵇康在音樂理論上的貢獻主要並不在這裡，而在他比阮籍更爲明確記載地賦予音樂以一種本體論上的意義，確立了音樂的本體。擴大開來說，也就是確立藝術的本體。在中國美學史上，嵇康之前很少有人如嵇康這樣明確地從本體論的觀點來觀察藝術問題。這給後來劉勰等人以深刻的影響。〔註40〕

〔註35〕　《魏晉玄學史》，頁 197～199。

〔註36〕　〈明膽論〉，《嵇康集校注》，頁 252～253。

〔註37〕　參見呂凱：〈嵇淑夜與山巨源絕交書研究〉，《魏晉南北朝文學與思想學術研討會論文集》第二輯（台北：文津出版社有限公司，1993 年 11 月初版），頁 621。

〔註38〕　湯用彤：《魏晉玄學》（臺北：佛光事業文化有限公司），頁 438。

〔註39〕　《十三經注疏·論語》（藝文印書館），頁 60。

〔註40〕　見《中國美學史》第二卷第六章（谷風出版社，1987 年），頁 246～247。

嵇康如何賦予音樂以本體論之意義，便是從元氣論中尋得一既變動又穩定的恆常狀態──「和」，那是自然本性所在與最終的歸趨。（後文論及音樂觀「聲音以平和爲體」處證之，亦有他證。）另外侯外廬以「在陶鑠、曜凝、陶化、合德、代往，種種變化以外，不得不承認有超時空的不變」〔註41〕。以此來比賦何晏與王弼所論之「無」，可以說十分順理，但要區別的是嵇康已經從道向下落實，依此觀察道之展現，並且思考落實者如何回復於道。這是生命實踐的問題，而不僅是形上思考的問題。

嵇康以「和」爲音樂的本體，直接將音樂上提至道體的層次，不必如何晏與王弼玄之又玄必須作形上形下二元的畫分，當體即道，可分而不可分。依此並不妨礙「常」與「至」之理，依有、無之本體論分析，那是因爲有無、本末之本體論，也不能違反宇宙生成的理則。學問有其共通之處。嵇康也應用有無、本末之論作爲玄理論辯的方法，此待後文論之。

不過在此所說的「本體論」，和康德的「本體論」，關於「物自身」與其現象的區分，這樣精闢的西方哲學，是不相同的。然接近康德的「本體論」的說法，卻在當時三世紀的中國哲學中曇花一現，王葆玹先生認爲其中引發的關鍵，便是〈聲無哀樂論〉：

> 從夏侯玄、何晏等人創見玄學時起，至東晉中期佛學興盛時止，玄學家們熱中於辨名析理，形成中國史上思想最活躍的局面，一些令人難以置信的思想創造物往往應運而生，當時的一些思想家確曾發作奇想，以簡單的、質樸的形式道出新見，粗疏地將存有物自身與人們對它的觀察區分開來，與康德關於「物自體」的若干結論竟有些接近。這些思想大大超出了時代思潮的水準，以致不能產生廣泛的影響，未能形成學派，容易受近現代的思想家忽略。……，這種思想主要表現在魏末西晉學者關於「火不熱」、「指不至」兩個命題的解釋之中，而這些解釋又都受了嵇康〈聲無哀樂論〉的啓發。〔註42〕

王葆玹先生之後論證出「火不熱」爲向秀莊學的一部分〔註43〕，意謂由「感覺而得到的印象永遠不能反映對象本身」。《世說》所載「樂廣關於指不至的

〔註41〕《魏晉玄學史》，頁197。

〔註42〕王葆玹：《玄學通論》（五南圖書出版有限公司，1996年4月出版一刷），頁499～500。

〔註43〕詳見《玄學通論》，頁500～504。

直接結論是：手指永遠不會真正地接觸到或達到所指的物體；而他暗含的結論是：意旨或概念永遠不會準確地與它所標示的對象相吻合。」〔註44〕樂廣所說與康德「物自體」可以說更為接近。而這兩個命題的思考，似乎會令人聯想到嵇康〈聲無哀樂論〉中的論述：

> 天地合德，萬物資生。寒暑代往，五行以成。章為五色，發為五音。音聲之作，其猶臭味在於天地之間。其善與不善，雖遭濁亂，其體自若而無變也。豈以愛憎易操，哀樂改度哉？……夫喜、怒、哀、樂、愛、憎、慙、懼，凡此八者，生民所以接物傳情，區別有屬而不可溢者也。夫味以甘苦為稱，今以甲賢而心愛，以乙愚而情憎，則「愛」、「憎」宜屬我，而「賢」、「愚」宜屬彼也。可以我愛而謂之「愛人」，我憎則謂之「憎人」？所喜則謂之「喜味」，所怒則謂之「怒味」哉？由此言之，則外內殊用，彼我異名。聲音自當以善惡為主，則無關於哀樂；哀樂自當以情感而後發，則無係於聲音。名實俱去，則盡然可見矣。〔註45〕

> 夫五色有好醜，五聲有善惡，此物之自然也。至於愛與不愛，喜與不喜，人情之變，統物之理，唯止於此。……，然和聲之感人心，亦猶醞酒之發人性也。酒以甘苦為主，而醉者以喜怒為用。其見歡戚為聲發，而謂「聲有哀樂」，猶不可見喜怒為酒使，而謂「酒有喜怒」之理也。〔註46〕

以上不厭其煩，再次徵引。王葆玹先生指出了嵇康雖有啟發之功，但又與「火不熱」、「指不至」的理論全然不同，且與康德「物自體」說相比顯然相差很遠，其分際在於：

> 嵇康為區分主觀鑑賞與藝術作品，將作品及其他客觀事物的固有品質與旁觀者的主觀感受畫分為二，音樂的善惡（亦即好壞）、五色的好醜、醞酒的甘苦都算是客觀屬性，而人由這些事物而引發的喜怒哀樂都是主觀感受或反應。按照上述「近火者熱，即火非熱」的道理，嵇康本應指出甘苦乃是飲酒者的感受，酒本身是無所謂甘苦的；善惡好醜也是鑑賞者的主觀感受，聲色本身是無所謂善惡好醜的。

〔註44〕詳見《玄學通論》，頁506。
〔註45〕〈聲無哀樂論〉，《嵇康集校注》，頁197～200。
〔註46〕同上註，頁204～205。

> 嵇康沒有指出這些，反而肯定善惡好醜甘苦都是聲色醴酒自身所固
> 有。〔註47〕

筆者十分肯定王葆玹先生的觀察和論點，筆者以爲嵇康在元氣的宇宙構成論之下，根據氣性所成之物，有屬性的概念，所以才有才性的分判。而在說解物之內容時，如「聲音有大小」、「以單、複、高、埤、善、惡爲體」、「聲音之體，盡於舒疾」〔註48〕，或說人之賢愚、酒之甘苦，這些用語都從內容物的特性來說，在必須區別的時候，以人所表意之用語來形容。在齊物的觀點下，萬物只是一氣，「其善與不善，雖遭濁亂，其體自若而無變也」〔註49〕，而歸趨於「和」的狀態。所以嵇康是肯定物之屬性，又將其渾化爲一，此以「和聲無象，而哀心有主」一語可明〔註50〕，和聲無象言其氣也，哀心有主言人接物、識物之時，以彼此氣之屬性所交感而生者。此爲嵇康之大義也。

第二節　認識、方法論

上一節明白了嵇康的自然的宇宙觀，以氣化爲本體的基礎理論，這一節所要探討的是其知識體系建構的方式和名理辨析的方法與應用。在〈聲無哀樂論〉中，其實嵇康已經點出其論理的原則：

> 夫推類辨物，當先求之自然之理。理已足，然後借古義以明之耳。
> 〔註51〕

〈聲論〉中點明其知識體系建構的方式和名理辨析的方法與應用：一、求自然之理，二、推類辨物，三、古義明理。第一，自然之理在前一節自然宇宙觀中已有所論述，嵇康論理以此爲基礎，除了提出「聲無哀樂」，明、膽，公、私、是、非之理也以此立論基礎而展開，待後文詳述。第二，關於推類辨物，在二答時更正了秦客在二難時批駁主人所言：「今子以區區之近知，齊所見而爲限，無乃誣前賢之識微，負夫子之妙察耶？」就秦客所提出的主張：「季子採詩觀禮，以別風雅；仲尼歎《韶》音之一致，是以咨嗟。」並沒有經過論理，只提以前人所談爲證，疑有信而好古的觀念。這也是我們一般人對事情

〔註47〕見《玄學通論》，頁506～507。
〔註48〕〈聲無哀樂論〉，《嵇康集校注》，頁215～216。
〔註49〕同上註，頁197。
〔註50〕同上註，頁199。
〔註51〕同上註，頁204。

常常不假思索的反應，於是歷代常有假古人之說，以行誘導之實。而嵇康「聲有無哀樂」的論題，藉秦客一開始不經思辨或不知如何思辨，不經論理，貿然舉前人之言爲證所產生的弊病，所以藉由東野主人的口中，直接點出何以「聲無哀樂」之義久滯不行，濫於名實，原因在於沒有進行正確的推辨與判斷。如何求自然之理以推類辨物？便成爲一個重要的問題。要如何推類辨物，在邏輯上的應用，以及要推類辨物到什麼樣的層次，則是另外的問題。第三，古義明理是最後的引證階段。針對嵇康在論文中所舉證之譬喻或事例，以及含藏在〈聲無哀樂論〉中的命題應用，與其他論作概念的關涉，都值得進一步深入探討。最後，對於知識領域的開拓，如何落實勇於「探賾索隱」〔註 52〕的精神，是本節最後所要闡述的。由此可見嵇康借秦客所言「以區區之近知，齊所見而爲限」來提醒世人，知識領域的浩瀚無涯，更應該以理求之。以下便依序申論之。

一、認識論：自然之理

（一）「異」的名理觀

1. 尋所受之終始，推氣分之所由

陰陽與五行是嵇康對萬物之生成存有的基論，而且認爲物之本質是不會任意改變的。他說：

> 天地合德，萬物資生。寒暑代往，五行以成。章爲五色，發爲五音。
> 音聲之作，其猶臭味在於天地之間。其善與不善，雖遭濁亂，其體
> 自若而無變也，豈以愛憎易操，哀樂改度哉？〔註 53〕

音聲如嗅味般，二者皆有善惡優劣之別，其分別由天地陰陽合德所成之氣所影響。也因此認爲「推類辨物，當先求之自然之理。」〔註 54〕

在〈明膽論〉中，嵇康更清楚地說出眾生稟氣自然，賦受元氣多少，才性因而有差異，唯推至人爲最高，純美無所偏廢。此實承接漢代的宇宙論，與魏晉初劉邵《人物志》所以說明人的生命及其體個別的差異的原理相同。〔註

〔註 52〕〈答釋難宅無吉凶攝生論〉，《嵇康集校注》，頁 308。

〔註 53〕魯迅校注：《嵇康集‧卷一‧聲無哀樂論》（香港：新藝出版社，1967 年 3 月），頁 67。

〔註 54〕同註 5，頁 70。

〔註 55〕王邦雄等著：《中國哲學史》（國立空中大學，？年），頁 316～317。

55）嵇康依此別明與膽，實因明、膽是陽、陰異氣，特性不同，「明以見物，膽以決斷」，於是人有認識能力和決斷能力，此二者殊用。二氣不同，不能相生，所以明不生膽，反駁呂安「人有膽不可無明，有明便有膽」之論。所以嵇康論述人之情性，推類辨物，分析異同的自然之理，即是「尋所受之終始，推氣分之所由」。

> 夫元氣陶鑠，眾生稟焉。賦受有多少，故才性有昏明。唯至人特鍾
> 純美，兼周外內，無不畢備。降此以往，蓋闕如也。或明於見物，
> 或勇於決斷。人情貪廉，各有所止。譬諸草木，區以別矣。兼之者
> 博于物，偏受者守其分。故吾謂明、膽異氣，不能相生。明以見物，
> 膽以決斷。專明無膽，則雖見不斷；專膽無明，則違理失機。……
> 夫論理情性，析引異同，固當尋所受之終始，推氣分之所由。順端
> 極末，乃不悖耳。……本論二氣不同，明不生膽。……二氣存一體，
> 則明能運膽，……夫五才存體，各有所生。明以陽曜，膽以陰凝。
> 豈可謂有陽可無陰，有陰可無陽邪？〔註56〕

由此可見，嵇康認為萬物眾生稟氣自然而生，異氣殊用而不相生，如此其有其不變易的獨特性，是比較著重個別的差異性。由此觀聲與哀樂，二者實為異氣，而言與意也是相異。

2. 似非而非非，類是而非是

嵇康依自然之理推類辨物，在〈釋私論〉中更分別公私之理與是非之理，先對公與私下定義：「私以不言為名，公以盡言為稱」〔註57〕，私者匿其情，公者任其心。一般人以為公者一定為是，私者一定為非，卻忽略「至道善存，心無凶邪，無所懷而不匿者，不可謂無私；雖欲之伐善，情之違道，無所抱而不顯者，不可謂不公」，所以「為善者，不離於有私；雖欲之伐善，不陷於不公」。〔註58〕

不以是非來定公私，是因為光憑表象，其實很難判別是非。在這樣的大前提下，嵇康更進一步提出：

> 然事亦有似非而非非，類是而非是者；不可不察也。故變通之機，
> 或有矜以至讓，貪以致廉，愚以成智，忍以濟仁。然矜吝之時，不

〔註56〕〈明膽論〉《嵇康集校注》，頁249、252～255。
〔註57〕〈釋私論〉，《嵇康集校注》，頁242。
〔註58〕同上註，頁235～236。

可謂無廉；猜忍之形，不可謂無仁；此似非而非非者也。或讒言似

信，不可謂有誠；激盜似忠，不可謂無私；此類是而非是也。〔註59〕

看似為矜吝、貪心、愚昧、猜忍，就以為非，推為私，而沒有詳察其理能至謙、致廉、成智與濟仁，實不為非。這便是似非（看起來很像不對），而非非（其實並非不對）；反之有巧言令色，雖然容易令人相信，但卻沒有誠心；盜賊有時故做激憤急切，而令人以為忠誠，卻是充滿私心。這便是類是而非是。吳甿評此為：「人事難知，動機與行為、目的與手段、外表與內情，皆可相異。」〔註60〕而此可知內外可相異，言可不由衷。

由上可知，公私之情並不是是非之理的判斷依據，而一般經由比較而產生的價值標準也不能用以斷定是非，甚至是改變是非。

且逆旅之妾，惡者以自惡為貴，美者以自美得賤。美惡之形在目，

而貴賤不同，是非之情先著，故美惡不能移也。苟云理足於內，乘

一以御外，何物之能默然哉？〔註61〕

此事例語出《莊子‧山木》：「陽子之宋，宿于逆旅。逆旅人有妾二人，其一人美，其一人惡。惡者貴而美者賤。陽子問其故，逆旅小子對曰：『其美者自美，吾不知其美也；其惡者自惡，吾不知其惡也。』」〔註62〕嵇康用這個故事強調是非判斷能力的重要性，否則將容易被外物所誘惑而矇蔽。可見依「理」識鑑，則無物能使之默然。反駁了向秀：「有動以接物，有智以自輔，此有心之益，有智之功也。若閉而默之，則與無智同。」〔註63〕

（二）交賒之理

如果說嵇康自然的宇宙觀是繼承漢代氣化論的思想，那注重時間與空間變化的「交賒之理」，應該是與《易經》強調時間的概念有關。

論曰：「（聖人）鈞疾而禱不同〔註64〕，故於臣弟則周公請命；親其

身則尼父不禱，所謂『禮為情兒』者也。」難曰：若於臣子則宜修

〔註59〕〈釋私論〉，《嵇康集校注》，頁238。

〔註60〕吳甿〈言意之辨與魏晉名理（七）嵇康「聲心異軌」論及其音樂美學〉（鵝湖，1985 年 10 月），頁48。

〔註61〕〈答難養生論〉，《嵇康集校注》，頁176。

〔註62〕《莊子集釋》，頁699。

〔註63〕〈難養生論〉，《嵇康集校注》，頁162。

〔註64〕戴明揚校注：「『鈞』上，吳鈔本有『聖人』二字，是也。」參見《嵇康集校注》，頁295。

情兒，未聞舜禹有請君父也；若於身則否，未聞武王關禱之命也。
湯禱桑林，復爲君父耶？推此而言，宜以禱爲益，則湯周用之，禱
無所行，則孔子不請，此其殊途同歸，隨時之義也。〔註65〕

案：阮德如以爲祭祀禱告是臣子藉由此禮表達對君父感情的儀式，和實際效
用無關。嵇康則應用《易·隨卦·象傳》：「隨時之義大矣。」〔註66〕認爲禱
與不禱都依當時的情形作爲判斷，祈禱有益則行之，無用則不行，行與不行
都出自人的觀念和動機，因時制宜，所以應不只是一種表情的方式。對於時
間的觀察，在養生方面，有許多的體悟：

至于措身失理，亡之於微，積微成損，積損成衰，從衰得白，從白
得老，從老得終，悶若無端，中智以下，謂之自然，縱少覺悟，咸
歎恨之所遇之初，而不知慎眾險於未兆，是由（通「猶」）桓侯抱將
死之疾，而怒扁鵲之先見，以覺痛之日，爲受病之始也。害成於微，
而救之於著，故有無功之治。馳騁常人之域，故有一切之壽。仰觀
俯察，莫不皆然。以多自證，以同自慰，謂天地之理，盡此而已矣。
〔註67〕

一般人對於生、老、病、死，認爲是很正常的自然現象，僅止於人之常情，
自我慰藉，「以多自證，以同自慰」似乎在識見上抱持著自我滿足的心態，而
導致囿於所見，畫地自限。所以提醒世人養生的觀念是「慎眾險於未兆」的
態度，因爲歲月摧人的老化是積漸式地形成，如星火燎原，更別說疾病，特
別是慢性病。今日預防保健甚於治療的觀念，嵇康掌握住了。

縱聞養生之事，則斷以己見，謂之不然。其次狐疑，雖少庶幾，莫
知所由。其次自力服藥，半年一年，勞而未驗，志以厭衰，中路復
廢，或益之以畎澮，而泄之以尾閭，欲坐望顯報者。或抑情忍欲，
割棄榮願，而嗜好常在耳目之前，所希在數十年之後，又恐兩失，
內懷猶豫，心戰於內，物誘於外，交賒相傾，如此復敗者。〔註68〕

另外檢討的是，致力養生者，常在時間點上發生觀念上的障蔽，所以未能有
成。第一，急於求成以致半途而廢；第二，消耗的比導養的多，卻期望養生

〔註65〕〈答釋難宅無吉凶攝生論〉，《嵇康集校注》，頁 295。
〔註66〕《易·隨卦·象傳》（藝文印書館），頁 56。
〔註67〕〈養生論〉，《嵇康集校注》，頁 152～153。
〔註68〕同上註，頁 153～155。

有效；第三，面對眼前情欲誘惑，對於必須持久的養生之事，交賒相傾，陷入天人交戰。莊師萬壽釋之：「交，是近的時、空，賒是遠的時、空，近、遠不同時、空交織起來的價值觀，是一個對立的存在。他個人也是如此微妙地向前走。」〔註69〕以嵇康「戎自言與康居山陽二十年，未嘗見其喜慍之色」的謹慎〔註70〕，其命運都難逃理想與現實的糾葛，何況是一般人呢？

> 夫至物微妙，可以理知，難以目識；譬猶豫章生七年，然後可覺耳。
>
> 今以躁競之心，涉希靜之塗，意速而事遲，望近而應遠，故莫能相
>
> 終。〔註71〕

嵇康明白人因為受感官能力的限制，所以於至理無法盡識其微妙，屬於體悟和實踐的層次；或可以透過論理得知，這可能成為學術上討論的空間和範圍。聚焦到養生的論題，導養是必須要有時間上的條件，難有速成。就如同豫樟樹，要生長七年才能被辨識出來。在時間的耕耘上，往往考驗著養生者，意與事是否能相終，在對於交與賒是否能同理識之：

> 世之多累，由見之不明耳。又常人之情，遠、雖大莫不忽之，近、雖小莫不存之。夫何故哉？誠以交賒相奪，識見異情也。三年喪不內御，禮之禁也。莫有犯者。酒色乃身之讎也，莫能棄之。由此言之，禮禁交，雖小不犯，身讎賒，雖大不棄。然使左手據天下之圖，右手旋害其身，雖愚夫不為。明天下之輕於其身，酒色之輕於天下，又可知矣。而世人以身殉之，斃而不悔，此以所重而要所輕，豈非背賒而趣交耶？知者則不然矣。審輕重然後動，量得失以居身；交賒之理同，故備遠如近。慎微如著，獨行眾妙之門，故終始無虞。
>
> 此與夫耽欲而快意者，何殊間哉？〔註72〕

世人多受牽累，嵇康以為是因為識見不明的緣故。又加上常人之情的障蔽，對於遠、近、時、空的互相對立，所識所見有異於實際的情形，造成時空上較遠之事物，即使會有較大的影響，卻都會視而不見地忽略了，例如酒色對身心的毒害，可能不是一時就會產生的，於是人們常無所謂地毫不在意；時空上較近的事物，即使比較沒有什麼影響，卻都會存心在意，例如父母之喪，

〔註69〕 《嵇康研究及年譜》，頁135。

〔註70〕 楊家駱主編：《新校本晉書并附編六種二》（台北：鼎文書局，1975～1977年），頁1370。

〔註71〕 〈養生論〉，《嵇康集校注》，頁155。

〔註72〕 〈答難養生論〉，《嵇康集校注》，頁176～177。

禮法禁制夫妻三年不得同房，大家卻都能遵守。生命、天下、酒色之價值，任誰都可以排出順序，以生命爲貴，而酒色爲賤，然世人卻耽溺於酒色之中，誤己之性命而渾不自知。在此，嵇康很諷刺地表明人性之僞，生命自然之理，並非掌握於己，而是受制於禮法，於是也受制於操弄禮法者，當禮樂從制作變成操弄，變質的名教是魏晉時代的寫照和悲哀。執迷不悟造成短視近利，導致無利可圖。清明者能審察輕重緩急，思而後行，並衡量得失作爲下一步行動的依據。通同交際之理，不論時空遠近之利害，道理在於要慎重地將遠、近、隱、顯之憂，同等看待，似乎發揮齊物之精神，才能超越時空的限制和障蔽，開啓老子所謂玄之又玄的眾妙之門。

（三）求自然之理

　　嵇康說「當求自然之理」，可見「自然之理」雖然是從氣化論延伸出來的概念，卻必須透過行動來求取。在嵇康的論作中，可以搜尋出其求取自然之道的方法、途徑，以及運用之道，筆者參考許抗生等歸結出的五點，再加以補充論述：

1. 求諸身而後悟，校外物以知之

　　向子期在〈難養生論〉中質疑導養而得千歲者「此人何在，目未之見」，導養之理「可言而不可得」，若有長壽者「此自特受異氣」〔註73〕，與導養無關，此可以堯舜禹湯文武周孔之壽爲證。這便是將嵇康「神仙似特受一氣」下落一層次的運用，十分高妙。「天命有限，非物所加耳。且生之爲樂，以恩愛相接。天理人倫，燕婉娛心，榮華悅志。服饗滋味，以宣五情。納御聲色，以達性氣。天理自然，人之所宜，三王所不易也。」〔註74〕是以從欲爲得性，否認導養之功效。

　　由此可見向子期與嵇康觀念上異同之處。相同處都以氣爲基論，雖然都有命定論，但兩個人就壽命可以延展的空間上，幅度和彈性都有很大的不同，嵇康是比較樂觀進取的，認爲養生中輔以上藥、呼吸吐納，或以音樂導養，有助於盡性命，與向子期「天命有限，非物所加耳」，而使從欲得性的觀點有所不同。

　　對於從欲得性，嵇康認爲在食衣住行方方面，有必須滿足的基本需求。

〔註73〕〈難養生論〉，《嵇康集校注》，頁166。
〔註74〕同上註，頁166～167。

而論養生之道，並不是要排除這些基本的需求，而是要使這些基本的需求合乎理。且嵇康將人的欲求分為性動與智用，而基本需求屬於前者。此待後文續論。這裡要提點的是觀念的開展，認為未見神仙或長壽者，就採取否定的態度，對於至理的追求會有所妨礙。探討幽微之理時，只以前人為信，從其可能之系統往下發展，若事先被其框架或格局所侷限，或難以有所突破和開展：

> 上以周孔為關鍵，畢志一誠；下以嗜欲為鞭策，欲罷不能。馳騖於
> 世教之內，爭巧於榮辱之間，以多同自滅，思不出位，使奇事絕於
> 所見妙，妙理斷於常論；以言變通達微，未之聞也。〔註75〕

在既定的框架之內，當然可以找到的例證都是相似的，所以對於異論、奇事或妙理常「以多同自滅」，而導致「思不出位」。依循這樣的思維，要通變達微，難矣哉！更何況是要超越前人之論，有新的創見。在人事上，若聖人之道被有心人加以操作，實而進行謀私害義之事，崇信周、孔者卻仍有所執持，而因此服膺於威權之下，不禁令人唏噓！這也必須是如嵇康這般對名利無所求者才能看透的啊！

只以天理自然，而無盡地滿足任何欲求，又將導致違背性命之理的可能：

> 夫俟此而後為足，謂之天理自然者，皆役身以物，喪志於欲，原性
> 命之理，有累於所論矣。〔註76〕

從欲而得自然，卻便成被物欲所役使，在欲妄中喪失心智，相信這應該不是向子期所要的結果，對於深論此理，也會有所防礙。所以「從欲而得自然」這個論點有待商確。

> 夫至理誠微，善溺於世，然或可求諸身而後悟，校外物以知之者。
>
> 〔註77〕

嵇康認為至理雖然隱微，不顯於世，但還是可以透過自身的經驗，加以體悟，取驗外物而知曉的。而這個對至理探求的方式，嵇康有以下的運用，對於欲求與人情之關係有所體察：

> 人從少至長，降殺，好惡有盛衰。或稚年所樂，壯而棄之；始之所
> 薄，終而重之。當其所悅，謂不可奪；值其所醜，謂不可歡；然還

〔註75〕〈答難養生論〉，《嵇康集校注》，頁 187～188。
〔註76〕同上註，頁 188。
〔註77〕同上註，頁 188。

> 成易地，則情變於初。苟嗜欲有變，安知今之所耽，不爲臭腐？曩
> 之所賤，不爲奇美耶？假令廁養暴登卿尹，則監門之類，蔑而遺之。
> 由此言之，凡所區區一域之情耳，豈必不易哉？

> 又飢飱者，於將獲所欲，則悅情注心，飽滿之後，釋然疏之，或有
> 厭惡。然則榮華酒色，有可疏之時。

> 蚺蛇珍於越土，中國遇而惡之；麤粢貴於華夏，裸國得而棄之。當
> 其無用，皆中國之蚺蛇，裸國之麤粢也。〔註78〕

以上三段引文爲同一段落，爲閱讀之便分而識之。人從幼至長，對於嗜欲是
有盛衰之變化的。如筆者幼時不食鮮奶、苦瓜，長而食之甘之如飴；本來不
排斥肉食，如今視之卻時有莫名非味美的感覺。在衣著上，也常有衣服少一
件的喜新厭舊。在感情上，已經體會到感情是一種流動的東西，不必過於執
著，雖然在實踐時，要跳脫出來，仍需時間的療助。對於自然的感動，從樂
水轉換爲樂山。學習或生活上，對名位企求之盛情，轉爲對過程充實的重視。
所以筆者頗能認同嵇康「還成易地，則情變於初」，「嗜欲有變」的看法。而
在價值觀方面，蚺蛇與麤粢的例子，也讓筆者聯想到當初非洲人視鑽石爲棄
物如石，而西方人卻視之如珍品的例子。這些是以有用、無用作爲價值上的
判斷，這樣的判準，都會隨著時空變換而有所變異，可能導致不必要的又無
可避免的爭奪或衝突。心靈層面上的慰藉也是如此，宗教上的戰爭，便因爲
價值觀的不同，而出現流血事件，而人們卻又不願意突破自我信仰的界限，
若源及信仰之理，這應該不是神的初衷。於是在嗜欲上，嵇康以「以大和爲
至樂，則榮華不足顧也。以恬澹爲至味，則酒色不足欽也」，作爲指導行爲的
原則。上述之例若能歸避榮華與酒色，或能避免許多傷天害理殘人之事。

2. 觀物於微，觸類而長

在〈聲無哀樂論〉中，嵇康分別在首答與四答時表示「今粗明其一端，亦
可思過半矣。」〔註79〕「吾未能反三隅者，得意而忘言，是以前論略而未詳。」
〔註80〕都可見他很重視思考，而不是只以前人所言爲是，並且要能從一端緒，
進而觸類旁通，以求意旨之體悟。然世人不見得都有舉一反三的能力，難以避
免會有爲己見所囿的情形發生，嵇康認爲對於識見，應抱持的態度：

〔註78〕〈答難養生論〉，《嵇康集校注》，頁188～190。
〔註79〕〈聲無哀樂論〉，《嵇康集校注》，頁200。
〔註80〕同上註，頁209。

> 夫先王垂訓，開端中人，言之所樹，賢愚不違，事之所由，古今不
> 忒，所以致教也。若玄機神妙，不言之化，自非至精，孰能與之？
> 故善求者，觀物於微，觸類而長，不以己爲度也。〔註81〕

中人之質者多，於是先王之致教，便以此爲基準，但並不表示沒有教外之理，
玄機神妙，不言之化，非一般人所能理知，更遑論目識，世人儘管受限於才
性，但在觀念上仍可以敞開心胸，不以「多同自滅，思不出位」〔註82〕，正
確觀念的建立，是不分賢愚的。嵇康並指引一法則——「觀物於微，觸類而
長」，希望求至道者對事物的觀察要注意到隱微的因素，從中擴展其可能形成
的事類，求得事物發展的自然之理。此理在養生的應用方面，可舉一例：

> 至于措身失理，亡之於微，積微成損，積損成衰，從衰得白，從白
> 得老，從老得終，悶若無端，中智以下，謂之自然，縱少覺悟，咸
> 歎恨於所遇之初，而不知慎眾險於未兆，是由桓侯抱將死之疾，而
> 怒扁鵲之先見，以覺痛之日，爲受病之始也。〔註83〕

不知性命之源，未依自然之理來導養身心，生老病死則成爲常態，在面臨衰、
老、病、死之時，多只是傷心怨歎悔恨，深不知在未生病的時候，就要謹慎
地預防會導致危險的可能。常言道「積勞成疾」，現代人工作壓力大，還出現
了「過勞死」之症，生活變得複雜而有所謂的慢性病、癌症，而這也不是一、
兩天就形成的。推本究源，養生觀念的建立與否，養生之道的實踐與否，保
健預防重於治療，應是提倡養生的要素之一。另外，嵇康贊成宅有吉凶，對
攝生有所影響，並不是站在迷信的觀點：

> 吾謂古人合德天地，動應自然，經世所立，莫不有徵，豈匿設宗廟
> 以欺後嗣，空借鬼神以調將來耶？足下將謂吾與墨不殊，今不辭同
> 有鬼，但不偏守一區，明所當然，使人鬼同謀，幽明並濟，亦所以
> 求衰，所以爲異耳。〔註84〕

面對幽隱之事理，細察人事於此歷來已有所發展，實順應自然，而採取保留
彈性的空間，避免偏執而造成的固著，秉持中立，希冀從中尋求出一攝生之
理，如果一開始就先採取否定的態度，那之後就不會有觸類旁通的思考過程。

〔註81〕 〈答釋難宅無吉凶攝生論〉，《嵇康集校注》，頁293。
〔註82〕 〈答難養生論〉，《嵇康集校注》，頁187。
〔註83〕 〈養生論〉，《嵇康集校注》，頁152～153。
〔註84〕 〈答釋難宅無吉凶攝生論〉，《嵇康集校注》，頁295。

嵇康也不執持鬼神，所以可見其攝生多掌握大方向，沒有發展繁複的方法。

3. 因見求隱，尋端究緒

求自然之理可以從未知，推求已知，也可以從已知推求未知。觀物於微，觸類而長，是前者；因見求隱，尋端究緒，是後者。但世人往往對於隱微之事，存疑的心態成就的不是探索的行動，而是怯步和排斥；對於推理所得的事實，也不願意相信。

> 藥之已病，其驗交見，故君子信之；宅之吉凶，其報賒邈，故君子疑之。今若以交賒爲虛實，則恐所以求物之地鮮矣。吾見溝澮不疑江海之大，覩丘陵則知有泰山之高也。若守藥則棄宅，見交則非賒，是海人所以終身無山，山客白首無大魚也。〔註85〕

良藥治病之成效遠較良宅攝生來得顯而易見，養生若以交、賒作爲功效採信與取捨的準則，則至理難明、至道難尋。溝澮之量可期，江海之大不可測；丘陵之高可望，泰山之勢不可知。而嵇康觸類而長，由溝澮之江海，丘陵知泰山；尋端究緒，探求原委，則能對於事物之質或量，從不同的角度愈認識與體會，最重要是在心態上要先相信經由理則推求出的概念，再加以求證。如此，人類的夢想，才眞正有實現的可能。交、賒、見（現）、隱，應該是在時間上做行事的斟酌，而不是是非上的判準，否則恐有海人無山，山客無魚之憾。

> 難曰：智所不知，相必亦未知也。今暗許，便多於所知者，何耶？
> 必生於本謂之無，而強以驗有也。強有之驗，將不盈於數矣。而并所成驗者，謂之多於所知耳。然苟知，果有未達之理，何不因見求隱，尋端究緒，由子午而得丑未，夫尋端之理，猶獵迹以得禽也。
> 縱使尋跡，時有無獲，然得禽，曷嘗不由之哉？〔註86〕

此段對於智識開展的過程，有很深刻的論述。智識所未知的，相命一定也是未知，因爲相命藉由相者的智識去做觀察、分析與判斷。而嵇康卻在阮氏肯定「智之所識，未若所不知者眾」之際，反對其又以不妄求爲理由，捨棄對智所不知之範圍，以智之所知爲足。先大膽地假設智所不知的範圍，是可求的。如此一來，便已經在觀念的開展上順著理續踏出了一步，可以說是多於

〔註85〕〈答釋難宅無吉凶攝生論〉，《嵇康集校注》，頁 307。
〔註86〕同上註，頁 307～308。亦參見《嵇康集校注》，（北京：中華書局，2014 年 4月）下冊，頁 513～514。

所知的了。而這並非空想，而是本於生生之理，透過驗證，從無而有。雖然此有是勉強爲之，也不能完全符合數術所推得之現象，但與已經驗證成功者相合，則能較原有者更進一步。那未盡善之處，則以已顯現者求未顯現者，找尋開端，追求究竟，就好像從子午到丑未。若偏離了原先所掌握的線索，就好像原本要獵獅子，而卻捕到禽鳥。就算是循著獅子的蹤跡獵捕，但仍有一無所獲的情況發生，而捕捉到的是禽鳥，也未嘗不是一種收穫啊。對於智識的開展，所獲不如預期，仍比原先更進一步，並累積了經驗，智識也在經驗的積累中不斷展現。「因見求隱，尋端究緒」，正是追求自然之理的一種試驗性的歷程。

4. 廣求異端

嵇康在論辯時，發現對方有不合理之處，常會順著對方的理緒討論，然後推得一個自相矛盾的結果，直接動搖對方的立場。

> 又曰：「長平不得係於命，將係宅耶？則唐虞之世，宅何同吉？」吾本疑前論，「無非相命」，故借長平之異同，以難相命之必然，廣求異端，以明事理，豈必吉宅以質之耶？又前論已明吉宅之不獨行，今空抑此言，欲以誰難。又曰：「長平之卒，宅何同凶？」苟泰同足以致，則足下嫌多，不愚於吾也。適至守相，便言千萬皆一，校以至理，負情之對，於是乎見。既虛立吉宅，冀而無獲，欲救相命，而情以難顯，故云如此，可謂善戰矣。〔註87〕

當阮氏以爲長平之役千萬士卒皆一命，是有命，若不以相命看待此事，難道要以其宅之吉凶來解釋？上溯至唐堯虞舜，若不以命同論其延命，如何同以吉宅釋此？於是嵇康見其有惑不悟，便解釋在〈難宅無吉凶攝生論〉中所言：「然唐虞之世，命何同延？長平之卒，命何同短？」〔註88〕是要打破阮氏只以相命決定一切，否認其他人爲的努力，所提出的質疑。目的在廣求異端，使至理顯達，並非只以宅之吉凶作爲判斷命之長短的原則。嵇康已明「吉宅之不獨行」，以「良田雖美，而嫁不獨茂；宅卜雖吉，而功不獨成。相須之理誠然，則宅之吉凶，未可惑也。」〔註89〕相須之理，便呈

〔註87〕〈答釋難宅無吉凶攝生論〉，《嵇康集校注》，頁 298～299。又參見中華書局 2014 年版，頁 509～510。
〔註88〕《嵇康集校注》，頁 275。
〔註89〕〈難宅無吉凶攝生論〉，《嵇康集校注》，頁 280。

現出嵇康認同至理只是指涉一個大方向，而達理之道者眾，所謂條條道路通羅馬，法法修行向至道。所以阮侃此難所問非人。而阮氏自言：「今論命者，當辨有無，無疑眾寡也。苟一人有命，千萬皆一也。」卻又言：「則唐虞之世，宅何同吉？長平之卒，居何同凶？」〔註90〕在論命時可只以「有」、「無」為原則，不以多寡為判準；順而言之，嵇康也可以說「論宅者，當言吉凶，無疑眾寡。」而阮氏對於宅之吉凶，不能同其所同，採以不同的標準，這便有所矛盾。對於攝生之道，從〈養生論〉到〈難宅無吉凶攝生論〉這一系列的論作，相信從中都可見到嵇康在這方面展現出廣求異端，追求至道的多元性。

5. 較而論之

自然之理，除了自身由內而外或由外而內，由未知而已知，由已知而未知，對於前人所累積的經驗與文本紀錄，也是具有相當高的參考價值，在求道的過程之中廣求異端，不能缺少的一環。

> 夫神仙雖不目見，然記籍所載，前史所傳，較而論之，其有必矣。
> 〔註91〕

例如像神仙這樣有先天條件的限制，有時空上的限制，儘管在理緒上已有論可以推而得知，萬物中有松柏長青，類比於人，應也有同者。然而在求實證的過程，難免會受制於自身的經驗，且在自己所身處的時空背景，也不見得可以從外求之，於是書籍上的記載，便是很重要的佐證。歷代書籍上資料繁多，加上年代久遠，可信度的考量是不可少的，盡信書不如無書是也。從「較而論之」便可知道在做學問的要進行大量的閱讀，比對資料，比較其中之異同，分析綜合之。所以神仙的存在與否，對嵇康來說，可以是肯定的。

6. 神而明之

在肯定神仙存在之餘，也是肯定人有不同的才性，能力有所差異。能力有不同，便對於道的體悟，有層次上的不同。對於大道之幽深隱微，實非普通人所能知者。

> 神祇遐遠，吉凶難明，雖中人自竭，莫得其端，而易以惑道，故夫子寢答於問終，慎神恠而不言，是以古人顯仁於物，藏用於身，知不可眾共，非故隱之，彼非所明也。吾無意於庶幾，而足下師心陋

〔註90〕 〈釋難宅無吉凶攝生論〉，《嵇康集校注》，頁287。
〔註91〕 〈養生論〉，《嵇康集校注》，頁144。

> 見，斷然不疑，鑿決如此，足以獨斷；思省來論，旨多不通，謹因
> 來言，以生此難。〔註92〕

天地之事，鬼神難知，吉凶禍福並非一般人費盡心力可以明瞭的，於此便可能將其神話之，更增加其深不可測。通曉此理的人，知道鬼神之事，並非一般人都可以體會知曉，而且也不見得用言語可以說得明白，用言語可以窮盡此道，因爲神祇之事，也不見得適合用語言文字來傳達。所以在《論語·先進》：「季路問事鬼神。子曰：『未能事人，焉能事鬼？』曰：『敢問死？』曰：『未知生，焉知死？』」〔註93〕又《論語·述而》：「子不語怪、力、亂、神。」〔註94〕很明白地表明對於如生死、鬼神之事的態度，不否認其事，非以消極的態度回避，而是以更積極的態度把握當下，實踐仁道。嵇康也如此認同，要不是阮氏在論理上有所獨斷，滯礙理之發展，否則嵇康自言其「無意於庶幾」。

> 夫救火以水，雖自多於抱薪，而不知曲突之先物矣。況乎天下微事，
> 言所不能及，數所不能分？是以古人存而不論，神而明之，遂知來
> 物。故能獨觀於萬化之前，收功於大順之後。百姓謂之自然，而不
> 知所以然。若此，豈常理之所遲耶？〔註95〕（〈難宅無吉凶攝生論〉）

以曲突徙薪之例，來說明隱微之事，言語數術縱使無法全然表達或分析者，古人仍肯定其存在，受限於討論的方式，只得用心神領會，以不論而論之。也因此能把握住萬物生化的理則，於端理獨自觀照，在順應萬物變化之後，收成大功。一般人只以爲自然如此，並沒有探討後設的基本理緒，而這些並非用常理推斷，如何神而明之，是探求隱微之道的可行之法。

綜合以上所述，從「求諸身而後悟，校外物以知之」、「觀物於微，觸類而長」、「因見求隱，尋端究緒」、「廣求異端」、「較而論之」，以及「神而明之」，在〈聲無哀樂論〉中，可以觀察到其所作的發揮與運用。大體而言，從「還成易地，則情變於初」、「嗜欲有變」言音樂與人的情感之間那種不定的關係，是爲「和聲無象，而哀心有主」，這是「求諸身而後悟，校外物以知之」。〈聲論〉首答以「名實」爲論，粗明一端，要秦客舉一反三，然秦客不能「觀物

〔註92〕〈難宅無吉凶攝生論〉，《嵇康集校注》，頁 273～274。又參見中華書局 2014
　　　　年版，頁 472。
〔註93〕〔宋〕朱熹：《四書集注》（台北：學海出版社，1991 年 3 月再版），頁 125。
〔註94〕《四書集注》，頁 98。
〔註95〕〈難宅無吉凶攝生論〉，《嵇康集校注》，頁 282。

於微，觸類而長」，所以才有以下「廣求異端」從各角度切入的難答。〈聲論〉
中以元氣論爲基礎，明聲之端緒，以證心聲二軌。對於古籍所載對聲音與情
感的關係，都能依論據，「較而論之」，破除世人的迷障，在今天以科學進行
的實驗，證明出聲音頻律對於腦波的影響，進而有的情緒反應，可以顯示嵇
康的「神而明之」的先見。

二、方法論：推類辨物

（一）別名實

名理之學本在校練名實，中散認爲語言不是自然一定的產物，所以是人
爲的約定俗成。實因各地因風俗不同，相同的事物可能稱號會有所不同。而
這些名號的舉用，只是用以標誌罷了。他說：

> 夫言非自然一定之物，五方殊俗，同事異號，趣舉一名，以爲標識
> 耳。〔註96〕

而各地方對事物的名稱也因約定而俗成，就如言抽象之事物，如人因與外界
接觸，所引發之情感依屬性而概分爲八種，分別是「喜、怒、哀、樂、愛、
憎、慙、懼」，也因爲其屬性不同，所以名稱不同。而且彼此不能互相增益，
並不會因又喜又怒而成爲樂。他說：

> 夫喜、怒、哀、樂、愛、憎、慙、懼，凡此八者，生民所以接物傳
> 情，區別有屬而不可溢者也。夫味以甘苦爲稱，今以甲賢而心愛，
> 以乙愚而情憎，則「愛」、「憎」宜屬我，而「賢」、「愚」宜屬彼也。
> 可以我愛而謂之「愛人」，我憎則謂之「憎人」，所喜則謂之「喜味」，
> 所怒則謂之「怒味」哉？由此言之，則外內殊用，彼我異名。〔註97〕

嵇康以「外內殊用，彼我異名」來區別名實，先考慮「實」之所得於心意，
心意之定旨所得所指處是由外（客觀外在之理），還是緣內（內涵），要「尋
所受之終始」，區別其異同，非同屬即異類，最後才得以定名。

> 夫五色有好醜，五聲有善惡，此物之自然也。至於愛與不愛，喜與
> 不喜，人情之變，統物之理，唯止於此。然皆無豫於內，待物而成
> 耳。至夫哀樂，自以事會，先遘於心，但因和聲，以自顯發；故前

〔註96〕〈聲無哀樂論〉，《嵇康集校注》，頁211。
〔註97〕同上註，頁199～200。

> 論已明其「無常」，今復假此談以正名號耳。不謂哀樂發於聲音，如
> 愛憎之生於賢愚也。然和聲之感人心，亦猶醞酒之發人性也。酒以
> 甘苦為主，而醉者以喜怒為用。其見歡戚為聲發，而謂「聲有哀樂」，
> 猶不可見喜怒為酒使，而謂「酒有喜怒」之理也。〔註98〕

哀樂發於聲音的關係和愛憎之生於賢愚的關係是不同的。先聲明五聲如五色一般，是物之自然。接著說明愛、憎、喜、厭之情的變化，並不是先積累於內心，是對著所遭遇不同的人、事、物所產生的，例如甲賢而心愛，乙愚而情憎。而哀樂之情卻是遇到事情產生後，鬱積在內心，這或哀或樂感情可被任何的和聲所引發，所以才說和聲可以引發眾情，端看你在心中所鬱積的哀樂了。在此對聲無哀樂又一次正名。順言和聲如何感動人心，要破解的是不可以因「歡戚為聲發，而謂『聲有哀樂』」。以「醞酒之發人性」為比喻，這其中之關係正是「體用關係」，「酒以甘苦為主，而醉者以喜怒為用」，所以說「聲以善惡為主，而聽者以哀樂為用」，既不言「酒有喜怒」，遂不說「聲有哀樂」。

嵇康在〈釋私論〉中提出名理的準則：「論其用心，定其所趣；執其辭以準其理，察其情以尋其變；肆乎所始，名其所終」〔註99〕，會意則要知心，知心之所往才能知意之定旨。而要知心，若是透過語言，則必須藉言語的意義來衡量其中之理；若是觀察實際情形，則要尋找其變化的動向，明白終始本末，最後才能定名。在此呼應了〈明膽論〉之「尋所受之終始」、「順端極末」的道理，亦能分辨「似非而非非，類是而非是」的情況。

（二）邏輯的運用

1. 思想律的應用

嵇康是中古最擅長演繹推理的，在一系列的論辯文章普遍的應用到思想法則的三個定律：即同一律、矛盾律、排中律。〔註100〕所謂的同一律，是最基本的規律，指在同一個思維過程中的任一個概念、判斷，必須自身確定、同一，它反映什麼對象，便是這個對象，即「A 是 A」。矛盾律指同一思維過程，一個命題及其否定，不能同時為真。排中律指同一思維過程之中，兩個相互否定的概念，不可同時為真，必須肯定其中一個，不可同時否定兩者。

〔註98〕〈聲無哀樂論〉，《嵇康集校注》，頁 204～205。
〔註99〕〈釋私論〉，《嵇康集校注》，238。
〔註100〕莊師萬壽：《嵇康研究及年譜》，頁 99。

矛盾律與排中律相比較，在於邏輯錯誤的形式不同。違反矛盾律常以同時肯定兩者的形式表現，而違反排中律則常以同時否定兩者的形式表現。〔註101〕茲舉例說明如下：

> 主人答曰：「難云『雖歌哭萬殊，善聽察者要自覺之，不假智於常音，不借驗於曲度，鍾子之徒云云是也。』此爲心哀者，雖談笑鼓舞；情歡者，雖拊膺咨嗟；猶不能御外形以自匿，誆察者於疑似也。爾爲已就聲音之無常，猶謂當有哀樂耳。又曰：『季子聽聲，以知眾國之風；師襄奏操，而仲尼文王之容。』案如所云，此爲文王之功德與風俗之盛衰，皆可象之於聲音；聲之輕重，可移於後世，襄、涓之巧，又能得之於將來。若然者，三皇五帝可不絕於今日，何獨數事哉？若此果然也，則文王之操有常度，韶、武之音有定數，不可雜以他變，操以餘聲也。則向所謂聲音之無常，鍾子之觸類，於是乎躓矣。若音聲無常，鍾子之觸類，其果然耶？則仲尼之識微，季札之善聽，固亦誣矣。」〔註102〕

此段很明顯可見同一律和矛盾律的使用。主人先針對秦客所提出的問難，秦客以爲雖然歌哭萬殊，但是仍不影響聲有哀樂，而這屬於善聽察者的能力問題。主人則就此反駁，既然肯定歌哭萬殊，即肯定聲音無常，如此則聲無哀樂便無庸置疑的了，卻又依此言聲有哀樂。如此則產生矛盾的現象。

接著，主人順秦客之言季子與師襄之例，推得聲音可以表象，聲音可以傳情，後世之琴技可媲美先賢，如此音樂的元素在時空的轉換、人事的變遷之下仍固定不移，則三皇五帝之風，應該傳世不絕，何以寥寥數事？另外，又與秦客前所認同的聲音無常，以及舉證鍾子期所謂觸類辨聲，知伯牙理琴之志，識隸人擊磬之哀，前後便有所牴觸。由此可見，秦客論證前後矛盾，於是此論難所提「善聽察者要自覺之」，便不得成立，仲尼與季札能聽之例，則不可信。

在論辯中，用得最多的是矛盾律，可見一般人在論辯的過程，最容易違反這樣的規則，使得論點前後不一，而被嵇康識破。

〈明膽論〉中，呂安舉賈誼之例，認爲一個人的膽量不會有盈、縮的問題，關鍵在於是否能「見」，即是否有「明」，此將導致行爲的果決與否。

〔註101〕朱志凱：《邏輯與方法》（北京：人民出版社，1995年8月），頁102～104。
〔註102〕〈聲無哀樂論〉，《嵇康集校注》，頁202～203。

> 漢之賈生，陳切直之策，奮危言之至。行之無疑，明所察也。忌鵩作賦，暗所惑也。一人之膽，豈有盈縮乎？蓋見與不見，故行之有果否也。〔註103〕

對此，嵇康反駁：

> 就如此言，賈生陳策，明所見也；忌鵩作賦，闇所惑也。爾爲明徹於前，而闇惑於後？明有盈縮也。苟明有進退，膽亦何爲不可偏乎？
>
> 〔註104〕

賈生之例雖然用以說明「膽無盈、縮」，但卻導出「明有盈、縮」，便是呂安的失策，違反了排中律。而呂安又在霍光之例：「霍光懷沉勇之氣，履上將之任，戰乎王賀之事。」〔註105〕要再次證明「見與不見，故行之有果否也」時出了差錯。嵇康反駁之：「子然霍光有沉勇，而戰於廢王，有所撓也。而子言一人膽，豈有盈縮，此則是也。」〔註106〕霍光擔任大司馬大將軍時，顯出其膽量；卻在廢黜昌邑王劉賀時懼怕顫抖，這便是膽有盈、縮的例子，在此違反了矛盾律。不過嵇康認爲明與膽沒有所謂盈、縮的問題，彼此是相輔相承的關係。

最後，嵇康也解決的是呂安「有膽不可無明，有明便有膽矣」立論的問題，並強調以渾元爲喻，非不切實際，若只以人事爲證，並不能切要，因爲沒有理據。

> 子又曰：「言明無，膽能偏守。」案子之言，此則有專膽之人，亦爲膽，特自一氣明矣。五才存體，各有所生。明以陽曜，膽以陰凝。
>
> 豈可爲有陽而生陰，可無陽耶？〔註107〕

呂安在立論時和後來說明時的基調不同，先說「有明便有膽」，又說「明無，膽能偏守」。如此違反了矛盾律，所以嵇康反駁以「豈可爲有陽而生陰，可無陽耶？」嵇康論理時，有小結處，喜歡用問句來呈現，其實問句的本身，答案是非常明顯的，答案在問題的反面。另外，言「明無，膽能偏守」，也就等於贊成「明膽異氣，不能相生」，這也是嵇康最先的立論，由元氣論一貫而下的基論。

〔註103〕〈明膽論〉，《嵇康集校注》，頁250～251。
〔註104〕〈明膽論〉，《嵇康集校注》，頁253～254。
〔註105〕同上註，頁251。
〔註106〕同上註，頁254。
〔註107〕同上註，頁254～255。

在〈難宅無吉凶攝生論〉中，也有許多和矛盾律有關的例子。

> 又云：「多時不消，必須黃丸。」苟命自當生，多食何畏，而服良藥？
> 若謂服藥是相之所一，宅豈非是一耶？若謂雖命猶富，須藥自濟；
> 何知相不須宅以自輔乎？若謂藥可論而宅不可說，恐天下或有說者
> 矣。
>
> 既曰壽夭不可求，甚於貧賤；而復曰善求壽強者，必先知災疾之所
> 自來，然後可防也。然則壽夭果可求耶？不可求也？
>
> 既曰「彭祖七百，殤子之夭，皆性命自然」，而復曰不知防疾，至壽
> 去夭；「求實於虛，故性命不遂」。此為壽夭之來，生於用身，性命
> 之遂，得於善求。然則夭短者，何得不謂之愚？壽延者，何得不謂
> 之智？苟壽夭成於愚智，則自然之命，不可求之論，奚所措之？凡
> 此數者：亦雅論之矛楯矣。〔註108〕

以上是一個段落，為方便閱讀，所以將其分小段說明。阮侃在論述宅無吉凶
的過程，有許多互相矛盾之處。根據阮侃的說法，嵇康以為是「命有所定，
壽有所在。」既然是命定論，又提出藥補。何必藥補？藥補有用嗎？關於前
問，若是將藥補和命定相連結，說藥補是命定之事，那也可以說住宅也是其
中之一。而後一問，若說即使命已有定數，仍需良藥輔助，那是否也需住宅
的輔助呢？如果只許可藥補之說，而否定宅居吉凶之論，似乎不合理。

前論說壽夭比貧賤還不可求，後論又說善求壽強者，一定要先知道夭疾
如何發生，然後才可以預防。如此說來，到底壽夭是可以求得，還是不能求
得？

本來主論「性命自然」，但又有防疾至壽之說，這便是人有壽夭之別，關
鍵在於其立身處世，性命之延續與否，要能善求。於是壽夭和愚智有所關聯，
這便導致論點和前所言之性命自然有所相違。

阮侃的論點，似乎站在命定論的基礎上，又以藥補、防疾等方式至壽去
夭，於是何以獨排斥宅輔之說，使立論有所動搖。

在〈宅無吉凶攝生論〉中，阮侃以為日期沒有吉凶之分。不過嵇康於〈難
宅無吉凶攝生論〉中則以「湯禱桑林，周公秉圭」，反問此是否為「遣祟」？
另外《詩經》中所言「吉日為戊，既伯既禱」，反問此是否為「時日」？湯、
周是否非聖王？而在〈釋難宅無吉凶攝生論〉中，阮侃對於時日的說法又有

〔註108〕 〈難宅無吉凶攝生論〉，《嵇康集校注》，頁 276～277。

不同，所以嵇康在〈答釋難宅無吉凶攝生論〉中，以矛盾律加以反駁：

> 又曰：「時日，先王所以誡不怠而勸從事」。足下前論云：「時日非盛王所有」，故吾問「惟戊」之事，今不答「惟戊」果是非，而曰所誡勸，此復兩許之言也。縱令「惟戊」盡於勸誡，尋論按名，當言有日耶？無日耶？〔註109〕

阮侃對於「時日」的認定模糊，前論否定，於此又肯定其誡不怠而勸從事之用意，是為「兩許之言」。而稍後嵇康又在相之成命與信順成命二者，反駁阮侃的立論前後矛盾：

> 前論曰：若許負之相條侯，英步之黥而後王，一欄之羊，賓至有死者，性命之自然也。今論曰：隆準龍顏，公侯之相，不可假求，此為相命有一定，相所當成，人不能壞；相所當敗，智不能救。陷常生於眾險，雖可懼而無患；抑當貴於廝養，雖辱賤而必貴；若薄姬之困而後昌，皆不可為、不可求，而闇自遇之，全相之論，必當若此，乃一途得通，本論不滯耳。

> 吾適以「信順」為難，則便曰「信順者，成命之理。」必若所言，命以「信順」成，亦以不「信順」敗矣。若命之成敗足於「信順」，故是吾前難壽夭成愚智耳，安得有性命自然也？若信順果成相命，請問亞夫由幾惡而得餓，英布修何德以致王，生羊積幾善以獲存，死者負何罪以逢災耶？既持相命，復惜「信順」，欲飾二論，使得並通，恐似矛楯，無俱立之勢，非辯言所能兩濟也。〔註110〕

駁斥阮侃言性命自然（相命），又言信順為成命之理，矛盾。阮侃在〈宅無吉凶攝生論〉中舉許負、英布、彭祖與殤子之例，言其之所遇皆性命也；在〈釋難宅無吉凶攝生論〉又以人之相貌言性命；這些都欲證明攝生之道與宅之吉凶無關。而嵇康解釋命定論的意思，是命既定已，相所成所敗，皆不能壞之不能救之。另外也有一些狀況特殊的情形：陷阱危厄會因為眾多的險阻所產生，令人畏懼卻不一定會有太大的災患；或是從僕役的身分而成為尊貴，雖然地位卑賤卻定能尊貴；最好的例子便是薄姬。剛開始是魏王豹的宮女，劉邦俘虜魏王之後，以其國為郡，薄姬淪為織作僕役。但後來受高祖的召幸，生下了文帝，以子為貴。以相命定之論，是不能以人為而成的。

〔註109〕〈答釋難宅無吉凶攝生論〉，《嵇康集校注》，頁295～296。

〔註110〕同上註，頁297～298。

　　嵇康詮說全相之論後，以《易經·繫辭傳上》：「履信思順，自天祐之。」來言說命運的另一種說法，反駁全以相論命的偏見。而阮侃改言為「夫命者，所稟之分也；信順者，成命之理也。」〔註111〕贊成修身以俟命。於是會導致贊成信順成命，不得不贊成壽夭成於愚、智，善求者得壽。亞夫、英布、生羊之例，壽、夭之不同，始以相命論之，如何再以信順成命，便有所矛盾。嵇康至此點明相命與信順不可同時成立。

　　違反排中律的例子，雖然比較少，在〈答釋難宅無吉凶攝生論〉中有所呈現：

> 案如所論，甚有則愚，甚無則誕，今使小有，便得不愚耶？了無乃
> 得離之也？若小有則不愚，吾未知小有其限所止也？若了無乃得離
> 之，則甚無者，無為謂之誕也。〔註112〕

阮侃在「是否有鬼神」這一個命題中，論有神、無神之分為然否，皆採否定的態度，認為有鬼神和無鬼神都是愚癡、是空泛，所以不是有鬼神，也不是沒有鬼神。而略無或小有的持中之論，其限度為何？如何才能不空泛地略論鬼神？這些都不是否定鬼神的存在或是承認鬼神存在，而採兩極的看法所可以解決的。

2. 推理的運用

　　「推類辨物，當先求自然之理。理已定，然後藉古義以明知耳。」〔註113〕觀察嵇康在推理的運用方面，正是循著這個原則來進行的。由此也可以對於古代流傳下來的言論，作一番真偽的判斷。試以〈聲無哀樂論〉中東野主人在整篇之始開宗明義的首答，分段作一分析：

> 斯義久滯，莫肯拯救。故令歷世，濫於名實。今蒙啟導，將言其一
> 隅焉。夫天地合德，萬物資生。寒暑代往，五行以成。章為五色，
> 發為五音。音聲之作，其猶臭味在於天地之間。其善與不善，雖遭
> 濁亂，其體自若而無變也，豈以愛憎易操，哀樂改度哉？〔註114〕

這個段落主要以元氣論來建立論理的基礎，所要解決的是「聲有哀樂」是「濫於名實」的命題。在本章第一節已明嵇康以氣是天地萬物之始，所以氣是一

〔註111〕〈釋難宅無吉凶攝生論〉，《嵇康集校注》，頁286。
〔註112〕〈答釋難宅無吉凶攝生論〉，《嵇康集校注》，頁293。
〔註113〕〈聲無哀樂論〉，《嵇康集校注》，頁204。
〔註114〕同上註，頁197。

純然之物，沒有哀樂的成分摻雜其中。聲也是氣所作物，所以聲無哀樂由此得證。筆者試用間接推理中的三段推理說明〔註115〕：

氣（M）無哀樂（P）　　　M－P
聲（S）是氣（M）　　　　S－M
_____　　　_____

∴聲無哀樂　　　　　　　∴S－P

以元氣的自然之理說明聲無哀樂之後，再以歌、哭與哀樂的相互關係，作一說明，要以聲音無常來說明聲無哀樂。

> 及宮商集比，聲音克諧，此人心至願，情欲之所鍾。古人知情不可恣，欲不可極，故因其所用，每為之節。使哀不至傷，樂不至淫，因事與名，物有其號，哭謂之哀，歌謂之樂。斯其大較也。然「樂云樂云，鍾鼓云乎哉」？哀云哀云，哭泣云乎哉？因茲而言，玉帛非禮敬之實，歌舞非哀樂之主也。何以明之？夫殊方異俗，歌哭不同；使錯而用之，或聞哭而歡，或聽歌而戚。然其哀樂之懷均也。
> 今用均同之情，而發萬殊之聲，斯非音聲之無常哉？〔註116〕

此段落先說「哭謂之哀，歌謂之樂」的成因與其非絕對性，再以論語中之例子類比，推得「歌舞非哀樂之主」，所以不能從歌、哭來絕對地判斷一個人哀樂的情感，所以聲音和情感也就沒有特定的關係。筆者試用間接推理中，頗為單純的兩難推理加以說明〔註117〕：

一個人聽到哭泣可以引發哀情，也可以引發歡樂；聽到歌唱可引發哀情，也可以引發歡樂。

一個人聽到哭泣，或聽到歌唱。

∴無論是聽到哭泣或歌唱，都可能引發哀，也可能是引發樂的情感。而嵇康謂之「聲音無常」。

確立了聲音無常，嵇康要再加以說明的是聲音與情感的關係，情感被觸發的要素是「和聲」，而所引發的感情是喜怒哀或樂，則要看和音樂相結合的

〔註115〕間接推理之說明可詳見勞思光：《思想方法五講新編》（香港：中文大學出版社，2000年修訂版），頁61～68。牟宗三：《理則學》（台北：正中書局，2004年8月二版），頁91～117。
〔註116〕〈聲無哀樂論〉，《嵇康集校注》，頁197～198。
〔註117〕此推理參考牟宗三所謂兩難推理中的簡單式，詳見《理則學》，頁129。

詩章，所蘊含的寓意。這是很重要的一點提示，若忽略了詩章以文字形式的影響，則會完全以爲觸動情感的只有音樂。

> 然聲音和比，感人之最深者也。勞者歌其事，樂者舞其功。夫內有悲痛之心，則激哀切之言。言比成詩，聲比成音。雜而詠之，聚而聽之。心動於和聲，情感於苦言。嗟嘆未絕，而泣涕流漣矣。夫<u>哀心藏於內，遇和聲而後發；和聲無象而哀心有主。夫以有主之哀心，因乎無象之和聲而後發，其所覺悟，唯哀而已。</u>豈復知「吹萬不同，而使自已」哉？風俗之流，遂成其政。是故國史明政教之得失，審國風之盛衰，吟詠情性以諷其止，故曰「亡國之音哀以思」也。〔註118〕

聲音與情感的關係，試以三段論說明如下：

和聲（S）感人心（M）　　　　S－M

心（M）主哀情（P）　　　　　M－P

∴和聲引發哀情　　　　　　　S－P

從以上推理的運用，都可以清楚地呈現出嵇康論述時，邏輯十分清楚。筆者未受過邏輯的訓練，所以只能略做分析，此部分還有待詳論。

（三）命題的應用

　　第一章已經分析出〈聲無哀樂論〉所引發的相關論題，而其實這論題的出現，和嵇康其他論作的內容可以相互連結，互做補充，會呈現出這樣的現象，其實就是嵇康用多種不同的論點，來說明「聲無哀樂」這個命題。

　　命題就是一個能夠「眞」或者「不眞」的東西。「判斷」是作成命題的那種活動。〔註119〕「聲無哀樂」就命題的分類來說，屬於「全稱命題」，也就是從「量」的分類而言，構成「凡聲皆無哀樂」，「凡」代表全量。從「質」的分類而言，屬於「否定命題」，這可以直接從「聲無哀樂」的「無」字作一判斷。從「關係」的分類而言，屬於「定然命題」。「定然」是指「確定如此」的意思。從「程態」的分類而言，屬於「實然命題」，也就是和「現象存在」、「現象不存在」有關。以上對於命題的類別的分析，是參考牟宗三的分類。〔註120〕

〔註118〕〈聲無哀樂論〉，《嵇康集校注》，頁198～199。
〔註119〕勞思光：《思想方法五講新編》，頁53。
〔註120〕牟宗三：《理則學》，頁17～18。

　　「聲無哀樂」這個命題，在形式上和名實問題有關，而內容上主要解釋的是音樂和人情方面的問題。「聲音無常」、「和聲無象而哀心有主」的論證，除了說明聲無哀樂之理，也試以「道」的方式在處理「聲」的問題，也就是說將形上的道體以聲音來作為落實和展現，便是嵇康對於玄理之體悟。

　　名實問題和語言文字表意有很大的關係，所以「聲無哀樂」這個命題，其實也在說明藝術是否能像文字語言一樣清楚表達人的感情，甚至是說表達人的心意。在魏晉時期「言不盡意」的思潮之下，嵇康本欲以「得意而忘言」簡論「聲無哀樂」的命題，不過也因為只舉一隅未能盡言，而造就在東野主人和秦客在三巡之後的論辯。而〈聲無哀樂論〉整篇論作，約六千餘言，似乎也效法著老子《道德經》五千言，道不可道的精神。

　　在論辯上，吳冠宏以〈聲論〉揭櫫嵇叔夜的玄智，以聲為道，以三層次作為理解進路：

　　　　（一）破：聲情分判，各定其位——聲情異軌，不相經緯；
　　　　　　　　　　　　　　　　　　　　和聲無象，哀心有主。

　　　　（二）立：和聲似道，宣發眾情——無主哀樂，總發眾情；
　　　　　　　　　　　　　　　　　　　　至和之聲，發滯導情。

　　　　（三）合：主客相濟，共臻道境——隨曲之情，近於和域；
　　　　　　　　　　　　　　　　　　　　樂之為體，以心為主。〔註121〕

言其「有無辯證思維」的落實與具現，是對於〈聲無哀樂論〉理解之新向度。

　　對於「聲無哀樂」的體察，要對音樂有相當的程度，或在修行上有一定的層次，否則只是落於對音樂的一般性鑑賞。而從對聲道的體悟，再到人生上的落實，於是關涉到才性的問題。「聖人齊心等德，而形狀不同也。苟心同而形異，則何言乎觀形而知心哉？」從聖人心同形異，所以難以從外觀判斷內心的修養，來比喻聲音無常，也難以從聲音來判斷一個人內心的情感。其實會做這樣的譬喻，嵇康可說甚有深意。如何聽之以耳、聽之以心，進而聽之以氣，不得不承認和個人的才性有關。

　　嵇康贊成以音樂來「導養神氣，養而就之，致而明之」，即是順著音樂隨著時間的變動，達至「心與理相順，氣與聲相應」，流暢的和諧，並呈現自我本質的真性。所以將音樂用在養生與教化，是一大應用。若「聲有哀樂」，則不能有這樣的過程，人若受到音樂強迫性的影響，在情感上受到感染，身心

〔註121〕《魏晉玄義與聲論新探》，頁216～217。

如何能「和」？音樂能進行導、養的功夫，這即是「聲無哀樂」的證明。

「無聲之樂，民之父母也」，更要我們不只是執著於名教之中的禮樂，更要超越名教，體達無聲的境界，順歸自然之道。人民處於無為而治之中，實無需音樂的教化與持養。

三、知識領域的開拓

對於知識領域的開拓，嵇康抱持開放接納的態度，認為不應該在未經探求之前就畫地自限：

> 夫救火以水，雖自多於抱薪，而不知曲突之先物矣。況乎天下微事，言所不能及，數所不能分？是以古人存而不論，神而明之，遂知來物。故能獨觀於萬化之前，收功於大順之後。百姓謂之自然，而不知所以然。若此，豈常理之所逮耶？今形象著明，有數者猶尚滯之；天地廣遠，品物多方，智之所知，未若所不知者眾也。
>
> （難宅無吉凶攝生論）〔註122〕

嵇康以為我們所認識的，並不能完全用語言來表達，術數來算計。在〈聲無哀樂論〉也有提及：「願借子之難，以立鑒識之域焉。或當與關接，接識其言耶？將吹律鳴管，校其音耶？觀氣採色，知其心耶？此為知心，自由氣色；雖自不言，猶將知之。知之之道，可不待言也。」〔註123〕在鑒識之域分為三個層次，一個可以由語言表達而認識的層次，一個可以由類推比較得知，屬於概念的層次，最後一個是透過心知。而隱微之事，正須透過人以神來感知明白。一般人知道萬物的表象，但卻不知道表象之後的道理，因為屬於神而明知的範圍，並不是常理可及的。例如鬼神之事、占卜吉凶之事，甚至是數術所無法達到，如今科學界也保留存疑的態度。一般智能所及，不如所不知道的多，於是對於未知的範圍，應該採取包容、保留的態度。

> 論曰：「智之所知，未若所不知者眾，此較通世之常滯。」然智所不知，不可以妄求也。難曰：「智所不知，相必亦未知也。」今暗許便多於所知者，何耶？必生於本謂之無，而強以驗有也。強有之驗，將不盈於數矣。而并所成驗者，謂之多於所知耳。然苟知，果有未達之理，何不因見求隱，尋論究緒，由子午而得丑未，夫尋端之理，

〔註122〕〈難宅無吉凶攝生論〉，《嵇康集校注》，頁282。
〔註123〕〈聲無哀樂論〉，《嵇康集校注》，頁210。

猶獵迹以得禽也。縱使尋迹，時有無獲，然得禽，曷嘗不由之哉？

今吉凶不先定，則謂不可求；何異獸不期，則不敢舉足，坐守無根

也？由此言之，探頤索隱，何謂爲妄。〔註124〕

儘管宅之吉凶是屬於未知的領域，還是要勇於探求。對隱微未知的領域，如何探求，首先還是要有開放的心胸，所以嵇康說「智所不知，相必亦未知也。今暗許便多於所知者」，再想辦法證明之。「必生於本謂之無，而強以驗有也。」〔註125〕這是嵇康對於從「無」到「有」很明確的說明，雖然強有之驗，仍不能滿足數術所推斷出來的徵兆。但合併已知者，已經較原知更進一步了啊！如果還有未達之理，就根據已知的線索，來探尋未知，就算仍沒有所獲，或是所獲非預期，就順其自然，看看其後的發展，也不常另一種收穫。如果不先定吉凶，就馬上說不可求而放棄，那就是畫地自限。經由這樣過程的探微索隱，並非妄求，而是對未知領域的擴大。

嵇康認爲知識除了經驗累積，更以理性思考爲前提，強調依理推論，才尋求經驗作爲驗證，並勇於擴展未知。

〔註124〕〈答釋難宅無吉凶攝生論〉，《嵇康集校注》，頁 307～308。亦參見中華書局版，2014 年 4 月，下冊，頁 513～514。

〔註125〕〈答釋難宅無吉凶攝生論〉，《嵇康集校注》，頁 307。

第三章　和聲無象──玄理的體察

　　本章探討嵇康由和聲體悟道的玄解，聲即是道。並以音樂在時空特殊的
存在方式，亦是一種類於言與意的關係，由此詮釋嵇康的言意之辨。最後由
聲、情關係，言、意關係，發現其關連道家有、無思想的運用，爲延伸老、
莊以來辨異而玄同的思維模式。

第一節　至和之聲：音樂觀探析

　　從前一章可知〈聲無哀樂論〉並非單純論音聲的著作，其涉及的層面
繁多，在此將〈聲論〉中關於音樂美學的觀念抽離，並以另一篇對音樂的
相關著作〈琴賦〉作相互論證。〔註1〕〈琴賦〉不只是文學性的作品，更富
涵豐富的音樂思想。〔註2〕若將〈聲無哀樂論〉以論辯之理緒詳視其中之問
難，或許可見其可能不足之處，而引發研究者的討論〔註3〕，以致於還是有

〔註1〕 魯迅校注：《嵇康集》（香港：新藝出版社，魯迅三十年集，1967年3月），頁
　　　　33～38；頁67～80。
〔註2〕 李銳清：〈嵇康《琴賦》小論〉，《新亞學術集刊》，第十三卷（1994年），頁
　　　　65：「寫有〈聲無哀樂論〉和〈琴賦〉，專談音樂的理論和思想。」曾春海：〈嵇
　　　　康的審美表現及生命美學〉，《哲學與文化》，第二十八卷第八期，2001年8
　　　　月，頁686：「嵇康基於其深刻的彈琴體驗，指出琴聲音樂之美妙，頗能表達
　　　　豐富而玄遠的心聲」二者皆有此見，但卻未針對〈琴賦〉的思想內容加以探
　　　　究，是可惜之處。
〔註3〕 針對言意之辨：吳町〈言意之辯予魏晉名理（七）──嵇康「聲心異軌」論
　　　　及其音樂美學〉、何美諭《嵇康之藝術生命探析》、張展源〈音樂與情感──
　　　　──嵇康音樂美學的比較研究〉。針對主客論辯：崔世崙〈嵇康「論文」及其
　　　　玄學方法研究〉、曾春海〈從儒道樂論析論嵇康的「聲無哀樂論」〉、吳曉青〈魏
　　　　晉論體散文形式及寫作方式管窺──以嵇康的作品爲中心〉。

許多學者在言「聲無哀樂」時，仍秉持著主觀的意識以致於有所畏懼，又回到聲有哀樂的論調。雖肯定嵇康的貢獻，卻言「聲無哀樂」之錯誤。例如張蕙慧引用格式塔（Gostalt）以音樂與情感上屬於異質同構，在時間中展示和發展，在速度、力度、色調上具有豐富變化的。以這一類似點將兩者緊密聯繫在一起，引起強烈的共鳴。〔註4〕張氏欲以此共鳴說聲有哀樂。然而就算音樂以其進行模倣人情的方式發展，引發人的「共鳴」，要注意引發人共鳴的並不是情感，而是音樂物理上的律動，在本質上的結構相似於情感的表現，還是不能說聲有哀樂，因為二者為異質。又以西洋所謂的調性：E 調安定，D 調熱烈，C 調和愛，B 調哀怨，A 調發揚，G 調浮躁，F 調淫蕩〔註5〕，總的來說就是大調小調之別，張氏依此說聲有哀樂〔註6〕，這也是利用調性有固定的成音，在變化時以其組成音在聲音上的色澤來引起人情的共鳴，後來在創作上便有約定俗成的默契，如此還是不能說聲有哀樂。欲在〈聲論〉上駁倒嵇康，就好像是要駁倒真理一般啊！以下探討嵇康有此不同以往的主張之原因，言「聲無哀樂」之目的，以了解嵇康對音樂的態度。若能掌握嵇康音樂觀之重點，知其所捨之枝節，許多疑難應能迎刃而解。

一、嵇康與音樂

嵇康「少好音聲，長而習之」〔註7〕，善彈琴，又能絕世之音《廣陵散》，《晉書・卷四十九・嵇康傳》有載：

> 常修養性服食之事。彈琴、詠詩，自足於懷。……康將刑東市，太學生三千人，請以為師。弗許。康顧視日影，索琴彈之曰：「昔袁孝尼嘗從吾學《廣陵散》，吾每靳固之。《廣陵散》於今絕矣！」時年

〔註4〕 張蕙慧：《嵇康美學思想探究》（台北：文史哲出版社，1997 年），頁 199。其於註解言「格式塔理論」可參見滕守堯《審美心理描述》第四章「純粹形式及其意味──格式塔的啟示」（台北：漢京出版社，1987 年），頁 95～122。滕守堯於內文之註解表示此參考 R.阿斯海姆《藝術與視知覺》，故探討以繪畫為主，似乎未涉及聽覺藝術。而張蕙慧將「格式塔」與音樂結合或是由此推論而來。

〔註5〕 朱光潛：《文藝心理學・附錄：近代實驗美學・第三章・聲音美》（台北：台灣開明出版社，1999 年 1 月修訂本），頁 379。

〔註6〕 張蕙慧：《嵇康美學思想探究》，頁 201

〔註7〕 魯迅校注：《嵇康集》，頁 38。

四十。海內之士，莫不痛之。帝尋悟而恨焉。初康嘗遊乎洛西，暮宿華陽亭，引琴而彈。夜分，忽有客詣之，稱是古人。<u>與康共談音律，辭致清辯。因索琴彈之，而爲《廣陵散》。聲調絕倫，遂以授康。</u>仍誓不傳人，亦不言其姓字。康善談理，又能屬文。其高情遠趣，率然玄遠。撰上古以來高士，爲之傳贊。欲友其人於千載也。又作〈太師箴〉，亦足以明帝王之道焉。<u>復作〈聲無哀樂論〉，甚有條理。</u>〔註8〕

傳中言及《廣陵散》隨嵇康死而絕傳，並倒敘其習得《廣陵散》之原由，還有記錄其著作〈聲無哀樂論〉，與傳世作品中唯一的賦──〈琴賦 并序〉。從嵇康的詩作，亦可略見其生活與音樂密切的關係：

心之憂矣，永嘯長吟。（〈贈兄秀才入軍十九首〉）

長嘯清原，惟以告哀。（〈四言詩十一首〉之七）

彈琴詠詩，聊以忘憂。（〈贈兄秀才入軍十八首〉之十五）

琴詩可樂，遠遊可珍。（〈贈兄秀才入軍十八首〉之十六）

永嘯長吟，頤性養壽。（〈憂憤詩〉）

目送歸鴻，手揮五絃。俯仰自得，遊心泰玄。

（〈贈兄秀才入軍十九首〉）

彈琴詠泰眞（〈五言詩三首〉之三）〔註9〕

從詩中可知，嵇康是以永嘯長吟、彈琴詠詩的方式，在心憂時，藉以告哀忘憂，所以音樂可以解憂自樂。除此之外，更藉此頤性養壽、遊心泰玄。

二、嵇康的音樂觀

（一）音聲無常，其體不變

嵇康認爲音樂之體，有其「恆定性」，〈琴賦序〉開頭說：

……以爲物有盛衰，而此無變。滋味有猒，而此不勌。〔註10〕

在〈聲無哀樂論〉中，更進一步說：

〔註 8〕 關於嵇氏生平，參考《晉書·嵇康傳》（台北：中華書局，四部備要本，1965年），卷49，頁6～9。
〔註 9〕 《嵇康集校注》，頁13、79、18、19、32、16、80。
〔註10〕 同上註，頁83。

> 音聲之作，其猶臭味在於天地之間。其善與不善，雖遭遇濁亂，其
> 體自若而不變也，豈以愛憎易操，哀樂改度哉？〔註11〕

人的好惡與情感，雖然會影響對音樂觀感，但音樂和臭味一樣，本身並不會
因爲外界因素，而有所改變。然而音樂對人情感的影響，卻是不固定的，他
說：

> 夫殊方異俗，歌哭（底本爲舞，依魯校本改爲哭）不同；使錯而用
> 之，或聞哭而歡，或聽歌而慼。然而哀樂之情均也。今用均之情，
> 而發萬殊之聲，斯非音聲之無常哉？〔註12〕

歌者所懷之情不一定爲喜爲樂，哭者所懷之情不一定爲怒爲哀。懷喜、怒、
哀或樂之情者可歌亦可哭。音聲的表象，非機械式固定地指涉人心中的感情，
因爲沒有必然性；同理，以同樣的情感，可以產生不同的聲音，所以說「音
聲無常」。

以上是以各地風俗不同，而歌哭所對應之情緒，還有嗅、味的存在特質，
爲說明或比喻，作爲「聲無哀樂」成立的論據。

（二）「至」的音樂觀

1. 琴德最優

嵇康對於歷代賦頌樂器者，都「未盡其理」，乃因「不解音聲」、「未達禮
樂之情」。〔註13〕眾器之中，推琴爲至。蓋琴無論屬於彈撥或敲擊之器，所涉
及的音域較廣，可以表現的聲音形式、曲調的風格也較多變化，亦是「八音」
之中〔註14〕，需要高度技巧的樂器，賦云：

> 或摟挑擽捋，縹繚潎冽，輕行浮彈，明嫿暸慧，疾而不速，留而不
> 滯，翩綿飄邈，微音迅逝。遠而聽之，若鸞鳳和鳴戲雲中；迫而察
> 之，若眾葩敷榮曜春風，既豐贍以多姿，又善始而令終。嗟姣妙以
> 弘麗，何變態之無窮！〔註15〕

抹弦、反手擊弦、正手擊弦、滑弦，使琴發出縹、繚、潎、冽的音聲，輕輕
地彈奏，明快又美好，樂音輕快而不急速，輕緩而不凝重，遠傳之妙音快速

〔註11〕《嵇康集校注》，頁197。
〔註12〕同上註，頁198。
〔註13〕同上註，頁84。
〔註14〕八音，指金、石、絲、竹、匏、土、革、木等八種音聲。
〔註15〕《嵇康集校注》，頁100～101。

地消逝。遠聽近察，嵇康以具象狀聲形，以文字表現聲音，難以避免藻飾的現象，意在呈現琴音之美與變化之多。

除此之外，琴音之功更令人不可小覷，「紛綸翕響，冠眾藝兮」，在下文另加以伸述。「愔愔琴德，不可測兮」，所以嵇康以「眾器之中，琴德最優」。〔註16〕

2. 琴音之至

從〈琴賦〉的內容，可知嵇康對於樂音鑑賞，是精微而極至的，從琴的製作，注意到製作人與製成的材質；從琴的演奏，考慮到演奏者與演奏的樂器、樂曲，甚至是演奏時的聽眾與環境。由此可知，「人」對琴的製作和演奏，是極具關鍵性的。

承上所述，由〈琴賦〉歸納出「至人」、「至器」、「至曲」、「至境」的音樂觀，以下分述之：

（1）至人

「至人攄思，制爲雅琴」〔註17〕，嵇中散認爲琴的創製，出自修養極高的「至人」，而且設計分工精細。「遁世之士，榮期、綺季之儔」，身處山林之中，自然感受到山之恢弘，嚮慕原始遺音，於是「思假物以託心」。然而「良質美手，遇今世兮」，「識音者希，孰能珍兮」，能在今世遇善彈琴者，遇知音者，著實不易。是故雅琴之眞、善、美，從製琴、彈琴、聽琴而言，「能盡雅琴，惟至人兮」！〔註18〕

（2）至器

「工欲善其事，必先利其器」，〈琴賦〉既是詠物之作，「琴」當然爲重點。賦中起始不直接談琴，而是描寫製作琴的材料梧桐樹，並依照作賦的手法，大肆鋪排梧桐樹生長的環境，梧桐樹在其間而能「含天地之淳和兮，吸日月之休光」〔註19〕，極其美善。可見嵇康對樂器天生材質的重視。

> 乃使離子督墨，匠石奮斤；夔襄薦法，般倕騁神；鎪會裛廁，朗密調均；華繪雕琢，布藻垂文；錯以犀象，籍以翠綠；絃以園客之絲，徽以鍾山之玉，爰有龍鳳之象，古人之形。〔註20〕

〔註16〕《嵇康集校注》，頁84。
〔註17〕同上註，頁90。
〔註18〕同上註，頁88～89、109。
〔註19〕同上註，頁85。
〔註20〕同上註，頁90～91。

琴由至人創設，敦請各領域專才析梧桐、獻律法、定規矩，使琴體內外成器，再裝飾外表，配上珍貴的蠶絲琴弦，琴徽上鑲美玉，於是琴有美姿神貌。賦中所提及的人物，在現實中或許不可一時得之，想像成分濃厚，但都可見嵇康對於琴器的完美追求。

> 若論其體勢，詳其風聲；器和故響逸，張急故聲清；間遼故音庳，
> 弦長故徽鳴。性潔淨以端理，含至德之和平。誠可以感盪心志，而
> 發洩幽情矣！〔註21〕

在論琴的體制結構，強調清逸的匠心與精美的匠工，如此琴的各部得其位，達到妥當的構成，臻於「和」的境界，則琴聲依體勢不同而變化，能展現其材質梧桐樹蘊含的絜淨正直之性，至德之和平，實能感動人的心靈意志，抒發幽情。此琴可不謂「至器」哉？至器之至德「體清心遠，邈難極兮」。〔註22〕

（3）至曲

音聲之中，自然孔竅為最。而琴曲由人彈琴而成，似乎多了一層隔閡而失其自然，但嵇康認為人為之琴音，仍可至其自然，此乃至曲之德：

> 若次其曲引所宜，則〈廣陵〉、〈止息〉，〈東武〉、〈太山〉；〈飛龍〉、
> 〈鹿鳴〉，〈鵾雞〉、〈遊絃〉。更唱迭奏，聲若自然。流楚窈窕，懲躁
> 雪煩。下逮謠俗，蔡氏〈五曲〉。〈王昭〉、〈楚妃〉，〈千里〉、〈別鶴〉。
> 猶有一切，承間造乏，亦有可觀者焉。〔註23〕

賦中所引《廣陵》八種古琴曲名，只有《廣陵》傳世，餘七種皆失傳，而《廣陵》亦在嵇康死後失傳。這些名曲，若能依適當的次序排列，交替演奏彈唱，樂聲彷彿自然之音。流利清晰美好的琴音，對人有「懲躁雪煩」之化。儒家將此發揮，而強調音聲「移風易俗」之效，用以教化百姓，而將音聲的藝術之美涵藏其中。嵇康與此反，認為應先觀音樂之本性，人可藉此而導養身心。

非至之曲，蓋有所偏執，或民謠俗曲，或個人憂怨縈獨之發聲，在時空之特點上仍有可觀，嵇康並不全然否定。

（4）至境

〈琴賦〉中，在「至境」方面所提及有裁製成琴的梧桐樹其「生長之境」，

〔註21〕《嵇康集校注》，頁105～106。
〔註22〕同上註，頁109。
〔註23〕同上註，頁102～104。

暮春三月春郊與華堂宴飲的「奏琴之境」，以及雅琴發聲之際，眾音停歇，琴音獨秀的「致和之境」。

> 惟椅梧之所生兮，託峻嶽之崇岡。……邈隆崇以極壯，崛巍巍而特秀，蒸靈液以播雲，據神淵而吐溜。……澹乎洋洋，縈抱山丘。……玄雲蔭其上，翔鸞集其巔，清露潤其膚，惠風流其間，竦肅肅以靜謐，密微微其清閑。〔註24〕

梧桐生在峻嶺崇崗，四周層巒疊疊，雲霧繚繞。山泉或潺湲、或湍流，入大川，流躺群山萬壑之間。而梧桐周圍充滿奇珍異寶，春蘭沙棠，仙人清泉，玄雲翔鸞，清露惠風，皆是自然神麗之物。更突顯梧桐所處為「至境」，本身亦是「至物」，經「至人」而成「至器」。

> 若夫三春之初，麗服以時，乃攜友生，以遨以嬉。涉蘭圃，登重基：背長林，翳華芝臨清流，賦新詩。嘉魚龍之逸豫，樂百卉之榮滋。理重華之遺操，慨遠慕而常思。若乃華堂曲宴，密友近賓，蘭肴兼御，旨酒清醇。進〈南荊〉，發〈西秦〉，紹〈陵陽〉，度〈巴人〉。變用雜而並起，竦眾聽而駭神。料殊功而比操，豈笙籥之能倫！〔註25〕

春天趁美時著麗服，與友相期郊遊，觀景言情，彈虞舜當年遺留下來之曲，而嚮慕上古之美德。在廳堂宴會，佳餚醇酒，樂聲助興，雅俗曲目，交錯而起，四座聽之而心神搖蕩。和眾器相較，琴器之功效與音色，實非管樂之器所能媲美。也因琴德最優，所以能臻於至境。

> 于時也，金石寢聲，匏竹屏氣，王豹輟謳，狄牙喪味。天吳踊躍于重淵，王喬披雲而下墜。舞鸞鸞于庭階，游女飄焉而來萃。感天地以致和，況蚑行之眾類。嘉斯器之懿茂，詠茲文以自慰。永服御而不厭，信古今之所貴。〔註26〕

琴音流洩，眾聲以無聲和之，於是「總中和以統物，咸日用而不失。其發人動物，蓋亦弘矣。」〔註27〕，此乃琴聲感天動地的「致和之境」。

〔註24〕《嵇康集校注》，頁84～87。
〔註25〕同上註，頁101～102。
〔註26〕同上註，頁108～109。
〔註27〕同上註，頁108。

（三）「和」的音樂觀

1. 聲、音、樂之區分

論中首難，秦客認爲音聲反應政治之治亂，乃舉仲尼聞韶，季札聽絃爲例：

> 「治世之音安以樂，亡國之音哀以思。」夫治亂在政，而音聲應之，故哀思之情表於金石，安樂之象形於管絃也。又仲尼聞韶，識虞舜之德；季札聽絃，知眾國之風。〔註28〕

若此論能成，則說明音樂是有形象的，有形象則能有意，有意則能有情。依照〈樂記〉，將聲、音、樂區分，則此推論或許能成：

> 凡音者生人心者也，情動於中故形於聲，聲成文謂之音。是故治世之音安以樂其政和；亂世之音怨以怒其政乖；亡國之音哀以思其民困。聲音之道與政通矣。

> 凡音之起由人心生也，人心之動，物使之然也。感於物而動，故形於聲；聲相應，故生變；變成方，謂之音。比音而樂之及干戚羽旄謂之樂。……是故知聲而不知音者，禽獸是也。知音而不知樂者，眾庶是也。唯君子爲能知樂。〔註29〕

由此可見聲、音、樂，是可分而漸進的，張蕙慧在進行〈樂記〉與〈聲論〉的比較時，也認爲前者將聲、音、樂三者區分得十分清楚。〔註30〕聲、音源起於人心與物之感動，到了樂的階段，則能表現完整的內容。對於賞樂者也依聲、音、樂的之序，賦與「禽獸、眾庶、君子」的價值判準，呈現出以樂教化的進路。而整個〈聲無哀樂論〉並沒有特別區分，大部分是音、樂、音聲交錯混雜使用。〔註31〕爲什麼大部分研究者所認爲站在傳統樂論觀點的秦客，在這一點卻沒有繼承〈樂記〉呢？若由此點反駁東野主人，勢必是一個很好的據點，可以辯駁「和聲無象」，而言「聲有哀樂」。嵇康避開的理由爲何？這是值得我們觀察的。

〔註28〕《嵇康集校注》，頁196。

〔註29〕《十三經注疏：禮記》（台北：藝文印書館）頁，622～623。

〔註30〕張蕙慧：《嵇康音樂美學思想探究》（台北：文津出版社，1997年），頁113。

〔註31〕認爲〈聲無哀樂論〉未將聲、音、樂做區分者：李宗定〈從音樂美學談嵇康及其《聲無哀樂論》〉、謝大寧〈試論〈聲無哀樂論〉之玄理〉，因此導致理論架構的疏失。袁繼喜因此以爲嵇康「比前人倒退一步」。詳見〈關於「聲無哀樂論」評價問題——兼論嵇康的音樂美學思想〉，《學術年刊》，1981年，第十二期，頁46。

以嵇康的音樂造詣，當然知道其中之別，所以在東野主人在論中首答有言：

> 天地合德，萬物資生。寒暑代往，五行以成。故章爲五色，發爲五音。……宮商集比，聲音克諧，此人心至願，情欲之所鍾。……言比成詩，聲比成音。〔註32〕

此除了點出嵇康對聲音的起始，認爲是在自然造化運行中產生的。而人所造之聲，宮、商、角、徵、羽，五音能諧，是人心情所意聚。言語並列集合成詩，聲並列集合成音。但從此後，論中難與答雙方不再對聲、音、樂做明顯的區分，時而混言之。例如：

> 聲使我哀，音使我樂。（秦客二難）〔註33〕

> 聲音之無常，鍾子之觸類，於是乎躓矣。（主人二答）〔註34〕

> 聲音自當以善惡爲主，則無關於哀樂；哀樂自當以情感而後發，則無係於聲音。（主人一答）〔註35〕

> 音聲有自然之和，而無係於人情。克諧之音，成於金石；至和之聲，得於管絃也。（主人三答）〔註36〕

> 聲音莫不象其體而傳其心，……（主人三答引秦客之言）〔註37〕

以上的「聲」、「音」、「聲音」、「音聲」，可以互相替換，也可以指的是「樂」。許抗生等認爲如此聲、音與樂不分，會造成理論的矛盾：

> 不但否定了自然音響、人的歌哭具有感情色彩，同時也否定了音樂具有的感情色彩；不但否定了音樂中蘊含著演奏家的情感，也否定了音樂是作曲家思想和感情的結晶。他之所以犯這樣的錯誤，從理論上講，主要原因是混淆了自然音與音樂的本質區別。〔註38〕

案：筆者也曾經抱持這樣的想法，因爲學習音樂的過程，接觸到的便是聲有哀樂的概念。然而〈聲無哀樂論〉所闡發的是更深一層的內涵，儘管演奏者有感情、作樂者運用思維和情感創作，藉由樂理鋪排呈現，便要將音樂賦予

〔註32〕《嵇康集校注》，頁 197～199。

〔註33〕同上註，頁 201。

〔註34〕同上註，頁 203。

〔註35〕同上註，頁 200。

〔註36〕同上註，頁 208。

〔註37〕同上註。

〔註38〕見《魏晉玄學史》，（陝西師範大學出版社，1989 年），頁 229。

感情的成分，那都只是站在人主觀的立場，就音樂而言，那只是單、複、高、埤、善、惡的排列組合，其中實無哀樂的情感成分，透過時間的組織呈現，音樂成就其自身之善惡，並不會因爲自然音或音樂而使本質有所不同。嵇康因此不重視這些區分：

> 在他看來，無論是聲音或是音樂都是具有自然屬性的運動音響，只有單、複、高、埤、善、惡的區別，沒有情感的成分，所以無需嚴加區分。不過，〈樂記〉所謂的樂已包含了詩、歌、舞的綜合藝術，而嵇康的界定顯然遠較〈樂記〉廣範。不過，〈樂記〉所謂的樂已是包含了詩、歌、舞的綜合藝術，而嵇康觀念中的樂則只訴諸聽覺器官，具有和諧本質與發滯導情功能的絕對音樂，其意涵又較〈樂記〉所言嚴格。〔註 39〕

其實嵇康也認爲樂和詩、舞三者在古時爲一體。〔註 40〕但他特別注意到這三者可以分別視之，因爲其對人的作用不同。「心動於和聲，情感於苦言」〔註41〕，和聲使心受到感動，而文字藉由表述作用使心產生感情，舞則是呈現視覺的、觸覺的感受。筆者就樂理而言，採分析的觀點，就「樂」來說，有節奏、和弦、旋律三要素，特定的聲音構成音階，音階不同而調性有所區別，每個調性給人在聽覺上的感受，容易有「約定成俗」的文化發展傾向，這就是牟宗三所說的「色澤」，例如國樂中的商調容易表現出淒切悲哀的情感，在西樂上則喜歡用 A 小調或 B 小調呈現哀傷。樂曲在內容上是創作者、演奏者的思惟中挾帶著情感的鋪排運作而成，鋪排著單、複、高、低、猛、靜等，來比賦思維和感情，容易讓人誤以爲聲有哀樂。畢竟「鋪排」、「比賦」是屬於人的思維，情感仍舊不是音樂本身所具，而且音樂在時間中展現的時候，是樂則剝落爲音，純而爲聲。「樂──音──聲」形成一探本尋源的進路，以自然體性之「和」作爲依歸。〔註 42〕

因此，區分「聲」、「音」、「樂」，並不是嵇康的重點，在用語上混用則欲

〔註39〕 見張蕙慧：《嵇康音樂美學思想探究》（文津出版社，1997 年 4 月），頁 140。

〔註40〕 「故鄉校庠塾，亦隨之使絲竹與俎豆並存，羽毛與揖讓俱用，正言與和聲同發。使將聽是聲也，必聞此言；將觀是容，也必崇此禮。禮猶賓主升降，然後酬酢行焉。於是言語之節，聲音之度，揖讓之儀，動止之數，進退相須，共爲一體。」見〈聲無哀樂論〉。

〔註41〕 《嵇康集校注》，頁 199。

〔註42〕 詳見吳冠宏：《魏晉玄義與聲論新探》（理仁書局，2006 年 3 月），頁 192。

有別於〈樂記〉中三者之明顯區分。重點在強調其皆以「平和爲體」，以「聲」爲最原始純粹之和諧，亦呈現一種復歸。筆者另以爲「聲無哀樂」、「和聲無象」的「無」字之義，是否另有他義？還有，以「樂──音──聲」作爲探本尋源的進路，其欲將「和聲」賦予除了自然體性之外，還有什麼樣的定位？這些問題，已超出此處可以討論的條件，我們留待第三節相關論題中探析。

2. 和聲無象，哀心有主

　　嵇康認爲音樂之至爲「和」，〈琴賦〉言及「和」，非著重在音樂本身，例如「宣和情志」之「和」是言音樂對人之功，「器和故響逸」之「和」是說琴器各部的構造，「總中和以統物，咸日用而不失」，此「中和」是指天地。但是〈聲無哀樂論〉所強調的是音樂之「和聲」：

> 聲音和比，感人之最深者也。〔註43〕

> 心動于和聲，情感于苦言。〔註44〕

> 曲變雖眾，亦大同于和。〔註45〕

> 聲音以平和爲體，而感物無常；心志以所俟爲主，應感而發。〔註46〕

「和聲」是音聲大同之趨，而且不論是聲、音、樂都具備和聲之特質。以「平和爲體」，其常體不變，是爲平和。「和聲」能觸動人心，感人最深。在〈琴賦〉中，我們已知嵇康「至」的音樂觀，幾乎是用最高的標準來談論音樂，而音樂與情感的關係，在此他藉東野主人之口說：

> 夫哀心藏于苦心內，遇和聲而後發；和聲無象而哀心有主。夫以有主之哀心，因乎無象之和聲，其所覺悟，唯哀而已。〔註47〕

> 至夫哀樂，自以事會，先遘于心，但因和聲，以自顯發；故前論已明其「無常」，今復假此談，以正名號耳。〔註48〕

> 聲音自當以善惡爲主，則無關於哀樂；哀樂自當以情感而後發，則無係於聲音。名實俱去，則盡然可見矣。〔註49〕

〔註43〕《嵇康集校注》，頁198。
〔註44〕同上註，頁199。
〔註45〕同上註，頁216。
〔註46〕同上註，頁217。
〔註47〕同上註，頁199。
〔註48〕同上註，頁204。
〔註49〕同上註，頁200。

進一步指出和聲所發之情，其情先藏遘於人心，這是指哀心有主，情哀則和聲所發之情爲哀，情樂則所發之情爲樂，所以說無常、無象。然聲音以平和爲體，善惡爲主，這是就聲音自身所能直接完全的；而哀樂以心爲體，以情感爲主，這就是哀樂自體直接關係的。因此，才說「無關於哀樂」、「無係於聲音」。

> 至樂雖待聖人而作，不必聖人自執也。何者？音聲有自然之和，而無係於人情，克諧之音，成於金石；至和之聲，得於管弦也。〔註50〕

要創作出至樂，嵇康認爲必待聖人，此聖人就好比〈琴賦〉中的「至人」。但是創作者和演奏者可以不必是同一人，因爲樂曲一旦創作完成，便是獨立的，只要演奏者能使樂器所奏出之音聲，達到和諧，便是至樂。

> 聲音以平和爲體，而感物無常；心志以所俟爲主，應感而發。然則聲之與心，殊塗異軌，不相經緯，焉得染太和於歡感，綴虛名於哀樂哉？〔註51〕

我們可用相切的兩圓，來表示上段文字的概念，也可見嵇康「聲無哀樂」的整體架構（見圖一）。和聲之軌跡，可以用圓來表現，不能與之相經緯，則只能是相切的線條或圖形，以圓來表現心志，是以「平和者」賞樂的觀點，所形成的圖形，切點便是和聲與心志相感應之處，亦是引發哀樂之所在。

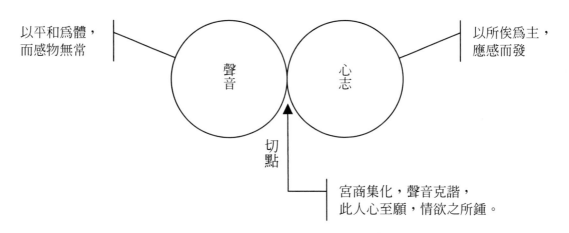

（圖一）和聲無象哀心有主

〔註50〕《嵇康集校注》，頁208。

〔註51〕同上註，頁217。

嵇康於和聲處剝落人情，不只是因爲主張「聲有哀樂」一方設辯之理由全自所引起之中心有主之情識〔註52〕，感情爲先邁於心，故可剝落之。嵇康其實由推類辨物，自然之理而得人之所以有情感是由於心識之作用，故情感不可係於音聲。無論音聲之變化如何，其中並無情感的成分。若要說人因音聲之某色澤而感知某事〔註53〕，嵇康也舉了例子，「葛盧聞牛鳴」、「師曠吹律」、「羊舌母聽聞兒啼」，就連「平和之人」聆聽不同樂器與同一樂器演奏不同之樂曲，這些都有所澄清，「感知某事」仍是人的心識作用下，且透過聯想而得之。若作者藉由音樂符號之特殊色澤，觸感人情共通之經驗，例如馬的叫聲、奔跑之情狀之擬音，這仍是從人的立場對音樂所做的詮釋，是有主於內的感知，傳統觀點依此說聲有哀樂，而此「有」爲「假有」。嵇康精確的說明人情之「躁靜」是唯一可以和音聲的具體色澤應對的，於現今科學有所根據，愈見其名理思辨之精細。也因爲其能體悟天籟，所以更加堅定聲無哀樂的立場，對於藝術審美形象的客觀發掘，嵇康實居功不小。嵇康並不否認音樂可以感發人情，「各師所解，則發其所懷」，這也是音聲對人情的作用，此「發」爲無所不發，乃音聲之無常。故不可因爲具體色澤引發哀樂之情，而言聲有哀樂。「至和之發滯導情，故令外物所感，得自盡耳。」對於自盡的層次，則與個人的才性有關；這和郭象以自適自足詮適莊子的逍遙，異曲同工。而就嵇康的境界來說，「至和」才最高的逍遙，就像大鵬鳥展翅，千里高飛，這番意境直是繼承莊子的精神。

（四）音樂之導養與教化

1. 音樂之導養

嵇康以音樂養生的之意，在其賦中可見：

> 導養神氣，宣和情志，處窮獨而不悶者，莫近于音聲也。是故復之而不足，則吟詠以肆志，吟詠之不足，則寄言以廣意。〔註54〕

> 是以伯夷以之廉，顏回以之仁，比干以之忠，尾生以之信，惠施以之辯給，萬石以之納愼。其餘觸類而長，所致非一；同歸殊途，或文或質。總中和以統物，咸日用而不失。其感人動物，蓋亦弘矣。〔註55〕

〔註52〕《才性與玄理》，頁268。
〔註53〕同上註，頁350。
〔註54〕《嵇康集校注》，頁83。
〔註55〕同上註，頁107。

音樂可導養神氣、宣洩調和情志，進而在窮獨困頓之時，借音聲來發洩鬱悶。若以此尚不能排解積鬱，還可以吟詠歌唱，更可以加諸文字的表達，以表明心意。〔註56〕嵇康以其養生的觀點，視琴聲給人的感受不同，所以伯夷等所持養之志不同。音樂對聽者之衷情、本性，都會造成影響。琴音能疏導人的情志，使哀樂不過甚，還以本來之性，而體達「和」境。更因為音聲以和為體，其體不變，所以有持之日久的功效。先「導」後「養」，重視「時間」在養生的因素，由此可見音樂潛移默化之效。

秦客在「時間」的著眼點上，卻表現不同的看法：

> 偏重之情，先積於內，故懷歡者值哀音而發，內感者遇樂聲而感也。

〔註57〕

這兩種是不同的境界，但樂音都能使其「導養神氣，宣和情志」。所以秦客又接著說：

> 夫音聲自當有一定之哀樂，但聲化遲緩，不可倉卒，不能對易。

〔註58〕

在七難中說：

> 蓋聞齊、楚之曲者，唯覩其哀涕之容，而未曾見笑噱之貌，此必齊、
> 楚之曲，以哀為體；故其所感應，皆應其度。〔註59〕

「聲音自當有一定之哀樂」，這個論點要確立，則需由作者和述者的角度來說。作者指的是音樂的創作者，述者指的是演奏者，兩者並不一定相同。作者在創作時，單純地說，藉由和弦、節奏、旋律來傳達思想，表現情感，所以樂曲大概都呈現固定的主題。而述者在演奏時，則盡量體會樂曲中所傳達的意境，將其淋漓盡致地發揮，才能有動人的樂聲。除了技藝上，更強調是演奏者情感的投入。無論是作曲者或演奏者，都是「聲中有意」、「聲中有情」的。

就聽者來說，多數也能應聲情之度，或哀或樂。秦客也保留彈性，若聽眾們衷有積情，則聽樂時未應聲情之度，同一樂曲有哀樂不同的反應，則必

〔註56〕吳德育：〈析論聲無哀樂論的儒道思想〉，《輔仁大學中文研究所學刊》，2002年10月，頁6，指出這與儒家對「和」的觀點謀合，不同的是儒家著眼於音樂教化的功能，而嵇康還原音樂為藝術之美善。

〔註57〕《嵇康集校注》，頁217～218。

〔註58〕同上註，頁218。

〔註59〕同上註，頁219。

須考慮「時間」的問題，其實就像要沾溼一塊抹布，抹布原先是乾是溼，對溼的程度會有影響；反之亦然。

不過對嵇康而言，秦客所考慮的問題，在「聲無哀樂」的體系內並不會有太大的問題。因為音樂一旦脫離創作者與演奏者之手，便具成獨立之生命，聲有無哀樂不可以從人的角度來言說，人能確定的，是自己感情的哀樂。

2. 音樂之教化

秦客於〈聲論〉最後提出「移風易俗，莫善於樂」的論點，這也是傳統樂論的重點之一。藉著音樂能抒發人情，所以執政者若特別在禮教與樂教上下工夫，可以引發人情，導人心於良善淳美。以音樂移風易俗之作用，來論聲有哀樂，若聲無哀樂，則風俗如何透過音樂教化？嵇康藉此表達用音樂移風易俗的看法，他說：

> 樂之為體，以心為主，故無聲之樂，民之父母也。至八音會諧，人
> 之所悅，亦總謂之樂，然風俗移易，本不在此也。〔註60〕

「樂之為體，以心為主」〔註61〕，是承上所言無為之治而「和心足於內」之說，以和心開展出的音樂，才能見凱樂之情，才能含弘光大。教化百姓主要更是以和心之作用，應該要落實的是在上位者的施政，「無聲之樂」是指君王「承天理物，必崇簡易之教，御無為之治，君靜於上，臣順於下，⋯⋯默然從道，懷抱忠義，而不知其所以然也」，則「有聲之樂」從此自然而出，「歌以敘志，儛以宣情」，以至「八音會諧」。善良風俗的根本應該與君王之治有關，所以說「無聲之樂，民之父母也」，無聲之和氣全然於天地之間，那才是

〔註60〕《嵇康集校注》，頁223。

〔註61〕李澤厚、劉綱紀之解可參考：「這裏說的『以心為主』，實質上還是說的以『和』為主。因為樂的目的在使人心達於『和』，只要人心得『和』，那麼即使沒有音樂，人民也能安樂地生活；相反，即使有了音樂，人民也無歡樂可言。所以嵇康說『無聲之樂，民之父母也。』」見《中國美學史》卷二，頁247。
修海林〈聲無哀樂論的音樂美學思想〉也說：「嵇康是以『心』為樂之『體』；而以『聲』為樂之用。就『心』講，樂是否平和，首先在於心是否平和，就『聲』而言，它作為樂之所『用』，其作用只在於『發滯導情』。因此，『心』在樂中佔主導地位。對於聲音，他肯定的是其自然和協的客觀屬性；對於樂，肯定的則是其社會屬性，而這裏所依據的，正是『樂之體以心為主』的思想。」見《古樂的浮沉》（山東文藝出版社，1989年），頁236。修海林之言大體妥貼，不過要強調這樂是在先王以樂教化時的樂，這樣的樂雖然是自然形成，但已有約定俗成的意味，所以才有所社會的屬性。因為嵇康還是賦予音樂獨立的藝術生命。

教化百姓的主宰。在五答時說「聲音以平和爲體，而感物無常」，在此說「樂之爲體，以心爲主」，沒有衝突，但見聲音與樂在構成的目的上可以有所區別。而音樂因爲約定成俗之下，被先王所用，是另一種形式的存在，然此並不是移風易俗的之本。風俗移易之根本在「無聲之樂」，而「有聲之樂」可以促使「萬國同風」，卻不是風俗移易的根本。

嵇康認爲「夫言『移風易俗』者，必成衰弊之後也」，可見先王用樂之意，並非移風易俗，而此也非音樂之主要功能。另外要注意的是「聲無哀樂」，也就是「和聲無象，而哀心有主」，音樂對人心所引發的情感是不確定的，如此一來，移風易俗也就不能達到普及的效果。音樂用於個人，可以養生，這是確定的。而要用於廣大的人民，就要配合詩與禮，結合舞蹈，來達到教育的功能。樂音配合歌詞，更能讓聽者確定其中所表達的涵義〔註62〕，〈琴賦〉：「是故復之而不足，則吟詠以肆志；吟詠之不足，則寄言以廣義。」正是此意。接著，從情欲不可棄絕，但需節制的養生觀點，由〈琴賦〉中已言音樂因有其「流楚窈窕」的聲情之美，所以能「懲躁雪煩」，而更進一步言先王制禮作樂的用意，要讓群體「心安志固，從善日遷，然後臨之以敬，持之以久而不變，然後化成」，如此而讓音樂發揮教育化成之效。所以，嵇康並不全然否定音樂有移風易俗之效，但是重點在樂聲之和，人心感於和，他說：「託於和聲，配而長之，誠動於言，心感於和，風俗一成」，這也是他對孔子「移風易俗，莫善於樂」的詮釋。

（五）藝術鑑賞

1. 知音聽聞

嵇康對於「解音」與「識音」者的標準要求很高，〈琴賦〉有言：

> 然非夫曠遠者，不能與之嬉遊；非夫淵靜者，不能與之閒止；非夫放達者，不能與之無恙；非夫至精者，不能與之析理也。⋯⋯是故懷戚者聞之，則莫不憯懍慘悽，愀愴傷心；含哀懊咿，不能自禁。其康樂者聞之，則欲于懽釋，抃舞踊溢；留連瀾漫，嗢噱終日。若平和者聽之，則怡養悅愉，淑穆玄眞；恬虛樂古，棄事遺身。〔註63〕

〔註62〕 徐麗眞：〈嵇康「聲無哀樂論」之音樂美學研究〉，《國立台灣師範大學研究所集刊》，第三十六卷，1992 年 5 月，頁 393～487。

〔註63〕 《嵇康集校注》，頁 104～107。

從個性上來說，曠遠、淵靜、放達與至精者，才能遊賞琴音，但仍有所偏頗。
從人情上而言，琴音有抒發人內心感情的影響，心中懷著憂戚的情緒，琴音
會使人宣洩哀情；康樂的人則會表現出喜悅。琴聲使二者將心中之情，顯現
於外，而且可以持續震盪心緒。嵇康以此為「聞」琴。「聞」琴者，處於音聲
發滯導情的層次，將自己心中已含藏的情感，藉由琴聲的感發，而表現出哀
樂之情。這也是聲音之功能。但也因為以心之所俟為主的感情，所以懷戚者
懷慼，康樂者釋懌，主、客體區別得十分清楚。而真能「聽」樂者，是要內
心平和之人，也就是嵇康理想中的「至人」，才能感受到琴音在時空中獨特的
存在。

> 今平和之人，聽箏笛琵琶，則形躁而志越；聞琴瑟之音，則聽靜而
> 心閑。同一器之中，曲用每殊，則情隨之變。奏秦聲則歎羨而慷慨，
> 理齊楚則情一而思專，肆姣弄則歡放而欲惬。〔註64〕

嵇康在〈琴賦〉中以平和者為最高賞樂者，因其不偏執於哀樂，且能讓身心
修養達到一種至高的境界。在此以「秦客」的觀點，更進一步說出平和之人
在賞樂時，真正能隨著器樂之聲韻或躁或靜。而同一樂器在演奏著不同的曲
調，平和者的心情，也會隨曲調的情致產生變化。這也只有平和者，才能真
正體現出樂曲的風格與變化之妙，就如王弼所言：「聖人之情，應物而無累於
物也。」〔註65〕而這也在體現《莊子》的「心齋」：

> 若一志，無聽之以耳而聽之以心，無聽之以心而聽之以氣！聽止於
> 耳，心止於符。氣也者，虛而待物者也。唯道集虛。虛者，心齋也。
>
> 〔註66〕

耳是聽覺器官，音樂是以聽覺為主，耳朵的功能可辨識至「聲音之體盡於舒
疾」，「聲音以平和為體」，便是以心全然地會契之，「不能虛心靜聽，則不能
盡清和之極」，虛心才能拋持主觀的意識，包容萬物，成就萬物之自身，道也
就在此會集。「怡養悅愉，淑穆玄真；恬虛樂古，棄事遺身」，正是由此而說。
〔註67〕

〔註64〕《嵇康集校注》，頁 214。
〔註65〕《三國志·魏書》裴松之於鍾會注引何劭王弼傳（北市：宏業書局，1997 年），
　　　　卷 28，頁 795。
〔註66〕《莊子集釋》，頁 147。
〔註67〕戴璉璋先生以感覺、感興與感悟比擬「心齋」，對於「躁靜情緒說」，以及賞樂
　　　　三個層次可以一體會通。詳見《玄智、玄理與文化發展》，頁 181～198。吳冠
　　　　宏在其《聲論新探》中有所反省，認為躁靜不宜以「情緒」釋之，亦非「生理

在〈聲無哀樂論中〉，秦客也表示聽者識音能力的重要性：

> 心動於中，而聲出於心。雖託之於他音，寄之於餘聲，善聽察者，要自覺之，不使得過也。〔註68〕

> 心戚者則形爲之動，情悲者則聲爲之哀，此自然相應，不可得逃，唯神明者能精之耳。夫能者不以聲衆爲難，不能者不以聲寡爲易，今不可以未遇善聽，而謂之聲無可察之理；見方俗之多變，而謂「聲音無哀樂」也。〔註69〕

> 喜怒章於色診，哀樂亦宜形於聲音。聲音自當有哀樂，但闇者不能識之。〔註70〕

在二、三難中，秦客提出「善聽察者」、「神明者」，也就是對聽者來說，對音樂的領會，會受到一些先天的條件影響。〈琴賦〉中提及一個人的個性、和情緒這兩種因素，唯有平和者能知音。在此秦客強調的是賞樂者的能力，善聽者能知喜怒哀樂章形於聲音，這是自然相應的，就好比人因爲情緒而有表情的變化。

嵇康也透露出他對知音的期待：

> 臨川獻清酤，微歌發皓齒。素琴揮雅操，清聲隨風起。斯會豈不樂，恨無東野子。酒中念幽人，守故彌終始。但當體七絃，寄心在知己。
>
> （〈酒會詩〉）〔註71〕

反應」之快感所能涵蓋的，理解它必須立足於道家美學「滌除玄覽」、「天籟」、「氣」、「心齋」等觀念以定位之，而不必依傍西方音樂之情感美學的角度。另外戴氏所說的三階段，應是自體聆樂後不斷自我超越的三階段，但次三階段「同時在一次聆聽中呈現」，意指不斷地由情緒提升至忘情，超越後又藉由樂章的推動再一由情緒反應而至感通樂境，如此反覆提昇，形成一種繁複動態的聆樂過程。如此和「心齋」不斷純化虛境的過程，在比賦上有所落差。詳見《魏晉玄義與聲論新探》，頁202～208。筆者以爲戴氏之說可視爲一套賞樂的過程，因其將聞樂和聽樂者的境界混一，所以紛雜。依嵇康之意，聞樂者止於發滯導情，而內心平和之聽樂者，卻能與樂同遊，所以剝落了主觀意識與感情，戴氏欲以三個層面可以是三階段，或同時在一次呈現來區分聞樂與聽樂者。如此對於聽樂者的詮解便有過多的主觀成分。言「用心感興樂意」，應該再多加斟酌，因爲「心齋」中的聽之以心，是說心與聲相應，聲無哀樂，何來樂意？而在〈琴賦〉中對於琴音的形象描繪，是因爲賦作的形式與內容是以描繪形象爲主，藉此說明琴音「何變態之無窮」才是嵇康的重點。

〔註68〕《嵇康集校注》，頁200。
〔註69〕同上註，頁201。
〔註70〕同上註，頁205。
〔註71〕同上註，頁72～73。

傾昧修身，惠音遺響。鍾期不存，我志誰賞。（〈酒會詩〉）〔註72〕

郢人審匠石，鍾子識伯牙。眞人不履存，高唱誰當和。（〈雜詩一首〉）〔註73〕

可見除了有好琴、好樂，還要有善知音，而是如此琴音才能擴展出人我的關係，而非只是現實中的獨立存在。猶「宅與性命，雖各一物，猶農夫良田，合而成功也。」〔註74〕所以在鍾子期死後，「伯牙破琴絕弦，終身不復鼓琴，以爲世無足復爲鼓琴者」，這麼令人遺憾的事情，難怪嵇康會有「識音者希，孰能珍兮」的慨歎。

然此知音與秦客所認知是否相同？這必須加以探討，否則將影響到二者對聲與哀樂分判之關係。特別注意嵇康在〈琴賦〉中言「伯牙揮手，鍾期聽聲」，由「聽聲」一詞，須知其中分際。此知音並不是如秦客所說由聲知心，而是對於音聲眞正的識鑑，體達聽之以氣的境界，由音聲進道；而發聲者是藉樂發洩導情，而心意是寄託在知己，也唯有知己才能有所寄託，有所賞識，志同而道合。

2. 雅樂與鄭聲

秦客於〈聲論〉末提出雅鄭之體有正淫之分，豈不是聲有哀樂之明證嗎？嵇康認爲其正淫之別，並不是從音樂本身來區別，而是來自人的內心，再次強調「心聲異軌」。對於雅鄭之體，並沒有淫正之別，是因爲人心而有所區別。嵇康就藝術的觀點，肯定鄭聲是音樂之至妙，就好像人之美色一般惑人心志，在其宛轉流離時，人心亦隨之滑轉而不固，留連忘返，耽誤正業。此妙樂非至人無以御之。在此呼應了〈琴賦〉「至」的音樂觀，而得「至樂要由至人御之」之論，能御之者，鄭聲亦足以觀之。如此《老子》說：「五音令人耳聾」，關鍵便回到聽者本身，而不是音樂的問題。

「淫之與正同乎心」，「同」就是「哀樂正等」之意，與〈齊物論〉之「齊」有相通之處。可見至人之所以能御鄭聲，原因在其保有齊哀樂、同淫正的平和之心。〔註75〕於是在面對層次不一的百姓，先王用樂時，在政教的前提之

〔註72〕《嵇康集校注》，頁74。
〔註73〕同上註，頁80。
〔註74〕〈答釋難宅無吉凶攝生論〉，頁303。
〔註75〕參見陳允鋒：〈嵇康音樂審美主體觀發微〉，載於《中央音樂學院學報》（1994年第3期），頁24。

下，則不倡鄭聲，而倡大和、不多變、使人樂而不淫的雅樂。風俗之敗壞，絕對不可只就鄭聲的觀點，為政者的作為是否失道喪紀，也要斟酌考量，這實是對司馬氏的諷刺。「託於和聲，配而長之，誠動於言，心感於和，風俗壹成，因而名之。」用樂以移風易俗在此，「然所名之聲，無中於淫邪也」，雖不含邪淫之聲，然正、淫之別是人心的作用，聲無哀樂，何有正淫之別？只要以和心處之，雅鄭之體是否有別？這其中便見分曉。

音樂具其獨立性，人也有鑑賞的獨立性，透過音樂的修養，主、客都在追求一種消遙的適性。錢鍾書有云：

> 聆樂有二種人：聚精會神以領略樂之本體（the music itself），是為「聽者」（the listeners）；不甚解樂而善懷多感，聲激心移，追憶綿思，示意構象，觸緒動情，茫茫交急，如潮生瀾泛，是為「聞者」。苟驗諸文章，則謂「歷世才士」皆祇是「聞」樂者，而「聽」樂自嵇康始可也。〔註76〕

無論是聽者或聞者，「聲無哀樂」的提出，旨在擺脫形式的束縛，超越名教的層次，主觀的意識，才能進於聲音在自然之和聲本體，任本心自然，契乎道之所在。

三、小結

〈琴賦〉雖是詠物的文學創作，表達其對音樂高標準的鑑賞，在我們探析之後，也可以說它具有嵇康的音樂思想，能以賦的文體來表現，由此又見嵇康之鬼斧神工，文思並茂。從〈琴賦〉歸納出嵇康「至」的音樂觀，再配合〈聲無哀樂論〉「和」的音樂觀，可以知道兩者有其相互呼應承接之處，像是從聽者的個性、感情，以及聽者識音的能力，來強調「知音」在音樂鑑賞中的關鍵性。在「平和者聽琴」，〈聲無哀樂論〉較〈琴賦〉論說更進一步，論及音樂本身之「和」。由「至」到「和」的音樂觀，和則能無勝衰之變，和則能無關哀樂，言「聲無哀樂」，乃因「和聲無象，哀心有主」，「無」不能全解為「沒有」，有更多部分之義是「不限制」義。音聲有無哀樂，其實就像莊子與惠子在討論「魚之樂」的問題。聲有無哀樂之「有」、「無」不可說，也不必說，心聲二軌，是各自成其和而相應，人和聲和，乃至極至。如此而言，相信對於我們要再進一步解析〈聲無哀樂論〉的論辯，會有所助益。

〔註76〕錢鍾書：《管錐篇》第三冊（台北：書林，1990 年），頁 1087。

　　最後，傳統樂論主要將音樂「移風易俗」的功能做一發揮，而隱其藝術性於後；嵇康認為音樂可以「宣和情志」，所以有導養身心的作用，不全然否定音樂移風易俗的功能，但是移風易俗的根本，並不在禮樂，而是人心能藉此感於和，然此又與君王之治有關。強調音聲的藝術之美，才是正視音樂之所以存在的本質，如此音聲不是只依附人為政治而存在，而是自然的存在，音聲之無常、不確定性更豐富其內涵，而有無限的可能性。這正是嵇康對「吹萬不同，而使其自已」更進一步的闡發。

第二節　得意忘言：言意觀探析

　　言意之辨是魏晉清談很重要的一個論題，《世說新語·文學》：「舊云王丞相過江左，止道聲無哀樂、養生、言盡意三理而已。然宛轉關生，無所不入。」〔註77〕嵇康在三理中，論作有〈聲無哀樂論〉、〈養生論〉，尤以前論的影響甚鉅，〈聲〉論除了在音樂美學上，有一定的貢獻之外，其亦可歸流於言意之辨。〔註78〕

　　王葆玹在《正始玄學》中，將言意之辨歸為認識論，如何對道之本體進行認識。將嵇康的音樂論歸於「妙象盡意」，其促使藝術大大地發展。「既有『盡意』或『窮理』的願望，又不敢採用『微言』這種危險的方式，於是便向藝術尋找出路。」〔註79〕可以作為了解嵇康言意之辨的參考。

　　唐君毅先生認為「對於只可意會之理而以言表之，是遠比對於可指的外在實物之形色等理以名表之，更為人類之更高一步的思想與言說。」〔註80〕在此可略見「言」與「名」之所指與實指，「言」實高於「名」之層次。由此更進而推知，音樂可綜合聲音與文字，可說其表達層次又高於「言」。

　　嵇康辨言意，主張聲無哀樂，心聲二軌，非歐陽建之言盡意，而屬言不盡意，但與王輔嗣、荀粲不同。今主要從嵇康之諸作中，明其「聲無哀樂」之言不盡意。

〔註77〕劉義慶著，劉孝標註：《世說新語·文學》（台北：藝文印書館，1959年），頁128～129。
〔註78〕吳旻：〈嵇康「聲心異軌」論及其音樂美學〉，（鵝湖，1985年10月），頁48～53。
〔註79〕王葆玹：《正始玄學》（濟南齊魯書社，1987年），頁337。
〔註80〕牟宗三：《才性與玄理》（台灣學生書局，1997年8月，修訂8版），頁266。

另外，「得意忘言」也被藝術所資取，從本論直接相關的音樂談起。「然『樂云樂云，鍾鼓云乎哉』？哀云哀云，哭泣云乎哉？因茲而言，玉帛非禮敬之實，歌舞非哀樂之主也。」點出形式表現與內在實質的關係，目的在使鍾鼓、歌舞等藝術表現，脫離政教的束縛，「風俗移易，本不在此也。」屏除主觀之意識，「虛心」才能正視藝術純和之美。也擺脫創作者或演奏者的思維與情感，藝術生命是獨立而自在的，以任何關係（創作、表演或鑑賞），作藝術上的詮釋，「吹萬不同，而使自已」，藝術則有更多元創意的發展，更富生命力。而在詮釋的過程，人與藝術的主客體互易關係又展現出高度的物我合一。

一、嵇康的名理觀

要明白嵇康的言意之辨，應先知其名理的方法。今從其對萬物眾生之稟氣自然，來觀其「才性名理」之「異」，還有其如何分別名實。

（一）「異」的名理觀

1. 尋所受之終始，推氣分之所由

陰陽與五行是嵇康對萬物之生成存有的基論，而且認為物之本質是不會任意改變的。他說：

> 天地合德，萬物資生。寒暑代往，五行以成。章爲五色，發爲五音。音聲之作，其猶臭味在於天地之間。其善與不善，雖遭濁亂，其體自若而無變也，豈以愛憎易操，哀樂改度哉？〔註81〕

音聲如嗅味般，二者皆有善惡優劣之別，其分別由天地陰陽合德所成之氣所影響。也因此認為「推類辨物，當先求之自然之理。」〔註82〕

在〈明膽論〉中，嵇康更清楚地說出眾生稟氣自然，賦受元氣多少，才性因而有差異，唯推至人爲最高，純美無所偏廢。此實承接漢代的宇宙論，與魏晉初劉邵《人物志》所以說明人的生命及其體個別的差異的原理相同。〔註83〕嵇康依此別明與膽，實因明、膽是陽、陰異氣，特性不同，「明以見物，膽

〔註81〕《嵇康集校注》，頁197。
〔註82〕同上註，頁204。
〔註83〕王邦雄等著：《中國哲學史》（國立空中大學，2000年4月出版三刷），頁316～317。

以決斷」，於是人有認識能力和決斷能力，此二者殊用。二氣不同，不能相生，所以明不生膽，反駁呂安「人有膽不可無明，有明便有膽」之論。所以嵇康論述人之情性，推類辨物，分析異同的自然之理，即是「尋所受之終始，推氣分之所由」。

> 夫元氣陶鑠，眾生稟焉。賦受有多少，故才性有昏明。唯至人特鍾純美，兼周外內，無不畢備。降此以往，蓋闕如也。或明於見物，或勇于決斷。人情貪廉，各有所止。譬諸草木，區以別矣。兼之者博于物，偏受者守其分。故吾謂明、膽異氣，不能相生。明以見物，膽以決斷。專明無膽，則雖見不斷；專膽無明，則違理失機。……夫論理情性，析引異同，故當尋所受之終始，推氣分之所由。順端極末，乃不悖耳。……本論二氣不同，明不生膽。……二氣存一體，則明能運膽，……夫五才存體，各有所生。明以陽曜，膽以陰凝。豈可謂有陽而生陰，可無陽邪？〔註84〕

由此可見，嵇康認為萬物眾生稟氣自然而生，異氣殊用而不相生，如此其有其不變易的獨特性，是比較著重個別的差異性。由此觀聲與哀樂，二者實為異氣，而言與意也是相異。

2. 似非而非非，類是而非是

嵇康依自然之理推類辨物，在〈釋私論〉中更分別公私之理與是非之理，先對公與私下定義：「私以不言為名，公以盡言為稱」〔註85〕，私者匿其情，公者任其心。一般人以為公者一定為是，私者一定為非，卻忽略「至道善存，心無凶邪，無所懷而不匿者，不可謂無私；雖欲之伐善，情之違道，無所抱而不顯者，不可謂不公」，所以「性善者，不離於有私；雖欲之伐善，不陷於不公」。〔註86〕

不以是非來定公私，是因為光憑表象，其實很難判別是非。在這樣的大前提下，嵇康更進一步提出：

> 然事亦有似非而非非，類是而非是者；不可不察也。故變通之機，或有矜以至讓，貪以致廉，愚以成智，忍以濟仁。然矜吝之時，不可謂無廉；猜忍之形，不可謂無仁；此似非而非非者也。或譖言似

〔註84〕《嵇康集校注》，頁249。
〔註85〕同上註，頁242。
〔註86〕同上註，頁236。

信，不可謂有誠；激盜似忠，不可謂無私；此類是而非是也。〔註87〕
看似爲矜吝、貪心、愚昧、猜忍，就以爲非，推爲私，而沒有詳察其理能至
謙、致廉、成智與濟仁，實不爲非。這便是似非（看起來很像不對），而非非
（其實並非不對）；反之有巧言令色，雖然容易令人相信，但卻沒有誠心；盜
賊有時故做激憤急切，而令人以爲忠誠，卻是充滿私心。這便是類是而非是。
吳旵評此爲：「人事難知，動機與行爲、目的與手段、外表與內情，皆可相異。」
〔註88〕而此可知內外可相異，言可不由衷。

（二）別名實

名理之學本在校練名實，嵇康認爲語言不是自然一定的產物，所以是人
爲的約定俗成。實因各地因風俗不同，相同的事物可能稱號會有所不同。而
這些名號的舉用，只是用以標誌罷了。他說：

> 夫言非自然一定之物，五方殊俗，同事異號，趣舉一名，以爲標識
> 耳。〔註89〕

而各地方對事物的名稱也因約定而俗成，就如言抽象之事物，如人因與外界
接觸，所引發之情感依屬性而概分爲八種，分別是「喜、怒、哀、樂、愛、
憎、慙、懼」，也因爲其屬性不同，所以名稱不同。而且彼此不能互相增益，
並不會因又喜又怒而成爲樂。他說：

> 夫喜、怒、哀、樂、愛、憎、慙、懼，凡此八者，生民所以接物傳
> 情，區別有屬而不可溢者也。夫味以甘苦爲稱，今以甲賢而心愛，
> 以乙愚而情憎，則「愛」、「憎」宜屬我，而「賢」、「愚」宜屬彼也。
> 可以我愛而謂之「愛人」，我憎則謂之「憎人」，所喜則謂之「喜味」，
> 所怒則謂之「怒味」哉？由此言之，則外內殊用，彼我異名。〔註90〕

嵇康以「外內殊用，彼我異名」來區別名實，先考慮「實」之所得於心意，
心意之定旨所得所指處是由外（客觀外在之理），還是緣內（內涵），要「尋
所受之終始」，區別其異同，非同屬即異類，最後才得以定名。
嵇康在〈釋私論〉中提出名理的準則：「論其用心，定其所趣；執其辭以

〔註87〕《嵇康集校注》，頁238。
〔註88〕吳旵：〈嵇康「聲心異軌」論及其音樂美學〉，頁48。
〔註89〕《嵇康集校注》，頁211。
〔註90〕同上註，頁199～200。

準其理，察其情以尋其變；肆乎所始，名其所終」〔註 91〕，會意則要知心，知心之所往才能知意之定旨。而要知心，若是透過語言，則必須藉言語的意義來衡量其中之理；若是觀察實際情形，則要尋找其變化的動向，明白終始本末，最後才能定名。在此呼應了〈明膽論〉之「尋所受之終始」、「順端極末」的道理，亦能分辨「似非而非非，類是而非是」的情況。

二、得意忘言

利用語言表達心意，與外界進行溝通，嵇康認爲意會重於言說，能舉一反三者，重視意會而不必假借語言。於是他說：

> 吾謂能反三隅者，得意而忘言，是以前論略而未詳。〔註 92〕

如何意會？這端看個人的能力。但是嵇康也提供會意之道：

> 知心，自由氣色；雖自不言，猶將知之。知之之道，可不待言也。〔註 93〕

觀氣色以知心，嵇康的名理觀中，「論其用心」、「尋所受之終始，推氣分之所由」，再次展現無遺。如此，知道可不待言語之傳達。

所以若涉及由聲知心，則嵇康認爲不然，「似非而非非，類是而非是」強調意（內）可與言（外）相異，導致言可不由衷的情形，所以藉由言說直接判斷心意，多少會有不準確性。

> 若吹律校音，以知其心。假令心志於馬而誤言鹿，察者固當由鹿以知馬也。此爲心不係於所言，言或不足以證心也。〔註 94〕

說者言指鹿而心爲馬，察者並不能由言語之誤而知事實，必經由其他的方法。就像一個心哀者，吹起喜樂之樂，如何能藉由聲音判斷奏樂者之心意呢？「心不繫于所言，言或不足以證心」可見心意的系統，和言語的系統，是二分而相異，既然可以二分，可見言意的系統是各自成立，「心繫于所言，言或足以正心」的情形也是可能的。而心之定旨和語言詮釋的問題，嵇康的體認是：

> 至夫哀樂，自以事會，先遘于心，但因和聲，以自顯發。故前論已明其「無常」，今復假此談，以正名號耳。〔註 95〕

〔註 91〕吳甿：〈嵇康「聲心異軌」論及其音樂美學〉，頁 46。
〔註 92〕《嵇康集校注》，頁 209。
〔註 93〕同上註，頁 210。
〔註 94〕同上註，頁 210～211。
〔註 95〕同上註，頁 204。

情緒的來源是由心之接受刺激觸動而產生，要表現情感，可以經由和聲。因爲要藉由聲音來判別哀樂之情，是有「無常」的不確定性，亦恐有不足之處，所以嵇康特別提出「和聲」之所發顯的情感，是自然而無僞的。

> 聲音自當以善惡爲主，則無關於哀樂；哀樂自當以情感而後發，則
> 無係於聲音。名實俱去，則盡然可見矣。〔註96〕

由此，可以清楚地辨別聲音與哀樂的名與實。音樂以「以單、複、高、埤、善、惡爲體」〔註97〕，所以說「以善惡爲主」，就如「五色有好醜，五聲有善惡，此物之自然也」〔註98〕，仍是以「自然之理」來推辨事物。在聆聽音樂之後，「人情以躁、靜、專、散爲應」，對於五色五聲的「愛與不愛，喜與不喜，……，然皆無豫于內，待物而成耳。」所以情感的反應，還是要有事物之牽引，若情感是「有豫於內」，則和聲所引發之情，也是已「豫於內」之情，並不會有所增益或改變：

> 哀心藏於苦心內，遇和聲而後發；和聲無象而哀心有主。夫以有主
> 之哀心，因乎無象之和聲，其所覺悟，唯哀而已。〔註99〕

「和聲無象」乃其自然之性，而哀之所由，是在人心。「聲音以平和爲體，而感物無常；心志以所俟爲主，應感而發。」聲以感物，乃因其和，人以應感，或哀或樂，是爲無常；所以嵇康以爲：

> 聲之與心，殊塗異軌，不相經緯，焉得染太和於歡感，綴虛名於哀
> 樂哉？〔註100〕

聲、心異軌，只是相感應，所以不該把情感成分加諸於和聲，哀樂於和聲中是「無名」的，因爲哀樂非和聲之實，否則將違反自然之理，名與實將不相符。

　　嵇康之得意，乃由「無象」進而「無名」，也就是音樂是客觀的名言之理，它只表現出整體和諧與否，不管是善或惡，是否發顯人情，都是「託大同於和聲，歸眾情於人心」。所以得意之時，當是不待言說的「無名」之境。

　　依照嵇康的名理觀，聲與哀樂實爲異氣，異氣殊用不能相生，二者異名，聲無哀樂已明。推及言與意，二者也是相異。言是外，意在內，外內相異，

〔註96〕《嵇康集校注》，頁200。
〔註97〕同上註，頁216。
〔註98〕同上註，頁204。
〔註99〕同上註，頁199。
〔註100〕同上註，頁217。

言可由衷，亦可不由衷。言雖由衷，但言意異，所以言不盡意；言可不由衷，而且名言之所定指，殊方異俗，非自然一定之物，是爲無常，得意必須忘言。綜合以上所述，由名理推論嵇康之言與意，是爲聲無哀樂，言不盡意，得意忘言。

三、「聲無哀樂」的言與意

〈聲無哀樂〉可以說是嵇康對魏晉「言意之辨」論題的一個寄寓發揮，並和其音樂理論相結合，爲玄理與現實的交融，這是中嵇康思想表現的重要特色。得意當無名言，推及音樂，嵇康則言「無聲之樂」：

> 樂之爲體，以心爲主，故無聲之樂，民之父母也。至八音會協，人
> 知所悅，亦總謂之樂。然風俗移易，本不在此也。〔註101〕

若站在創作或表現音樂的立場，嵇康以爲：

> 至樂雖待聖人而作，不必聖人自執也。何者？音聲有自然之和，而
> 無係於人情，克諧之音，成於金石；至和之聲，得於管弦也。〔註102〕

至樂待聖人創作，所以非聖者作則非至樂。在表現方面，聖人執至樂，相得益彰；但是至樂之和，不必待聖人執理。因爲音聲有其自然之和，當音樂創作完成之後，就成了獨立的個體脫離了創作者本身，音程的單複、高低、節拍快慢構成和聲，藉金石管弦發聲。所得哀樂之情，各人自由心證，不受限制。

從〈聲無哀樂〉來看言意之辨，則是將論題的本末關鍵放在人的身上，人之有意，可以是以聲樂語言爲媒介，而進行意會；也可以是經由思想產生，則透過聲樂語言而進行表達。今依嵇康之價值標準「和」，來作論述。

> 懷戚者聞之，則莫不憯懍慘悽，愀愴傷心；含哀懊咿，不能自禁。其
> 康樂者聞之，則欨於愉懌釋，抃舞踊溢；留連瀾漫，嗢噱終日。若平
> 和者聽之，則怡養悅愉，淑穆玄眞；恬虛樂古，棄事遺身。〔註103〕

〈琴賦〉中，嵇康以琴音爲至樂。此段論及懷戚者、康樂者與平和者聞琴音的情形。在意會方面，平和者聽和聲，則是達到「怡養悅愉，淑穆玄眞；恬虛樂古，棄事遺身」，所顯爲「和」境，和則無哀樂。非平和者所指便是懷戚

〔註101〕《嵇康集校注》，頁 223。
〔註102〕同上註，頁 208。
〔註103〕同上註，頁 106～107。

者、康樂者，即心中已有主之情識，而聞和聲，則哀者發哀，樂者顯樂，皆發顯心中已有之情識，此哀樂由聞者而來，音樂只是「宣和情志」的發顯媒介，聽聞者並不能遊賞於和聲之中。

> 然非夫曠遠者，不能與之嬉遊；非夫淵靜者，不能與之閑止；非夫放達者，不能與之無矜；非夫至精者，不能與之析理也。〔註104〕

聽聞音樂，還是牽涉到識者之能。曠遠者才能悠遊與音樂之中而得樂；淵靜者才能了解音樂的靜謐，而沉澱心靈；放達者才能賞樂於無私，無所求；對於音樂有高深的了解者，才能分析其中的樂理。曠遠、淵靜、放達、至精者也都只偏於至人一隅，非最高境界。至人心無成見，氣靜神虛，體亮心達。嵇康十分重視識者之能。嵇康體會箇中道理，循理辨物，通物情，見高低，循氣之所始，得意便需超越名教之束縛：

> 夫稱君子者，心無措乎是非，而行不違乎道者也。何以言之？夫氣靜神虛者，心不存乎矜尚；體亮心達者，情不繫乎所欲。矜尚不存乎心，故能越名教而任自然；情不繫乎所欲，故能審貴賤而通物情。〔註105〕

要「審貴賤而通物情」，必須「情不繫於所欲」，中無哀樂，而知聲情無哀樂，嵇康言「不繫」，是區分得很清楚的。此引賀昌群在《魏晉思想・魏晉清談思想初論》所言作結：

> 嵇康著《聲無哀樂論》，以為哀樂發於情，情動於心，聲成於外，故聲音無關於哀樂。哀樂之情，發於其心，因人同此心，故此情亦同。然聲與情，內外殊用，哀樂因情感而發，則無關於聲音，是聲音與情感名實為二，名實相乖，則聲音與情感自為二事矣。嵇康論此，屬於清談之名理範圍，名理雖亦衍本體之餘結，而乃歸於刑名，蓋「名逐物而遷，言因理而變」（歐陽建言盡意論）。故有其名必有其理，惟本體則有其理而無其名。〔註106〕

嵇康的言意的關係，因「聲無哀樂」之理，關係是不定的，與歐陽建「名逐物而遷，言因理而變」之不定，有相類之處。不同的是，嵇康強調「得意忘言」，即體認「本體則有其理而無其名」。

〔註104〕同註104。
〔註105〕《嵇康集校注》，頁234。
〔註106〕（台北：里仁書局，1984年），頁23～24。

　　魏晉時期探討名實之士，多是在才性上用心，名言用以品鑑人品、才性，所以牟宗三認為這樣非指謂的名言，已和先秦名學有所區別，當從哲學的領域下放到人的現實社會層面中，「品鑑名言即無一定之形物為其對應之實」，是「生命的姿態」，「然此內容是永遠不能為那名言所盡的」。由此導出了「言不盡意」說，是「言意之辨」興起之直接理由。〔註107〕湯用彤先生亦認同言意之辨起於識鑑，並以言意之辨，為玄學家所發現之新眼光新方法，用以分析探討跡象本體之分，建立了玄學系統。〔註108〕

　　〈聲無哀樂論〉不管在方法上或內容上都涉及言意之辨。就論題而言，心之於聲，心聲二物，不能由聲以知心；猶如意之於言，言不盡意。「得意而忘言」是嵇康對於語言的看法。雖說「內有悲痛之心，則激哀切之言。」然「心不繫於所言，言或不足以證心也」或諷刺當時以名教為教化，實行以竊國篡位的政治現象。湯先生以「音聲無常」對照「言或不足以證心」，這樣的論證關係而認為嵇康使用了言意之辨的方法，由名理進而論音聲，再由音聲之新解而推求宇宙之特性。岑溢成則以其言、意偶然的關係，和歐陽建從一般名言的立場檢討言意問題，也主張言、意之間並無一定的、必然的關聯，其二者皆屬於言意之辨涉及非形上學的討論，唯差異在嵇康沒有觸及「盡不盡」的問題。岑氏以此懷疑許抗生等所著的《魏晉玄學史》推斷嵇康屬於「言不盡意」，而展開說解。〔註109〕另外對於《世說》中王導當時所倡的論題，在言盡意這個論題，和以往學者將其歸於歐陽建之論，也將以王葆玹的「妙象盡意」中，以「音樂盡意」來考慮嵇康對於表意的方式〔註110〕、音樂是否為語言符號進行理解。若嵇康以音樂為語言符號，不以言表意，乃因言不盡意，必須得意忘言；於是以音樂之象表意，然和聲無象，於是近乎王弼象以盡意，得意忘象，忘意忘象。王弼以《易》之卦象來論言意，而嵇康以音樂作為另一種方式的論證與實踐。

四、小結

　　在〈琴賦〉的開始，嵇康已明其志：

〔註107〕詳見《才性與玄理》，頁243～244。
〔註108〕《魏晉玄學》，頁31。
〔註109〕岑溢成〈魏晉「言意之辨」的兩個層面〉，鵝湖學誌，第11期，1993年，頁32。
〔註110〕《玄學通論》，頁228。

> 余少好音聲，長而翫之。以爲物有盛衰，而此無變；滋味有饜猒，
> 而此不勌。可以導養神氣，宣和情志，處窮獨而不悶者，莫近於音
> 聲也。是故復之而不足，則吟詠以肆志；吟詠之不足，則寄言以廣
> 義。〔註111〕

認爲音聲乃順天地萬物之性，猶如道體有其不變之性，更藉由反複、吟詠以及寄言，可達導養神氣，宣和情志，而有肆志、廣義與養生之效。對於音聲，有其獨到的見解。

嵇康以名理爲一基礎，直言「聲無哀樂」，其實蘊含言不盡意，得意忘言之理，並依此理推類辨物。了解嵇康之名理，便可發現其所論如〈明膽論〉、〈釋私論〉與〈聲無哀樂論〉都可循其別名實、辯言意，推類辨物的痕跡。

《才性與玄理》中引唐君毅先生之說：「聲乃耳之所聞，在外，哀樂乃我之所感，在內。說聲無哀樂，或聲有哀樂，皆只表此在內在外二者之關係，因而此理便不能只在外。此理不能屬於在外之聲。此與形色數量等尙可說屬在外之實物者，全然不同。屬於在外之實物者，可以手指，而此則不可手指，而只可意會。不只是『聲無哀樂』之一理只可意會，即『聲有哀樂』之一理，說哀樂在聲，亦要待於意會。因縱然聲上原有哀樂，我不動哀樂之情，哀樂之意，仍不得說聲有哀樂也。」〔註112〕從名理來析論聲有哀樂，固然是一種方法，亦可以意會的方法直接體證，遊賞音樂，嵇康二者兼具，以其提出「和」的音樂觀爲證。

湯用彤說：「名理之學本在校練名實，然其後乃因言象之討論進而爲無名之說。……嵇氏之意託大同於聲音，歸眾情於人心。『和聲無象』，不以哀樂異其度，猶之乎得意當無言，不因方言而異其所指也。……夫聲無哀樂（無名），故由之而『歡戚具見』，亦猶之乎道體超象（無名），而萬象由之並存。由是乃由聲音而推及萬物之本性，故八音無情，純出於律呂之節奏，而自然運行，亦全如音樂之和諧。……綜上所言，嵇氏蓋託始於名學而終歸於道家，其論本亦用忘言得意之義也。」〔註113〕湯用彤也認爲嵇康所論，和名學有關，要區別的是先秦之墨辨及名家之討論堅白之盈離，白馬非馬，直屬於名稱與物之實理，與魏晉言意之辨──唐君毅稱爲「意所及之理」，牟宗三稱

〔註111〕《嵇康集校注》，頁83。
〔註112〕牟宗三：《才性與玄理》（學生書局，1997年8月，修訂8版），頁266。
〔註113〕《湯用彤全集卷六・魏晉玄學》（佛光，2001年4月初版），頁37。

之爲「名理」。湯用彤也肯定〈聲無哀樂論〉涉及言意之辨，和本體論兩個層面。

綜觀玄學在「得意忘言」的方法下對音樂、舞蹈、書法、繪畫的藝術探討，使得「其時之思想中心不在社會而在個人，不在環境而在內心，不在形質而在精神。」〔註114〕伴隨著自然物象喻人物風神，伴隨著山水、田園踏入玄言詩、繪畫的題材，魏晉士人們以審美的眼光看待日生活、看待自然，將「得意忘言」從玄學的抽象，轉變爲切實的生活的態度和方式，轉變爲對藝術、自然的思維方式，促進了魏晉文學理論的成熟。〔註115〕

第三節　道之體悟：有無觀探析

牟宗三在《中國哲學十九講》中指出「有無──迹本論」是魏晉玄學會通儒道的主要課題之一。〔註116〕吳冠宏指出，在魏晉玄學「有──無」之論的核心議題上，嵇康被學者視爲是缺席的〔註117〕，這句話似乎說得重了些，卻很明白地說出嵇康的思想似乎被輕忽，如湯用彤析論魏晉玄學中的四大重要分派：一爲王輔嗣之學，釋氏爲本無義，二爲向、郭之學，釋氏爲即色義，三爲心無義，四爲僧肇之不眞空義〔註118〕，嵇康並不在其中。不過在詳視湯用彤對嵇康思想的分判，將其歸入以王弼爲首的貴無之學的中流；湯一介進一步主張竹林時期的玄學是王弼、何晏「以無爲本」的「貴無」思想分化的結果，嵇康、阮籍的「越名教而任自然」是由王弼的崇本息末的發展而來。〔註119〕余敦康認爲嵇康沒有討論有與無的關係問題，而是以名教與自然作爲基本範疇。以自然爲本，名教爲末，實際上和貴無論玄學一樣，也是一種本體論的哲學。〔註120〕侯外廬認爲嵇康思想中的所提及的至和、至理、至人、至物等對「至──常」的區分，便是在元氣論之下而有著如王弼們探討有無、本

〔註114〕張家梅：《言意之辨與中國美學》，大陸暨南大學博士論文，2003年，頁25。
〔註115〕同上註，頁26。
〔註116〕牟宗三：《中國哲學十九講》（台灣學生書局，2002年8月第九刷），頁230～233。
〔註117〕參見吳冠宏：《魏晉玄學與聲論新探》（台北里仁書局，2006年3月5日初版），頁228～229。
〔註118〕見〈魏晉玄學流別論〉，收錄《魏晉玄學》，頁59～76。
〔註119〕湯一介：《郭象與魏晉玄學》（台北：谷風出版社，1987年），頁55。
〔註120〕余敦康：《魏晉玄學史》（北京：北京大學出版社，2004年12月），頁303。

末或體用等本體論的傾向〔註121〕；許抗生等認同侯氏所舉之例說，卻不認同
嵇康的「常」與「至」含有哲學概念，因為其中並無超言絕象的性質，都是
元氣論之下的一個層次〔註122〕，這麼說來嵇康受限於其元氣論的自然觀，而
脫離學者們所認同的玄學主流。另外，王弼與郭象因著述老、莊，不免論及
有、無，而是不是沒有直接以「有」、「無」二字作為論述的主體，就表示對
於有無之辨的缺席呢？〔註123〕這也是應該深思的問題。

　　仔細思考王弼的名教出於自然，和郭象的名教與自然合一，即使與現實
的政教環境有很大的關係，但也脫離不了「有──無」的論題，實因哲人的
思想是一貫而系統的。何以被學界認定過度二者之間，嵇康所言提及的「越
名教而任自然」，只是隱含對司馬氏爭權干政之下的諷刺與抗議，表達其修身
處世之態度與方針，若其中沒有相同的思考模式，如何能成為過度？筆者從
牟宗三對於道家的判定中發現〈聲無哀樂論〉中亦隱含老子採取「有、無」
之思維進行思辨，以正言若反的方式表述，也就是說嵇康的思想也以「有、
無」之論題建構。岑溢成認為嵇康的論辯採取「無所措乎是非」的態度或傾
向，目的不在提出主張，而是瓦解對方的立場，例如〈明膽論〉、〈管蔡論〉、
〈難宅無吉凶攝生論〉、〈釋答難宅無吉凶攝生論〉等，這也是莊子〈齊物論〉
的精神，也可以說是一種「無」的精神，契合魏玄以「有」、「無」為主要思
想內容的方向。〔註124〕何淑雅從岑氏之觀點獲得啟發〔註125〕，以並延伸吳冠

〔註121〕參見侯外廬：〈嵇康的心聲二元論及其社會思想、邏輯思想〉，《中國思想通史》
　　　　第三卷，第五章。

〔註122〕參見許抗生等：《魏晉玄學史》（西安：陝西師範大學出版社，1989 年 7 月初
　　　　版），頁 198。

〔註123〕「何、王擅長憑藉才智去詮解儒道兩家的經典，當時的學術需求引導他們通
　　　　過言意之辨來進行儒道會通的工作；但竹林名士已沒有必要再重複正始玄學
　　　　那種藉由否定形、名而曲折地摹釋道體的階段性學術任務，他們適逢魏晉鼎
　　　　革之際，……自然呈現為一種人生態度的思考。」作者觀察「無」以否定詞
　　　　出現於竹林名士的作品中，所使用的涵義作為判定，但卻忽略在片面的章句
　　　　中恰恰不能詮解出竹林名士是如何將摹釋道體的有無之辨落實在人生態度的
　　　　思考中。參見吳曉青：《魏晉有無之辨研究──從王弼到郭象》（政大中文所
　　　　博士論文，1999 年 6 月），頁 41。

〔註124〕岑溢成：〈嵇康的思維方式與魏晉玄學〉，《鵝湖學誌》第九期（1992 年 12 月），
　　　　頁 27～54。

〔註125〕何淑雅：《嵇康之思維及其藝術精神》，（暨南國際大學中文所碩士論文，1999
　　　　年 12 月），頁 198 註 1。其參見岑溢成：〈嵇康的思維方式與魏晉玄學〉，同
　　　　上註，頁 38。

宏由〈聲無哀樂論〉中以聲情關係引出的主客問題〔註126〕，在聲情關係、主客關係兩大軸線中，分別由莊子「天籟」與「和」的概念論證出「有——無」思想的運用。〔註127〕吳冠宏更進一步將有無之辨放到整篇〈聲論〉的闡述方式來探究，揭櫫嵇康之玄智是以聲爲道，分三個層次來理解之，認爲此論作不管從思維上或生命實踐，皆表現出「有無辯證思維」的落實與具現，是對於〈聲無哀樂論〉之理解的新向度。〔註128〕由此可見，嵇康對「有——無」思維的運用，似乎不著痕跡，筆者欲再補充嵇康〈聲無哀樂論〉中的思維乃老子論「道」的全然展現，實踐觀更是道家的致虛工夫——「沖氣以爲和」，這是一個道的開展，也是復歸之路，以加強上述研究者偏重有無辯證思維運用的理論，並提出嵇康實踐工夫的進路。以下試論之。

一、工夫理論之基礎：沖氣以爲和

　　觀察老子其以正言若反的思維方式，思考世界的本原問題，引出了有無之辨〔註129〕，牟宗三以爲老子提出「有、無」在一開始並非存有論的概念（ontological concept），而是實踐、生活上的觀念；既然如此，於是「有、無」的概念便不從實有層去探究，而從作用層去探討。〔註130〕以下試述之。

> 道可道，非常道，名可名，非常名。無、名天地之始，有、名萬物
> 之母。故常無，欲以觀其妙，常有，欲以觀其徼，此兩者同出而異
> 名，同、謂之玄，玄之又玄，眾妙之門。（第一章）〔註131〕

王弼：「可道之道，可名之名，指事造形，非其常也。」〔註132〕很巧妙地避免了老子不欲以名言來說解之「道」。以下以名言來說解道之作用，在作用之下

〔註126〕何淑雅：《嵇康之思維及其藝術精神》，（暨南國際大學中文所碩士論文，1999年12月），頁164，註46。其參見吳冠宏：《魏晉玄論與世風新探——以「情」爲合及詮釋進路》，（台灣大學哲學研究所博論文，1997年5月）第四章〈嵇康〈聲無哀樂論〉之聲、情關係試詮〉。

〔註127〕何淑雅：《嵇康之思維及其藝術精神》，同註301，頁116～119、197～199。

〔註128〕吳冠宏：《魏晉玄義與聲論新探》（台北：里仁書局，2006年3月5日初版），第七章〈鐘情與玄智的交會〉，頁215～242。

〔註129〕朱伯崑：〈道家的思維方式與中國形上學傳統〉，《道家文化研究》第二輯（台北：文史哲出版社，2000年8月校訂一版），頁27。

〔註130〕《中國哲學十九講》，頁91。

〔註131〕樓宇烈校釋：《老子周易王弼注校釋》（台北：華正書局，1983年9月初版），頁1～2。

〔註132〕同上註，頁1。

觀其充實。「始」，終始義，屬於時間概念，能生妙用，所生於有，有生於無。就是一種逆向說明，所要表達的即是「反者，道之動；弱者，道之用」。老子也有順向說解者，見四十二章：

> 道生一，一生二，二生三，三生萬物。萬物負陰而抱陽，沖氣以爲和。〔註133〕

道之「生」爲「無生之生」〔註134〕，即「不塞其原也，不禁其性也。不塞其原，則物自生，何功之有？不禁其性，則物自濟，何爲之恃？」〔註135〕而此之一、二、三，以至萬物，便是物自生的展現，同時亦是邏輯理序上的展演，道是一，道與一爲二，道、一與二爲三，以此類推，生生不息，其實總得來說仍只是「道」。此中之「一」，經三十九章有言：

> 昔之得一者：天得一以清，地得一以寧，神得一以靈，谷得一以盈，
> 萬物得一以生，侯王得一以爲天下貞。〔註136〕

王弼注：「昔，始也者。一、數之始而物之極也。各是一物之生，所以爲主也。物皆各得此一以成，……各以其一，致此清、寧、靈、盈、生、貞。」〔註137〕所以此「一」，使物顯出其自主性，然後以此特性，各成其物之功用。不過在莊子不從辨異的作用來觀此道之「一」，而是從玄同萬物的角度來言「一」：

> 人之生，氣之聚也。聚則爲生，散則爲死。……故萬物一也。……
> 故曰：通天下一氣耳。聖人故貴一。（〈知北遊〉）〔註138〕

莊子從氣的概念通天下，一萬物，是言在本質上以氣相通。老子在「萬物負陰而抱陽」之後，言「沖氣以爲和」，是著眼於萬物在作用上如何爲一。萬物有其定用之向，稟賦陰陽二氣，二氣交相作用之下，必變化不斷，所以說要「沖」氣，以至於「和」的狀態。「沖」釋爲「虛」〔註139〕，爲動詞，表示一工夫作用義，是要使陰陽二氣調和穩定的工夫，使之爲一，復

〔註133〕樓宇烈校釋：《老子周易王弼注校釋》（台北：華正書局，1983年9月初版），頁117。
〔註134〕《才性與玄理》，頁162。
〔註135〕「生之蓄之，生而不有，爲而不恃」（第十章）句下注。見《老子周易王弼注校釋》，頁24。
〔註136〕《老子周易王弼注校釋》，頁105～106。
〔註137〕同上註。
〔註138〕《莊子集釋》，頁733。
〔註139〕莊耀郎：《原氣》，師大國研所碩士論文，1984年，頁73。

歸於道之純然。陰陽釋爲氣義〔註140〕，由其後文「沖氣以爲和」得知。

綜合上述，淺探牟宗三論老子之道所強調的作用層，甚爲有理。老子不強調道之實體內涵，然有無之辨卻爲後世所闡發，以氣論道者、宇宙論者、本體論者、道器之辨者，皆可溯源至老子有無之辨〔註141〕，然已涉及或下落至實有層。對嵇康而言，其所關照的不再只是道如何開展，而是如何復歸於道，並能體現道之無所不在。於是其一貫老子的道，將其作用在自己的生命，用生命的時空來實踐與充實，使老子所言之道不再只是「觀照之宇宙論」〔註142〕，而眞眞實實地生化，何以見得？從其在在以「萬物負陰而抱陽，沖氣以爲和。」爲論點，來著眼自己的生命，進行思考判斷。在現屬於「有」的境界，「尋所受之終始，推氣分之所由」〔註143〕，以致和爲修養的工夫，以期渾化爲一，復歸於無，而臻至於道而生生不息。王弼亦有「體沖和以通無」之言。老子如是說：

> 致虛極，守靜篤。萬物並作，吾以觀復。歸根曰靜，是謂復命。復命曰常，不知常，妄作凶。知常容、容乃公，公乃全，全乃天，天乃道，道乃久，沒身不殆。（第十六章）

「致虛極，守靜篤」實爲一工夫，老子在此章只說明「靜」，靜爲歸根，歸根是一復反的歷程，此歷程不斷循環，所以復命曰常，表示恆久不殆，無私、無限的歷程。莊子從「氣」的概念言「虛」：

> 若一志，無聽之以耳，而聽之以心；無聽之以心，而聽之以氣。聽止於耳，心止於符。氣也者，虛而待物者也，唯道集虛。虛者，心齋也。（〈人間世〉）〔註144〕

若要去除成見，齊一心志，則非透過感官之造作，也不透過心之造作，乃因爲感官只能發揮其原有的作用，如耳朵屬於聽覺的器官，心以其識而合同於物，這些都有所偏頗，未能如氣一般虛而待物，全然體現。而道集於虛，「虛」正是心之齋，成玄英疏：「如氣柔弱虛空，其心寂泊忘懷，方能應物。」〔註

〔註140〕左傳是最早將陰陽釋爲氣者。六氣爲：陰、陽、風、雨、明、晦。見莊耀郎《原氣》第二章。

〔註141〕朱伯崑：〈道家思維方式與中國形上學傳統〉，《道家文化研究》第二輯（文史哲出版社，2000 年），頁 27～36。

〔註142〕《才性與玄理》，頁 162。

〔註143〕〈明膽論〉，《嵇康集校注》，頁 252。

〔註144〕《莊子集釋》上冊，頁 147。

〔註145〕同上註。

145〕從「沖氣以爲和」、「致虛極，守靜篤」以及「虛者，心齋也」都顯示主要修養的對象是「心」。在心上做工夫，使器歸於氣，進於和，復於道。嵇康在心上的工夫也有所體會，如：因琴器音埤而希變之特色，而言賞樂時「不虛心靜聽，不能盡清和之極」；在談論音樂教化之功時，認爲「樂之爲體，以心爲主。故無聲之樂，民之父母」，此無聲之樂正是在上位者虛而待物的無爲之治。特別是這些在心上所做的工夫，都導向和心、和氣，蓋以此契接於道。

大抵嵇康致和的工夫，有三進路：一是無爲而治，二是音樂導養，三是養心。嵇康的著作中即有跡可循。

> 古之王者，承天理物，必崇簡易之教，御無爲之治；君靜於上，臣順於下，玄化潛通，天人交泰，枯槁之類，浸育靈液，六合之内，沐浴鴻流，盪滌塵垢。群生安逸，自求多福，默然從道，懷忠抱義，而不覺其所以然也。和心足於內，和氣見於外。〔註146〕

達成「和心足於內，和氣見於外」是古之王者「崇簡易之教，御無爲之治」的自然導向，突顯出簡易與無爲——「無聲之樂」——嵇康對政治教化的初衷，必是承天理物的兩大向度。在此若要以「懷忠抱義」強調其中含藏的儒家教化，那也不必是特意以儒家教化的結果，所以說「不覺其所以然」。本段文字可以看出無爲之治以潛移默化的方式達致和的境界。而自然的和聲也是嵇康極力推崇的致和之道，乃以和聲有匯聚情欲之力：

> 及宮商集比，聲音克諧，此人心至願，情欲之所鍾。〔註147〕

心受音聲刺激，而將衷心所積聚者往聚。之後，和聲才得以進行「感發」，所感發者端視聽者之衷情：

> 至和之發滯導情，故令外物所感，得自盡耳。〔註148〕

發滯導情，原是情欲本積累於心，停滯不動，藉由和聲疏導之功，能使心盡情而通暢不鬱塞。又因聲無哀樂，聽者所感觸而發者，各由心證。和聲除了疏導有功，還有蓄養神氣、致明情性之效：

> 導其神氣，養而就之；迎其情性，致而明之。〔註149〕

和聲疏導、蓄養而感染外物之神氣，則外物之氣得與聲同和；和聲迎合、成全與顯明外物之本情本性，則情感得因此舒發。在〈琴賦序〉更明言：

〔註146〕《莊子集釋》上冊，頁222。
〔註147〕《嵇康集校注》，頁197。
〔註148〕同上註，頁221～222。
〔註149〕同上註，頁222。

導養神氣，宣和情志，處窮獨而不悶者，莫近于音聲也。是故復之
而不足，則吟詠以肆志，吟詠之不足，則寄言以廣意。〔註150〕

嵇康對樂音要有極高程度的造詣和天分，如此深刻的體會，爲後人開闢一條
新的修養工夫，是除了以道德爲主要進程之外的修養工夫。另外，在養生的
工夫，史載嵇康嘗服五石散，容易讓人以服食上藥爲養生重點，其實嵇康的
養生觀首重養心：

善養生者則不然矣，清虛靜態，少私寡欲，知名位之傷德，故忽而
不營，非欲而強禁也；識厚味之害生，故棄而弗顧，非貪而後抑也；
外物以累心不存，神氣以醇白獨著，曠然無憂患，寂然無思慮，又
守之以一，養之以和，和理日濟，同乎大順。〔註151〕

「清虛靜態，少私寡欲」便是「致虛極，守靜篤」的工夫，而後則詳述工夫
的內容，嵇康具體說明，不致虛妄不實，整段文字的動詞，都值得修養者再
三咀嚼，反覆品味。知傷、識害，忽名位、棄厚味，所知所識忽之棄之，不
顧不營，故曠然寂然，無憂患無思慮。以一守之是養生有理，以和養之使神
氣調和，和與理要日以互濟互助，才能同乎大順。正所謂〈大宗師〉：「墮肢
體，黜聰明。離形去知，同於大通，此謂坐忘。」〔註152〕形體與思維上的無
爲，正是道家養生所本。嵇康養生所本，皆不離此：

夫不慮而欲，性之動也；識而後感，智之用也。……君子識智以無
恒傷生，欲以逐物害性。故智用則收之以恬，性動則糾之以和。使
智上於恬，性足於和。然後神以默醇，體以和成，去累除害，與彼
更生。所謂不見可欲，使心不亂者也。〔註153〕

恬（靜）與和的工夫，嵇康總是一提再提，根據工夫的特性而所對治的對象
不同，識智可能隨時改變而無止盡，莊子也說「知而也無涯」，所以恬正可收
智用於止，郭注「滅於冥極」，顯然順嵇康之意而來。〔註154〕感官上容易順勢
而無窮的欲求，則需使感官不作用，若體性調和，如以恬淡爲至味，則性不
需動，所以性動當以和糾之。「修性以保神，安心以全身，愛憎不棲於情，憂
喜不留於意，泊然無感，而體氣和平」，這樣形神相親並存的工夫，即是「神

〔註150〕《嵇康集校注》，頁83。
〔註151〕〈養生論〉，《嵇康集校注》，頁156。
〔註152〕《莊子集釋》上冊，頁184。
〔註153〕見〈答難養生論〉，《嵇康集校注》，頁174～175。
〔註154〕《才性與玄理》，頁333。

以默醇，體以和成，去累除害，與彼更生。」這些工夫嵇康說解得很細膩，都是要使心定而不亂。以上皆論養心以致和的工夫。

莊子以氣之聚散爲生死之情狀，至於如何使氣不散而盡性命，在和理日濟，同乎大順之後，嵇康又接著說：

> 然後蒸以靈芝，潤以醴泉，晞以朝陽，綏以五絃，無爲自得，體妙心玄，忘歡而後樂足，遺生而後身存，若此以往，庶可與羨門比壽，王喬蒸年，何爲其無有哉！〔註155〕

以靈芝、醴泉、朝陽、五絃再作持養，這是在養心之後的步驟，欲將道心與道體融合爲一，以達理境與實境「無爲自得，體妙心玄」之境，完全掌握道家的精神，又將道教之法納入，捨其繁瑣與神怪。養生論段末爲一結論之語，見其句句深刻不含渾，不似老莊之簡奧，沒有道教之神秘，確實可行。「忘歡而後樂足，遺生而後身存」恰似老子「外其身而身存，後其身而身先」之正言若反。王弼以「守母存子」解之，牟宗三以爲得道家之微旨，名爲「曲線之智慧」，亦即所謂玄理玄智。東晉之後佛家之談般若，沿襲於此。〔註156〕筆者更認肯嵇康以此正言若反之玄理玄智，並下落生命之實踐，正如佛家除有般若之智，亦重視修行入道。對養生論最末段文字之說解，牟宗三先生看得十分透徹，他說：

> 養生既在滅「無限追逐」之失當，則其在「心」上有一極深之虛靜工夫、甚顯。此工夫正代表一逆覺之精神生活，此即所謂「逆之則成仙成道」也。道家，工夫自心上作，而在性上得收穫。無論是「不離於宗」之天人，或不離於精，不離於眞之至人、神人，皆是從心上作致虛守靜之工夫。故老子云：絕聖棄智，絕仁棄義，絕學無憂，蓋正因此聖智、仁義、學與知，皆可牽引人而至無限之追逐。從此作虛靜渾化之玄冥工夫，始至天人、至人、神人之境，而養生之義亦攝於其中矣。此爲道家養生之本義。至於落在自然生命上，通過修煉之工夫，而至長生、成仙，則是順道家而來之「道教」，已落於第二義。當然此第二義亦必通於第一義。然原始道家卻並不自此第二義上著眼。嵇康之〈養生論〉卻正是自此第二義上著眼。……此最後之結語，即表示雖從第二義入手，而通於第一義。「清虛靜態，

〔註155〕〈養生論〉，《嵇康集校注》，頁157。
〔註156〕《才性與玄理》，頁294。

少私寡欲」，即第一義也。此蓋爲養生之必要條件。然後再進至第二
義之充足條件，始可得延年益壽。〔註157〕

換句話說，嵇康沒有背離道家的養生觀，重點仍在「心」上做虛靜工夫，融
合道家與道教的養生工夫，從第二義入手，而通於第一義，除了反映當時之
風尙，畢竟養生之第二義也有可取之處；亦或有導正世風之意。若然，則見
嵇康論說時亦能注意人情世故，切入得當，才能引起廣泛討論與回響，進而
引導教化，而養生之第一義亦隨之順入人心。

　　上述嵇康致和的工夫，有三進路：一是無爲而治，二是音樂導養，三是
養心。暫言至此，三者可以說環環相扣。另外，嵇康對於持養上注重實踐的
過程，所以在時間上的持續是不可或缺的，其著作中即有跡可循。

故鄉校庠塾，亦隨之使絲竹與俎豆並存，羽毛與揖讓俱用，正言與
和聲同發。使將聽是聲也，必聞此言；將觀是容，也必崇此禮。禮
猶賓主升降，然後酬酢行焉。於是言語之節，聲音之度，揖讓之儀，
動止之數，進退相須，共爲一體。君臣用之于朝，庶士用之于家，
少而習之，長而不怠，心安志固，從善日遷，然後臨之以敬，持之
以久而不變，然後化成。此又先王用樂之意也。故朝宴聘享，嘉樂
必存；是以國史採風俗之盛衰，寄之樂工，宣之管絃，使『言之者
無罪，聞之者足以誡』。此又先王用樂之意也。〔註158〕

這段文字雖然是要解釋音樂與教化的關係，但從其中可以窺見如何進行無爲
之治後，蔚爲風俗，持養萬民的心志。在時間持養上，由少而長，以至化成，
都有階段性的目標：習、不怠、安、固、敬、不變，十分明確。在空間上，
由「鄉校庠塾」是教化機構，「絲竹」、「和聲」爲樂，「羽毛」爲舞，「俎豆」
「揖讓」爲禮，「正言」爲詩，透過教化機構，詩、禮、樂環環相扣，共爲一
體。王弼也認爲此三者關係密切，在《論語釋疑》中「興於詩，立於禮，成
於樂」句注：

言有爲政之次序也。夫喜、懼、哀、樂，民之自然，應感而動，則
發乎聲歌。所以陳師採謠，以知民志風。既見其風，則損益基焉。
故因俗立制，以達其禮也。矯俗檢刑，民心未化，故必感以聲樂，
以和神也。若不採民詩，則無以觀風。風乖俗異，則禮無所立，禮

〔註157〕《才性與玄理》，頁207～209。
〔註158〕〈聲無哀樂論〉，《嵇康集校注》，頁223～224。

若不設，則樂無所樂，樂非禮則功無所濟。故三體相扶，而用有先後也。〔註159〕

王弼認為《論語》所言詩、禮、樂三者於政教上各有其用，互相持助，而施用之次序有先後。而其中以樂「主於和」〔註160〕，能感人心，可以和神，於是以其在政教中作為教化民心之用。不過其以《論語》的立場，認為樂沒有建立在禮的基礎上，那樂的功效在政教上便沒有幫助，無法正風俗。這是從政教而採以實用的觀點來審視樂，樂只是助成教化的最後手段，否則別無他用，這是王弼之解；不過樂可感動人心以及和神的效用，王弼與嵇康所持的看法是相同的。附帶一提，王弼所言「採謠」、「感以聲樂」，這其中詩與樂的關係也極為密切，嵇康也以「將聽是聲也，必聞此言」，簡單來說就是歌詞和音樂是不分開的，不過常常音樂歌詞與音樂的搭配，使得人們有了深刻的聽覺記憶，只要聽到了旋律，就自然地哼出歌詞，這也是為什麼先王用樂，實欲以達教化之效。問題來了，人們也常常因樂與詩相和，所以就憑著印象或因著聯想說音樂中敘述著些什麼，有著形象的描摹，有著情意，而誤以為聲有哀樂。嵇康認為人們常有此誤解，也混淆了詩、禮、樂在教化中的功用，也忽略了其原本的功能。言歸正傳，這樣共為一體的詩、禮與樂，有兩點特別注意：一是我們在此所要提示的重點，嵇康致和的工夫，那三個致和的工夫進路可再藉由詩、禮、樂之人文活動，使民「臨之以敬，持之以久而不變，然後化成」，而音樂扮演了其中十分活潑的元素。二是這共為一體所持養的對象，是社會全體，不分階級。當朝宴聘享時，除了歡樂放鬆的音樂，也有風雅之樂，音樂更發揮了提醒與警惕的功能，使貴族能時時惦念百姓，以百姓為心。

大抵嵇康致和的工夫，有三進路：一是無為而治，二是音樂導養，三是養心。特別是這些在心上所做的工夫，都導向和心、和氣，蓋以此契接於道。以上所論是嵇康在工夫上順老莊之道，以「有──無」的展現與復歸。《中庸》所言之中和，或主要由道德層面來談，而嵇康將「和」的概念擴展，後世除了音樂，舉凡書法、繪畫、建築、雕刻、飲食、服飾等生活層面，原只為政教存在而發展者，都以和為美，開拓了藝術的視野；在思維上也以和為道境，呈現出生命之實踐與復歸。

〔註159〕王弼：《論語釋疑》（善本，長沙娜嬛館補校，清光緒九年1883年），卷四十四，頁60。

〔註160〕「子溫而厲，威而不猛，恭而安」句下注：「至和之調，五味不形；大成之樂，五聲不分。中和備質，五才無名也。」見《論語釋疑》，卷四十四，頁59。

二、以聲爲道

我們在本章第一節〈至和之聲：音樂觀探析〉，曾觸及嵇康對「聲」、「音」、「樂」之聽，三者的辨異呈現道的向下發展並不是重點，重點在強調其皆以「平和爲體」，由「樂→音→聲」的回溯突顯出以「和」呈現一種玄同的狀態，亦以剝損的方式達成道的復歸。〔註161〕筆者另以爲「聲無哀樂」、「和聲無象」的「無」字之義，是否另有他義？還有，以「樂——音——聲」作爲探本尋源的進路，其欲除了將「和聲」賦與自然體性之外，還有什麼樣的定位？這些問題，在此我們要進一步來探析。

（一）聲、情以氣相應

「宮商集化，聲音克諧，此人心至願，情欲之所鍾。」〔註162〕錢鍾書：「西方論師所謂音樂不傳心情而示心運，仿現心之舒疾、猛弱、升降諸動態；嵇《論》於千載已道之。」〔註163〕（《管錐編》）「宮商集化，聲音克諧」是人文之化成，聖人作樂，聲調中所呈現殊聲異音和諧的樂理，是心思作理性建構，而以感性鋪排的軌跡。「聲音克諧」正如心運呈現動態的和諧，是心運的極至狀態；「情欲之所聚」，是心聲相感的證明。對於演奏者或聽聞者來說，在和聲引導下，心運也能臻於和境；心聲相感後所引發的感情，則端視其之所懷。而值得一探究竟的是音樂何以能示心運，兩者以何契接相感？讓我們再回到〈聲論〉中詳視：

> 聲音之體，盡於舒疾；情之應聲，亦止於躁靜耳。夫曲用每殊，而情之處變，猶滋味異美，而口輒識之也。五味萬殊，而大同於美；曲變雖眾，亦大同於和。美有甘，和有樂；然隨曲之情，近乎和域；應美之口，絕於甘境。安得哀樂於其間哉？然人情不同，各師所解，則發其所懷。若言平和，哀樂正等，則無所先發，故終得躁靜。若有所發，則是有主於內，不爲平和也。以此言之，躁靜者，聲之功也；哀樂者，情之主也；不可見聲有躁靜之應，因謂哀樂皆由聲音也。〔註164〕

聲音的本質只限於節拍快慢此種類型的表現，是嵇康視聲音起源自「天地陰

〔註161〕《魏晉玄義與聲論新探》，頁208。
〔註162〕〈聲無哀樂論〉，《嵇康集校注》，頁197。
〔註163〕錢鍾書：《管錐篇》〈三〉（台北：書林，1990年8月），頁1087～1088。
〔註164〕〈聲無哀樂論〉，《嵇康集校注》，頁216～217。

陽之氣的交感」，故〈聲論〉中每以「器物」、「臭味」、「酒」、「肌液肉汗」喻聲，以顯聲音具有一不容爲妄念扭曲增減附會的物質質性〔註165〕，爲自然之體性，沒有人情之哀樂的成分存在。而人情可以感應聲音者，也只限於躁靜的反應。人之躁靜，是氣之作用所顯，《人物志・九徵篇》：「躁靜之決在於氣。」〔註166〕注云：「氣者決之地也。氣盛決於躁，氣沖決於靜矣。」〔註167〕〈九徵〉中是透過人本性上氣的徵兆來觀察人本質上之躁靜，於是提示我們躁、靜是氣運的徵顯。而和聲正有這般影響人之躁靜的功能，嵇康說「使心與理相順，氣與聲相應」，其中氣與聲能相應，亦由於聲爲氣之所使，〔註168〕對「樂→音→聲」的回溯，正是氣的探源。當和聲感人心，情欲之往聚，使聲氣與人氣相接，哀樂正等者，內心平和，所以只有躁靜之應；不爲平和者，會因躁靜之氣應，再牽動內心積聚的情感，而哀樂之情由衷而生。「五味萬殊，而大同於美；曲變雖眾，亦大同於和。美有甘，和有樂；然隨曲之情，近乎和域；應美之口，絕於甘境。」嵇康以滋味爲喻，說明樂以和諧爲歸趨，不管在聽樂者如何之應，在和聲的引導、薰陶之下，都趨近於和的場域，那是和聲自然，不爲外物易操改的質性之力。以「氣聲相應」釋「躁靜說」，不僅建立了審美經驗新的典範〔註169〕，更隱含「有→無」之復歸，也就是一「道（無）」之向度的歸返。「樂──音──聲」、「哀樂──躁靜──氣」正顯示「爲道日損」剝落反本之歷程，而萬物之間，有基本可供連結的「氣」，使情得以隨聲，以和的狀態通於道境成爲可能。〔註170〕

（二）和聲無常：道之作用

「樂──音──聲」不惟是氣的探源，更是一「道（無）」之向度的歸返，

〔註165〕《魏晉玄義與聲論新探》，頁193。

〔註166〕蔡崇明校注，劉邵：《人物志》（台灣古籍出版有限公司，2000年11月），頁46。

〔註167〕劉昞注，《人物志》，頁48。

〔註168〕「口之激氣爲聲」；「大塊噫氣，其名爲風。是爲無作，作則萬竅怒呺。」《莊子集釋》，頁45。

〔註169〕「氣聲相應」參閱林朝成《魏晉玄學的自然觀與自然美學研究》，台大哲研所1992年博士論文，頁72～73。

〔註170〕何淑雅以爲東野之聲情爲主客分列而合和的二度和諧，其所以可能，乃因宇宙萬物之間，有著基本的可供連結之「氣」。參見《嵇康之音樂思維及其藝術精神──魏晉玄學的一個側面：美感世界與道的追尋》暨南國際大學中研所1999年碩士論文，頁195。

所謂「夫唯無主於喜怒，無主於哀樂，故歡慽俱見。若資偏固之音，含一致之聲，其所發明，各當其分。則焉能兼御眾理，總發眾情耶？」旨在強調和聲無常，能兼御眾理，總發眾情，這和聲在作用層上的展現，正如道（無）之作用。李澤厚、劉紀綱主編《中國美學史》云：

> 樂使藝術超出有限而達到無限，使「至和之聲，無所不感」產生「兼御群理，總發眾情」的作用。……他所說的聲無哀樂，並非說音樂與感情不相關，而正好是要使音樂能喚起人們最廣闊的情感，並使各各不同的欣賞主體的感情要求都能從音樂的中得到滿足，這一切正是魏晉玄學的以「無」爲本的思想在美學上的系統應用。〔註171〕
> 嵇康看到了音樂對情感的表現的不確定性，恰好是它的無限性。即它的能夠「兼御群理，總發眾情」的巨大優越性的表現。如果音樂只有「偏故之音」、「一致之聲」，及偏狹、固定、單一而無變化，那就雖能表現某總特定的情感，卻不能收到「兼御群理，總發眾情」的效果，即不能表現眾多的思想和激發種種的情感。嵇康說「夫唯無主於喜怒，無主於哀樂，故歡慄俱見」，這也正是魏晉玄學力求脫出有限而達到無限的思想，也就是王弼所說的那個具有潛在的無限可能性的本體──「無」……，嵇康主張聲無哀樂，以超哀樂的「和」爲音樂的本體，……正因爲藝術包含著廣闊無限的境界，它既能給各各不同的欣賞主體留下嵇康所說「應感而發」的廣闊的能動性和自由天地，「人情不同，各師其解，則發其所懷」。〔註172〕

《中國美學史》很清楚地詮釋嵇康如何運用玄學中以「無」爲本的思想，音聲有著如道體之作用。吳冠宏雖批評《中國美學史》只停留在欣賞主體「各師其解」脈絡下「情」的層次，反而落入第二義，雖爲嵇康所承認，卻並非殊趣勝義所在。〔註173〕但吳氏對嵇康此段文字之說解：「音聲之無情遂能成就眾情，聲音的無常性成就了它的優越性與無限性，可見嵇康是將和聲『無象』之『無』類推於『道』之『無』，進而視『聲』如同道的位階般，這是『撥有以立無』之思維向度的表現，可視爲魏晉『以無爲本』之玄理的應用。」如

〔註171〕李澤厚、劉紀綱主編：《中國美學史》（台北：谷風出版社，1987年），頁261～265。
〔註172〕同上註，《中國美學史》，頁260～261。
〔註173〕《魏晉玄義與聲論新探》，頁200～201。

此之看法〔註174〕，卻也同於《中國美學史》之詮釋。戴璉璋有云：

> 嵇康的重要論文如〈養生論〉、〈聲無哀樂論〉等，都具有名理思辨
> 與玄理體察兩個層面。〔註175〕

嵇康之思維可說是名理與玄理兼具，思辨與體察兼備。戴氏以嵇康之和聲爲「道內在於音聲而通過音聲的一種呈現」〔註176〕，也就是肯定嵇康呼應了莊子「道在屎溺」的精神。

　　吳冠宏認爲在此已將客體之「聲」提升之「道」的位階，這種思維特質正是玄學風潮下的時代產物，也頗能彰顯〈聲論〉的玄理性格，就此處之「聲情關係」而言，「聲之於情」的作用可從「道之於物」的作用來理解，〔註177〕王弼有云：

> 不塞其原，則物自生，何功之有？不禁其性，則物自濟，何爲之恃？
> 物自長足，不吾宰成，有德無主，非玄而何？〔註178〕

如此說來，嵇康實「以聲爲道」，但不由形上之內容說解，而強調道之作用，聲有著如道之主宰性、自然性，人情得「自生」、「自濟」、「自成」而「自盡」。「理絃高堂，而歡感並用者，直至和之發滯導情，故令外物所感，得自盡耳。」「自盡」之境，是才性問題，嵇康所重在如何超越情感層次以近於和域而復歸於道，正符合王弼以「崇本息末」來詮釋老子的思維方式。吳甿說：

> 王弼《老子微旨例略》云：「象而形者，非大象也。音而聲者，非大
> 音也。然則四象不行，則大象無以暢。五音不聲，則大音無以至。
> 四象形，而物無所主焉，則大象暢矣。五音聲，而心無所適焉，則
> 大音至矣。」與嵇康這裡所云：「五味萬殊，而大同於美；曲變雖眾，
> 亦大同於和。美有甘，樂有和；然隨曲之情，近乎和域；應美之口，
> 絕於甘境。安得哀樂於其間哉？」比較，則王弼唱體用圓融，而嵇
> 康論崇本息末。〔註179〕

〔註174〕《魏晉玄義與聲論新探》，頁193～194。

〔註175〕見戴璉璋：〈嵇康思想中的名理與玄理〉收入《玄智、玄理與文化發展》（台北：中研院文哲所，2002年），頁156。

〔註176〕同上註，頁143。

〔註177〕《魏晉玄義與聲論新探》，頁197。

〔註178〕《老子周易王弼注校釋》，頁24。

〔註179〕見〈言意之辨與魏晉名理（七）嵇康「心聲異軌」論及其音樂美學〉，《鵝湖月刊》第十一卷第四期，頁51。這裡分辨出王弼與嵇康兩者的不同。而許抗生等以爲王弼的哲學「通過『忘象』、『息末』、『損之至盡』而獲得本體，即

由此可見，嵇康認肯萬物之殊性、殊情，自由發展正是道的無爲，不過萬物是否能再復返於道，特別是日益不古的人心。道之復歸如何實踐成了重要的課題。「曲變雖眾，亦大同於和」，「隨曲之情，近乎和域」，不管是在音聲方面或人情方面的「崇本息末」，都是和聲無常：道之作用的有力證明。

（三）天籟

〈聲無哀樂論〉中對聲情關係的說解，透露出和聲即道之無，只是世人陷落於聲有哀樂之迷悟，未能超越成心而放任自然。

> 今用均同之情，而發萬殊之聲，斯非音聲之無常哉？然聲音和比，感人之最深者也。勞者歌其事，樂者舞其功。夫內有悲痛之心，則激哀切之言。言比成詩，聲比成音。雜而詠之，聚而聽之。心動於和聲，情感於苦言。嗟嘆未絕，而泣涕流漣矣。夫哀心藏於內，遇和聲而後發；和聲無象而哀心有主。夫以有主之哀心，因乎無象之和聲而後發，其所覺悟，唯哀而已。豈復知「吹萬不同，而使自已」哉？〔註180〕

「用均同之情，而發萬殊之聲」，樂而歌，樂亦可哭；哀而哭，哀亦可歌。此音聲之無常，就發聲體——人籟的感情而言，與聲情並沒有固定的關係。另外，和聲無象，哀心有主，聲情之屬涇渭分明。心哀者所覺悟之哀情，正顯出和聲之作用。段末用〈齊物論〉中之語，甚有深意，先觀原文：

> 南郭子綦隱机而坐，仰天而噓，荅焉似喪其偶。顏成子游立侍乎前，曰：「何居乎？行固可使如槁木，而心固可如死灰乎？今之隱机者，非昔之隱机者也？」子綦曰：「偃，不亦善乎！而問之也！今者吾喪我，汝知之乎？汝聞人籟而未聞地籟，汝聞地籟而未聞天籟夫！」子游曰：「敢問其方。」子綦曰：「夫大塊噫氣，其名爲風。是唯無作，作則萬竅怒呺。而獨不聞之翏翏乎？三林之畏佳，大木百圍之竅穴，似鼻，似口，似耳，似枅，似圈，似臼，似洼者，似污者；謞者，叱者，吸者，叫者，譹者，突者，咬者，前者唱于而隨者唱喁。泠風則小和，飄風則大和，厲風濟則眾竅爲虛。而獨不見之調

『得意』、『崇本』、『得其極』。一旦獲得本體就可以『生象』、『舉末』，實現其本末、體用不可分離的本體世界。」參見《魏晉玄學史》，頁113。嵇康也可以說是運用這樣的思維方式於論樂。

〔註180〕〈聲無哀樂論〉，《嵇康集校注》，頁198～199。

調，之刁刁乎？」子游曰：「地籟則眾竅是已，人籟則比竹是已。敢
問天籟。」子綦曰：「夫吹萬不同，而使其自己也，咸其自取，怒者
其誰邪！」〔註181〕

其實〈聲論〉正做一跳越式的連結，第一，如此的聲情關係，正如同莊子以
天籟對道的說解；第二，若非聽之以氣，則止於發滯導情，正如若有成心，
則無法體道。和聲與眾情的關係，正如地籟中無明風動與眾竅的關係，眾情
與眾竅之色色不同，乃以其自性所現，亦以其自性所限，而其根源處並無分
別，此即天籟。而和聲正有如天籟般之作用，其無常無象，能發滯導情，且
能使隨曲之情，近乎和域；聽之以氣，則物物之全然契接，全體通透，而道
乃全幅朗現。這工夫正如「吾喪我」復歸於道之歷程。在這個損之又損的工
夫歷程，要泯除的是差別，而達到齊一，這正是「有——無」的復返。

三、有無辯證思維的運用

（一）〈聲論〉對老莊思惟之詮釋

老子以正言若反的思維方式，思考世界的本原問題，引出了有無之辨。
老子所賦予「有、無」在存有上的特別意義，就是不從實有層去探究，而從
作用層去探討。老子以「絕」、「棄」，莊子以「忘」所呈現作用上的否定，這
樣的功夫所臻至的境界，便是以作用層上所顯示的「無」作為本體，於是所
呈現的是作用層與實有層兩層不分，合而為一。〔註182〕由此而言，牟先生所
說的「道家只有作用層，沒有實有層。」其實是在區別作用層和實有層的不
同，並且強調道家不從實有層去說明道的內涵為何，也就是「WHAT」的問題，
而從如何保存「道」來，也就是「HOW」的問題來說明。〔註183〕從「工夫說
本體」，正是道家的智慧。這樣的智慧用言說表達，便是「正言若反」，牟先
生解釋為「辯證的詭辭」。所謂「辯證的詭辭」，牟先生道：從作用上透露正
言，而不是從分析上肯定。從反面上透露這個正言，所以說是詭辭。〔註184〕
詭辭就是奇怪、詭異的意思，像是「後其身而身先，忘其身而身存。」「無為
而治」這些話。〈齊物論〉：「丘也與女皆夢也，予謂女夢亦夢也，是其言也，

〔註181〕《莊子集釋》，頁43～50。
〔註182〕牟宗三：《中國哲學十九講》（台灣學生書局，2002年8月第九刷），頁154。
〔註183〕《中國哲學十九講》，頁134。
〔註184〕同上註，頁141。

其名曰弔詭。」弔詭就是詭譎,「正言若反」不是邏輯上的弔詭,而是辯證上的詭辭,將自己置身其中而否定之。〔註185〕老子擅長以反面思維問題,從某種意義說,是一種更高層次的智慧,比從正面或肯定的一面看問題更爲深刻,也常能從既有的模式中超越而創新,歷史上不墨守成規和敢於創新的思想家、科學家和文學藝術家,多能從道家的思維方式突破舊傳統,展現新視野、新局面〔註186〕,而成爲正面積極的貢獻與影響。

　　從正言若反的概念上來說,老、莊有其共通性,不過整個來說,還是有其不同之處。茲引《才性與玄理》中對老、莊表述方式的分析,以案語的方式連繫出〈聲無哀樂論〉中繼承老莊,並結合玄學論題的要旨,以呈現嵇康思想中與「有、無」論題的關係。牟先生在比較老、莊之異同時,認爲二者雖然屬於同一思考模式,然二者在表述上所使用的方式不同:

　　　　表達之方式有異:老子採取分解的講法,莊子採取描述的講法。

〔註187〕

　　　　本無爲體,詭辭爲用。體用兩義,無不賅盡。而老子以分解之法示之,以經體之文出之,故綱舉目張,義理整然。而道家之所以爲道家,亦於焉確立。至於莊子,則隨詭辭爲用,化體用而爲一。其詭辭爲用,亦非平說,而乃表現。表現者,則所謂描述的講法也。彼將老子由分解的講法所展現者,一起消融於描述的講法中,而芒忽恣縱以烘託之,此所謂表現也。芒忽恣縱以烘託之,即消融於「詭辭爲用」中以顯示之。〔註188〕

案:嵇康在〈聲無哀樂論〉中以分解的講法,論辯「聲無哀樂」。是有系統地呈現「道──物(人)」的關係。而在〈琴賦〉卻採用描述性的方式,模擬琴聲,讚頌琴德,呈現一種極境,令人有《莊子・逍遙遊》之感。而〈琴賦〉對玄學的論題,除了在序言中可以明白了解,在賦中要找出端倪,得費一番功夫,此在論及嵇康的音樂觀時,已經有所討論,重點是〈琴賦〉兼具文學與義理上的價值,是吾人應該有所體悟的。嵇康在音樂這個題材上著墨,卻運用了不同的表達方式,這是一個值得深究的觀點。附帶一提,有心人若仔

〔註185〕《中國哲學十九講》,頁142。
〔註186〕朱伯崑:〈道家的思維方式與中國形上學傳統〉,《道家文化研究》,第二輯,(文史哲出版社,2000年8月校訂一版),頁16。
〔註187〕《才性與玄理》,頁175。
〔註188〕同上註,頁176。

細地盤算〈聲無哀樂論〉的字數，會發現其約五、六千言，似乎媲美《道德
經》的五千言。〈聲論〉中亦是以詭辭爲用，例如：「無聲之樂，民之父母」
這便是詭辭〔註189〕，「無聲之樂」則爲王者承天理物，崇簡易之教，御無爲之
治所彰顯之用。〈養生論〉末：「忘歡而後樂足，遺身而後身存」恰如老子「後
其身而身先，忘其身而身存。」之言〔註190〕，顯然是「無爲而無不爲」玄理
之所攝。牟先生認爲此便爲主體之觀證。〔註191〕不過嵇康運用在養生，非只
是思維上的運作。

> 分解地講之，則系統整然，綱舉目張。種種義理，種種概念，接連
> 貫而生，各有分際。故吾曾就全經，分三大端明之。一、對於道之
> 本體論的體悟。二、對於道之宇宙論的體悟。三、對於道之修養工
> 夫上的體悟。〔註192〕

案：牟宗三對於老子《道德經》以三大方向闡明，嵇康由聲入道，〈聲論〉中
對於本體及宇宙論是從元氣論著眼，前文將已論述嵇康的元氣論與老莊以有
無之辨所發展的本體論與宇宙論的關係。在修養功夫方面，音樂便是嵇康落
實道家體道的修養功夫。道亦多術，依順才性而爲之，正是今日多元社會的
發展趨勢。

> 在此三綱領下，種種概念相連而生。如可道，不可道，可名，不可
> 名。無、有、玄。有爲、無爲。用（妙用）與利（定用）。妙與徼。
> 反、弱、與自然。道之生一、二、三。道生，德畜，道尊，德貴。「無」
> 之爲始，「有」之爲母。「無之以爲用，有之以爲利」。虛與靜，損與
> 益，爲道與爲學。「其出彌遠，其知彌少」。「不出戶，知天下」。慈、
> 簡、儉，抱一與抱樸。無爲而無不爲，無知而無不知。知的問題，
> 心的問題，性的問題，俱已透出。而「曲則全，枉則直」之「詭辭
> 爲用」亦彰顯無遺。有與無是客觀之玄理，「詭辭爲用」是主觀之玄
> 智。〔註193〕

案：在此牟宗三歸納出老子思想中之概念，作客觀之玄理與主觀之玄智的分
判。而內容中種種之概念，在〈聲論〉中都有眉目可循；換句話說，〈聲論〉

〔註189〕〈聲無哀樂論〉，《嵇康集校注》，頁223。
〔註190〕〈養生論〉，《嵇康集校注》，頁157。
〔註191〕《才性與玄理》，頁268。
〔註192〕同上註，頁175。
〔註193〕同上註。

是對於老子之道的一種詮釋。「聲無哀樂論」即在論題便以名實概念作爲切入，論中頗有「正名」之意。「和聲無象而哀心有主」則涉及無、有之論，突顯和聲之無常，「吹萬不同，而使自已」展現道之玄妙，「吹萬不同」是有所爲，「而使其自已」是無所爲。此乃肯定以聲爲道之主宰性、常存性與自然義，「無──有──無」進路之得成。此進路中客觀層面則凸顯出和聲之純美。另從社會政教之徹向來看，「無聲之樂」乃指「無爲之治」、「簡易之教」，上下安和，呈現出「無」之妙用，此乃教化之「始」；「有聲之樂」呈現出文化生活的累積，具有殊異性，與持養民心之功效，是「定用」，是教化之「母」。和聲之利用，從無到有，以其純和，使人心人性以純樸爲始，以自適自足爲終，成其自性復渾化於道之無。人心要與純美和聲之會契，必須以虛靜之工夫，超越情感之限圈，聽之以氣，以虛明相通，這是主體觀證之道境。由此可見〈聲論〉在客觀性與主觀性都有所闡發。然其於客觀性之實有層，僅以「和」之通性、「舒疾」「單複高低善惡」之殊性爲範疇，並沒有建立一個細密的樂理系統，並非嵇康不知，而是因爲「無知」，嵇康對於「知」的態度，以爲人並非自然而好學，當時對向秀欲注《莊子》即言「此書詎復須注？正是妨人作樂耳。」〔註194〕就道家爲學日益，爲道日損之工夫而言，〈聲論〉所彰顯正是一個爲道的進路，這才是其殊勝之處。就此，心的問題，性的問題，亦俱透出，成爲主觀聖證的問題。

　　袁保新以爲牟宗三所詮釋老子之道，「觀照之宇宙論」爲主觀境界義〔註195〕，以主體觀證爲客觀存在之相即相離之條件，所以說體用爲一。無觀證則視客觀爲不存在。重新詮釋老子之道，認爲「道」乃存在界本然之價值理序義，似乎承認萬物客觀本然存在之道，而視主觀體觀證爲次要。兩者對於老子之道之詮釋，似乎有主體觀證與客觀存在因理序上不同而有差別。〔註196〕然就〈聲論〉而言，以聲爲道，是重客觀主義，還是重主體觀證？牟宗三以爲「『聲無哀樂』意在表示和聲純美之客觀性，將哀樂撥下來歸之於主觀之情。……嵇康此義，在美學上爲客觀主義，其境界甚高。」〔註197〕，如此說

〔註194〕楊家駱主編：《新校本晉書并附編六種二》（台北：鼎文書局，1975～1977年），卷四十九，頁1374。

〔註195〕《才性與玄理》，頁162。

〔註196〕《老子形上思想之詮釋與重建》，文化大學哲學研究所博士論文，1983年12月，頁134。

〔註197〕見《才性與玄理》，頁266。

來〈聲論〉應是承認萬物客觀本然存在之道，偏向客觀主義。也因此對於論中主客之辨，都以西方哲學中的美學做爲檢視的標準。認爲嵇康忽略了聲音之色澤，「昂揚之音，沉鬱之音，憂戚之音，愉悅之音，肅殺之音，歡暢之音，靡靡之音，朗朗之音，舒展和平之音，乖戾殺伐之音」，這些不可從聲音上剝落之，由此亦可說「聲有哀樂」。嵇康並沒有忽略聲音之色澤，只是他的用詞並非如牟宗三這般「擬人化」，「聲音之體盡於舒疾」，「聲音以單複高低善惡爲體」，這便是嵇康對聲音色澤所做的判準，也是眞正從音聲的角度而論，牟宗三所形容的聲音，都可以用「舒疾單複高低善惡」排列組合完成之，牟宗三可能採用美學上之用語，卻忽略了那是以人的角度來描述聲音的，或恐只停留於人籟而未明地籟的層次？我們還是必須將這樣的感情剝落之，「聲無哀樂」明矣。牟宗三會有這樣的判準，因爲其以「聲無哀樂」爲一種「欣趣的判斷」，認爲這純美之和聲，仍不能脫離審美之主體。「人之心境空寂無物，無任何指向與歧出，然後使能與此純美之和聲相遇。」〔註198〕而謝大寧即從「主體的心靈實踐」著眼，以「主體之回返於本眞的自己」爲美的本質，並認爲「魏晉玄學在嵇康身上眞正完成了向老莊的回歸」，以〈聲論〉的根本爲「玄理」，而「玄理的旨趣所追求的境界無法由樂理的層次來達成」，其企圖論證出〈聲論〉之價值定位符合莊子主體之無待自足，作爲後世藝術發展的思想來源，然而在過分強調主體觀證之下，卻使音樂本身在樂理的思惟無法充分彰顯。〔註199〕吳冠宏認爲牟氏與謝氏都各有所偏重，如此也未能盡嵇康立論之意：

> 「客觀主義論」亦在援引西方客觀性的學問格局來凸顯〈聲論〉的殊旨別趣，如此片面強調「辨異」性格，反而易忽視〈聲論〉依舊是中國天人心物合一之文化心靈下的產物；至於「主體實踐論」，全然收攝於主體實踐面向，無意間便淡化了〈聲論〉主客體辨異下揭示音聲客觀面向的價值，而偏立一端的兩者，必然無法體認到〈聲論〉在主客辨異對治進而玄同冥合的辯證過程中所形成更深一層的關照。〔註200〕

〔註198〕見《才性與玄理》，頁267。
〔註199〕「與其只就音樂本身談論而失去與整體思想脈絡的貫串，寧可從整體的思想脈絡中出發而在樂理的部分有所疑漏。」
〔註200〕《魏晉玄義與聲論新探》，頁222。

其主張〈聲論〉宜從「主客並重」的立場來進行探討：

> 〈聲論〉不論是在「聲音客體」的發顯上或「主體生命層域」的深
> 會上都展現出不容忽視的成績，「客觀主義論」與「主體實踐論」雖
> 各有其立論之取向與用心，然片面的強調都易滑落了〈聲論〉立足
> 兼容於「聲」（客）與「情」（主）的旨趣。嵇康一則分判聲情，使
> 情歸情，聲歸聲，一則又滌情顯氣，使主客體相離於「哀樂之情」
> 卻於「躁靜之情」處相即，可見定位〈聲論〉，不僅在辨異「聲」與
> 「情」，也必須變異「情」之「哀樂」與「躁靜」，進而在更高層次
> ——「道」上玄同主客，使主體之心與客體之聲皆能以「氣」通「道」，
> 玄化於至和之理境。〔註201〕

如此而言，嵇康一洗漢儒之質實，而歸於虛靈，扭轉其客觀的「氣化實有之宇宙論」而爲主觀的境界虛靈之本體論，統客觀性於主觀性而至眞實的主客觀合一。玄理的觀照與玄智的觀證，顯示嵇康雙向會契、精準收攝之企圖，與強而有力的生命向度。（見圖二）圖二以虛線之軌跡，表示無象之和聲與人情之躁靜，以虛線表示二者，實乃和聲以提升至道之位階，不再只是屬於形下氣之彰顯，而人亦已剝落哀樂之情。二者雖上下分軌，看似分屬於二，然能互相照應，顯示主體之於客體觀證之全然性，主體心以玄智收攝客觀之玄理，並消融主觀之我，最後皆化而歸於無。而此化境待下段〈聲論〉中的辯證方式討論之。

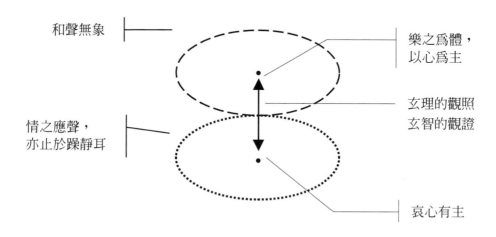

和聲無象｜　　　　　　　　　　　樂之爲體，以心爲主

　　　　　　　　　　　　　　　　玄理的觀照　玄智的觀證

情之應聲，亦止於躁靜耳｜

　　　　　　　　　　　　　　　　哀心有主

（圖二）玄理的觀照與玄智的觀證

〔註201〕《魏晉玄義與聲論新探》，頁222。

（二）論作中的辯證方式

1. 辯論的形式亦主亦客

魏晉清談的方式，根據唐翼明的研究，其典型方式爲二人論辯，分爲「主」、「客」兩方。過程中由主方先表述己見，提出論點加以論證，再由客方問難。〔註202〕岑溢成則認爲中國哲學的論辯裡，參與論辯者各自提出自己的論點，採取各自表述的方式，對敵方的論點未見觸及的情況，比比皆是。〔註203〕這似乎表示重點在於誰的說法比較高妙，而不在攻破敵方的論點。這和一般論辯的形式有所不同。一般論辯中，正方必須提出自己的主張，並以這種主張的論證成爲目標。反方可以提出自己的主張，取代正方的論斷，但也可以是純粹檢討正方的論點、論據及其間的關連，從而推翻正方的主張。由以上主、客雙方，與正、反兩方的對照，來觀察〈聲論〉中的立場，見表（二）之整理。

表（二）〈聲論〉中的辯難人物與其觀點所呈現的主客觀立場

人物＼觀點	說話的順序	用　詞	稱　呼	論題「聲無哀樂」
秦客	主（正方）	客（難）（反方）	客（反方）	客（反方）
東野主人	客（反方）	主（答）（正方）	主（正方）	主（正方）

從表（二）中可以觀察到，〈聲論〉中與魏晉清談方式唯一有衝突的地方，就是在「說話順序」這個項目，依照清談主方先談的順序，秦客在論中先作表述應爲「主」，東野主人後述應爲「客」，則主爲正方論辯，客爲反方論辯。不過在說話的用詞上，則與其稱呼相符，爲客難主答，也與論題的立場相符，「聲無哀樂」爲正方，「聲有哀樂」爲反方論辯。無論主客或正反的立場，論辯中很明顯的以東野主人「聲無哀樂論」爲勝場，但秦客與東野主人所談所論，卻都爲嵇康安排與收攝，在有、無相互旋繞、澄清、解脫與超越，探究其中深意，嵇康正以「無所措乎是非」的態度，體現「本我」，展現出莊子「齊物論」的精神，並落實在魏晉最流行的清談論辯之中，積極實踐的生命軌跡，在此又做了印證。

〔註202〕見唐翼明：《魏晉清談》（台北：東大圖書，1992年10月），頁57、62。
〔註203〕見岑溢成：〈嵇康的思維方式與魏晉玄學〉，《鵝湖學誌》第九期（1992年12月），頁39。

2. 有無思惟的具體落實

除了在論辯的形式上，〈聲無哀樂論〉在內容上亦將「有無之辨」做了高度的展演。吳冠宏以〈聲論〉揭櫫嵇叔夜的玄智，以聲爲道，並使主客共臻道境，其分析出三層次作爲理解進路，筆者附圖爲解：

（一）破：聲情分判，各定其位——聲情異軌，不相經緯；和聲無象，哀心有主。〔註204〕

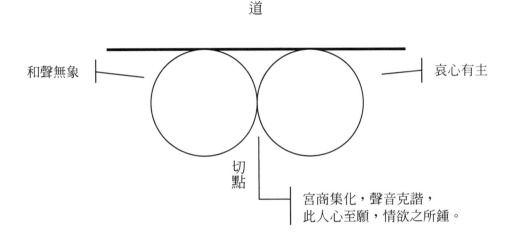

圖（三）破：聲情分判，各定其位

第一層的「聲情分判」亦在對治根深蒂固、積弊難返的常論與習見，亦反映出嵇康的洞見，能夠廓清迷障、釐清迷思，知識文化之建構不全然從人的立場出發，才能體察自然，聲、情各安其位，便是莊子齊物與逍遙的精神展現。〔註205〕（圖三）所示即：〈聲論〉首答東野主人以「和聲無象，哀心有主」作聲情二軌之名實分判，吳旵以爲「相異」是嵇康思想的特色，〔註206〕實則「辨異」是名理的基礎。〔註207〕當以名實作爲考量，則落入道之下的層次。和聲雖無象，但以其顯於人之聽，其軌已一圓表示其和之境。哀心有主，而哀心

〔註204〕《魏晉玄義與聲論新探》，頁216。

〔註205〕參見《魏晉玄義與聲論新探》，頁230。

〔註206〕吳旵：〈言意之辨與魏晉名理（七）嵇康「聲心異軌」論及其音樂美學〉（鵝湖，1985年10月），頁48。

〔註207〕《魏晉玄義與聲論新探》，頁232。

之生，即由心與聲所觸之點始，情之發顯而成軌，一圓之軌跡表示完全對應和聲之情，不全然對應則非圓。

（二）立：和聲似道，宣發眾情——無主哀樂，總發眾情；至和之聲，發滯導情。〔註208〕

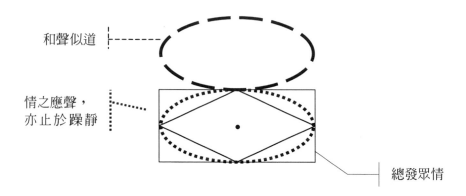

和聲似道

情之應聲，
亦止於躁靜

總發眾情

圖（四）立：和聲似道，宣發眾情

第二層的聲情關係，可以說是「體用」關係，以和聲為本體，躁靜為聲之功，宣發眾情為聲之用，如此則使聲與情從兩相對舉的關係轉進至類比於「道——物」、「無——有」的關係，更由於等同了「聲」與「道」，為下一層次以音樂進道的藝術進路奠下了思想基礎。〔註209〕（圖四）所示即：將和聲上提至道的層次，聲、情不再是平列的對舉，而是上下相切，仍呈現對應關係。為確實表現出「道——物」、「無——有」的體用關係，和聲陳列於上方，躁靜陳列於下方，仍保持（圖一）原有的對應關係，虛線則表示「道——物」、「無——有」之玄妙，即體即用。不過眾情所顯發的軌跡，以菱形表現於躁靜所構成之圓內之軌跡，表示此情整體不》脫離和聲時空之響域，而心所生之情，只有部分能與和聲之猛靜舒疾對應，其餘之軌跡都是有主於內的積情；以方形表現於躁靜所構成之圓外之軌跡，表示此情整體以超過和聲時空之響域，而心所生之情，只有部分能與和聲之猛靜舒疾對應，其餘軌跡都是先主於內的積情。兩者對和聲之掌握都有過與不及的現象，不及者契道不足，過者矯飾濫情，虛晃不實，仍非契道。

〔註208〕《魏晉玄義與聲論新探》，頁216～217。
〔註209〕同上註，頁231。

（三）合：主客相濟，共臻道境──隨曲之情，近於和域；樂之為
　　　體，以心為主。〔註210〕

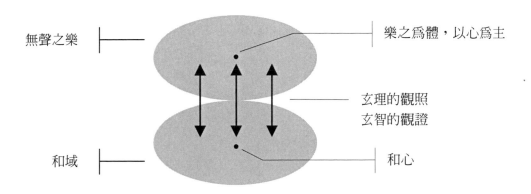

無聲之樂　　　　　　　　　　　　　　樂之為體，以心為主

　　　　　　　　　　　　　　　　　玄理的觀照
　　　　　　　　　　　　　　　　　玄智的觀證

和域　　　　　　　　　　　　　　　　和心

圖（五）合：主客相濟，共臻道境

第三層的聲情關係嵇康則使聲音由「道」之「無」涵攝「有」之「物」的屬
性──氣的舒疾體式，並與生命主體──情（心）直接於「躁靜」的「氣應」
活動中相即，此乃是立基於主客「會通於氣」、「交融於和」，的基礎上，聲與
情在此層則體現出一種互為主客、輾轉並進的發展關系，在兩者共參援引之
下，呈現「無」、「有」交涉之玄妙，共於「和」域進而契會融通於「道」。〔註
211〕（圖五）所表示即：上方之區塊為無聲之樂所涵攝之氣之場域，下方之區
塊為隨曲之情所近之和域，上下對應乃玄理之觀照與玄智之觀證所證顯，區
塊外為不再有軌跡，乃玄理與玄智二者超越「有」而氣化玄同於「無」之證
顯，和心以玄智觀證玄理，「樂之為體，以心為主」證成心透過和聲之契道，
和聲由物之自然上提至道之價值義由此顯實。

　　就吳冠宏的分析，第一層至第二層為「有──無」，第二層到第三層為「無
──有」，如此構成「有⟷無」雙迴向的作用，是「有無辯證思維」的落實
與具現，對於〈聲無哀樂論〉理解之新向度。〔註212〕筆者以為迴向應是「無
──有──無」，且就嵇叔夜在首論言聲無哀樂的理緒，宜將其第一層次與第
二次層次相對調，先立「音聲無常」，引發眾情，再言「和聲無象，哀心有主」，
言心聲二軌，最後言「樂之為體，以心為主」，亦恰好符合正、反、合的辯證

〔註210〕《魏晉玄義與聲論新探》，頁217。
〔註211〕同上註，頁231。
〔註212〕同上註，頁232。

思考方式。音聲雖屬物之自然，似乎落於實有層，然即體即用，和聲引發眾情，「有之以為利，無之以為用」，有無玄妙，則直接契「道」。嵇康是頓悟型，而非漸悟，當體即是較符合其睿智。道是「無」，再到「有」，則心聲二軌，而後心之能悟，玄智發，玄理透，則能超越情感之羈絆，偕和聲復歸於「無」。

第四章 哀心有主——才性的觀證

　　本章將討論道下落於人的生命展現。從嵇康在〈聲論〉中對和聲的體察，「哀心有主」所展現的是一個對和聲多元性的詮釋，這樣多元性的詮釋，就詮釋者而言，基於每個人對於和聲體察的層次不同，各人不同才性的觀證所導致。至人是嵇康認為能「聽」者，妙音非其不能御，而也是心目中理想的形象。著眼於這個論點，「才性」便為一個生命追求實現不可忽略的觀點，也是多元發展很重要的基點。生命實踐的工夫所在多有，〈聲論〉中呈現音樂導養的觀念，涉及嵇康的養生觀，與其對當世養生風潮的回應。〈聲論〉中呈現的聲情關係，便是嵇康對自然與名教的會通，也從個人生命的修養擴展到社會群體的關懷，而「無聲之樂」便是起點，也是訖點。

第一節　至人妙音：聖人觀探析

　　〈聲無哀樂論〉中，對聖人略有所述：

> 夫聖人窮理，謂自然可尋，無微不照。苟無微不照，理蔽則雖近不見。〔註1〕

在四答時提及「不待言」而「知心」的能力，為聖人所具，而這段敘述便是說明聖人何以能知心，原是窮理觀照所得，若無理可循，則無所見，無所知。這種天生之資，非一般人所有，便是與才性有關。

　　在前一章，〈聲無哀樂論〉以「和」與養生之論作為契接，音樂平和之體，正能導養人臻於道境，不只是理境，更是實境，此乃嵇康由音樂悟道、體道，

〔註 1〕 〈聲無哀樂論〉，《嵇康集校注》，頁 211。

音樂即道的至理與至境。在〈聲論〉中，為解釋「心聲二物」，曾以聖人為喻：

夫聲之於音〔註2〕，猶形之於心也。有形同而情乖、貌殊而心均者。何以明之？

<u>聖人齊心等德，而形狀不同也</u>。苟心同而形異，則何言乎觀形而知心哉？

且口之激氣為聲，何異於籥箋納氣而鳴邪？啼聲之善惡，不由兒口吉凶；由琴瑟之清濁，不在操者之工拙也。心能辨理善譚，而不能令籥箋調利，由聲者能善其曲度，而不能令器必清和也。器不假妙聲而良，箋不因慧心而調，然則心之與聲，明為二物。二物誠然，則求情者不留觀于形貌，揆心者不借聽於聲音也。察者欲因聲以知心，不亦外乎？〔註3〕

聲和──無關於音色；心和──無關於形貌（貌殊而心均；聖人齊心等德，而形狀不同也）。同一音色──可以有善聲，也可以是惡聲（指和或不和，而影響聽者之感覺為好聽或不好聽）；同一形貌──可能是聖人，也可能是凡人（形同而情乖）。心能辨理思維，操者之技巧高妙，但卻不能改變器樂之本然，定然讓樂器奏出和諧之音，由此將重點轉到論人，儘管在清談盛行的時代，玄思之高妙，另外養生之風尚，長壽之術多矣，但卻不能依此來論斷是否尋此進路成聖，有一部分原因決定於自身的才性，此乃元氣決定才性的結果。「夫元氣陶鑠，眾生稟焉。賦受多少，故才性有昏明。唯至人特鍾純美，兼周外內，無不畢備。」〔註4〕故其論神仙「似特受異氣，稟之自然，非積學能致也。」〔註5〕由〈明膽論〉與〈養生論〉所著眼的「至人」與「神仙」，其中的分際值得釐清。言「聖人齊心等德，而形狀不同也。」在〈聲論〉中除了肯定和聲不必依附人為價值獨立的存在性，似乎也肯定了聖人多元發展的樣貌，而其背後的理則，心、德以何標準齊等，筆者希望能在嵇康的著作中，尋得線索，進而勾勒出嵇康玄理中聖人的樣貌，並檢視嵇康是否循此理則，如何在生命中實踐等諸多問題。

〔註2〕 在此章筆者試以原文分析，不依戴氏之校「聲之於心」分析之。
〔註3〕 〈聲無哀樂論〉，《嵇康集校注》，頁213～214。
〔註4〕 〈明膽論〉，《嵇康集校注》，頁247。
〔註5〕 〈養生論〉，《嵇康集校注》，頁144。

一、才性的聖人觀

（一）老子「聖人」觀念的提出

　　「聖人」一詞在老子之前已經出現過，對於老子的思想，一般皆視《道德經》爲君王南面之術，所以「聖人」一詞多解爲君王，且頗符合上下文意。不過丁原植在〈老子思想中「聖人」觀念的提出〉一文中〔註6〕，認爲老子因周文之衰微而提出了「聖人」的觀念，以「聖人」取代「聖王」之「文王」，「聖人」的提出是一種原創性人義的探求，「聖人」並非某種特異人性的表現，它只是說明著在一特定時間環境因素中所完成的一種人義的探討。「聖人」之眞正作用並不是對「人」的生存方式加以限制，而是提供了不同時代其他人義尋求的參證或指引。

　　丁原植全文以「聖」字的三元結構：「耳」、「口」與「壬」分指涉「天」、「地」與「人」爲立論基礎，原本上以《道德經》第三十八章反省道、德、仁、義與禮等價值序列，反周文的性質，來作爲說明。對於《道德經》文本中出現「聖人」一詞處卻未能指出何以不釋爲君主，或不只是釋爲君主。要能具體證明，對於老子提出「聖人」之人義的建立，才更具說服力。於是在概念的提出和一般的釋義，作者尚未加以連結，並有避開這個問題的意圖。今從《道德經》文本找到一例，或許可作爲老子「聖人」觀念的提出與「聖人」釋義的橋樑。

　　　　重爲輕根，靜爲躁君，是以聖人終日行不離輜重。雖有榮觀，燕處
　　　　超然，奈何萬乘之主，而以身輕天下？輕則失根，躁則失君。
　　　　（第二十六章）〔註7〕

在這段文字中，呈現出很特別的一個情況，就是「聖人」和可以表示君王的「萬乘之主」出現在同一個段落，而且可以視爲不同的主語，有著前後比較、對反的意味。而對於王者的定位，也有說明：

　　　　有物混成，先天地生。寂兮寥兮，獨立而不改，周行而不殆，可以
　　　　爲天下母。吾不知其名，字之曰道，強爲之名曰大。大曰逝，逝曰
　　　　遠，遠曰反。故道大、天大、地大、王亦大。域中有四大，而王居

〔註6〕　收錄在《哲學與文化》（第十八卷二、三期，1991年2月），頁209～222。
〔註7〕　樓宇烈校釋：《老子周易王弼注校釋》（台北：華正書局，1983年9月），頁
　　　　70。

其一焉！人法地，地法天，天法道，道法自然。（第二十五章）〔註8〕
王居四大之一，雖沒有明確的說明是何者，這也表示有很大的彈性空間，要看王者的層次，而無論居於何者，就算是到達的道的層次，也必須依循著自然，而無所違背。

老子之「聖人」觀念歷經莊子之「真人」、「神人」、「至人」，進一步發揮了道家這種人義新創的觀念。這正顯示著周文疲敝、禮教崩壞，老子以史官的角度所做出的觀察和自覺，也是鼓勵人的自我覺醒。所以《道德經》看似作為領導者的指南，其實更是提供一個治世與否的檢視法則，若所處非世，那更要有自我覺醒的精神，才不會向下沉淪。莊子更進一步闡揚主體意識，但與儒家以恢復周文的目的不同。而嵇康的所處的時代也正面臨和老子相同的困境，甚至更加險惡。所以在其著作中，可以看到對王者治世的期待，以及至人境界的企求和嚮往。

（二）「用氣為性」的聖人觀

魏晉時期不乏對人物才性的討論，《世說》便是很重要的作品之一：

> 孫齊由、齊莊二人，小時詣庾公，公問：「齊由何字？」答曰：「字齊由。」公曰：「欲何齊邪？」曰：「齊許由。」「齊莊何字？」答曰：「字齊莊。」公曰：「欲何齊？」曰：「齊莊周。」公曰：「何不慕仲尼而慕莊周？」對曰：「聖人生知，故難企慕。」庾公大喜小兒對。
>
> （《世說‧言語》）〔註9〕

「聖人生知，故難企慕。」對如孔子般聖人的標準已有天生命定的意味，即使學也不一定能致。這和嵇康在論神仙非積學能致有相似之處。這應是由氣性一路論之，故不具普遍性。劉邵的《人物志》以「中和」論聖人，更表現出這樣的思想：

> 凡人之質量，中和最貴矣。中和之質，必平淡無味，故能調成五材，變化應節。是故觀人察質，必先察其平淡，而後求其聰明。聰明者，陰陽之精；陰陽清和，則中叡外明，聖人淳耀，能兼二美，知微知章；自非聖人，莫能兩遂。（〈九徵第一〉）〔註10〕

〔註8〕《老子周易王弼注校釋》，頁64。
〔註9〕楊家駱主編：《新編諸子集成八》（台北：世界書局，1983年4月新4版），頁26～27。
〔註10〕蔡崇名校注，劉邵：《人物志》（台灣古籍出版有限公司，2000年11月出版一刷），頁21、24。

此段兩個要點，一是「中和爲貴」，二是「聖人兼美」，嵇康亦有同見。嵇康
賦琴器時，以梧桐樹的生長環境，來說明至器的成就在環境上的先天條件特
殊，〈琴賦〉中說：

> 惟椅梧之所生兮，託峻嶽之崇岡。披重壤以誕載兮，參辰極而高驤。
> 含天地之醇和兮，吸日月之休光。鬱紛紜以獨茂兮，飛英蘂於昊蒼。
> 夕納景於虞淵兮，旦晞幹於九陽。經千載以待價兮，寂神跱而永康。

〔註11〕

一開始就先描述梧桐樹的生長環境。同樣是梧桐樹，若生長在峻嶽高崗上，
生長破土時，經過嚴格的環境試練，直其志向參星之高處生長。吸收天地日
月精華之氣，茁壯茂盛。如此材質，正可有一番作爲而成大器。接下來詳述
的是梧桐樹生長的山川形勢，當地所產育之物，是嵇康發揮賦作的鋪敍功能，
和揮灑自己的才華，略述於後，茲不贅引。其山層巒疊嶂，雲霧繚繞；其水
山泉淙淙，環山而行，上游溪流奔濤，下游靜游漫流。而同樣和梧桐樹處於
相同地點的物產，盡是寶玉美石，春蘭沙棠，玄雲翔鷺，清露惠風，可謂自
然神麗之物。會做這樣的安排，無非是要強調梧桐之材賦異稟，如神仙般特
受異氣。所以可以推論的是，嵇康論琴之材質，實爲論人之材質，兩者可以
互相比賦。除了先天條件特殊，後天條件也不馬虎：

> 顧茲梧而興慮，思假物以託心。乃斲孫枝，準量所任；至人攄思，
> 製爲雅琴。乃使離子督墨，匠石奮斤；夔襄薦法，般倕騁神。鎪會
> 裛廁，朗密調均。華繪彫琢，布藻垂文。錯以犀象，籍以翠綠。絃
> 以園客之絲，徽以鍾山之玉。爰有龍鳳之象，古人之形，伯牙揮手，
> 鍾期聽聲。華容灼爍，發采揚明！何其麗也！伶倫比律，田連操張。
> 進禦君子，新聲嘹亮；何其偉也！〔註12〕

光有好的材質，是不足的。若沒有受到好的調教，也無法成器。正如一個人
沒有受到適才的教養，適性的引導，也難以發揮潛能。嵇康在此很詳細的將
琴器製作的過程，從打正墨線、砍伐梧桐、設計圖法與技術、共鳴箱的製作
與面板、背版的刻鏤、加工到合攏。琴軫和雁足分別作成犀、象二獸之形，
琴薦和琴囊色以翠綠。上絃、以玉作琴徽，爲泛音的標誌。成器後，再請善
彈琴者奏之，善聽琴者辨聲。這一連串人爲的過程，還不足夠，在所演奏的

〔註11〕 〈琴賦〉，《嵇康集校注》，頁84～85。
〔註12〕 同上註，頁89～92。

曲目也十分講究，嵇康亦有所述，在此亦不贅引。總得說來，「若論其體勢，詳其風聲；器和故響逸，張急故聲清；間遼故音庳，絃長故徽鳴。性絜靜以端理，含至德之和平。」〔註13〕「總中和以統物，咸日用而不失。其感人動物，蓋亦弘矣。」〔註14〕嵇康正以中和之質論器。

論器如論人，嵇康也說：「夫元氣陶鑠，眾生稟焉。賦受多少，故才性有昏明。唯至人特鍾純美，兼周外內，無不畢備。」〔註15〕這和劉劭的思想相同，都是從五行氣性而言，質量不為中和，稟氣不全，則難以改變成聖的條件。當有這樣的認知，人生努力的方向便不一定朝著道德實踐，而是會依著自身的才性來做作努力，以期能盡才性。在〈與山巨源絕交書〉中，為拒絕山濤的邀官，並與司馬氏劃清界線，也是從才性的論點入手：

> 夫人之相知，貴識其天性，禹不逼伯成子高，全其節也。仲尼不假蓋於子夏，獲其短也。近諸孔明不偪元直以入蜀，華子魚不強幼安以卿相，此可謂能相終始，真相知者也。<u>足下見直木，必不可以為輪，曲者必不可以為桷，蓋不欲以枉其天才，令得其所也</u>。故四民有業，各以得志為樂，唯達者為能通之，此足下度內耳。〔註16〕

魏晉時期品評人物，主要是從才性入手。而在論交友時，嵇康以為能識人之天性者為知己。以直木、曲木為例，木有成器之材，然或質或曲為其天性，要適性成材得器。這些是從舉才者的角度而言。值得注意的是，嵇康更強調一個才者之人，一位有志之士，這當中的關聯。才與志若能搭配得宜，則不會造成懷才不遇的悲哀。所以嵇康藉此文表明自己的志向：

> 老子莊周，吾之師也，親居賤職，柳下惠、東方朔達人也，安乎卑位，吾豈敢短之哉。又仲尼兼愛，不羞執鞭，子文無欲卿相，而三登令尹，是乃君子思濟物之意也。<u>所謂達能兼善而不渝，窮則自得而無悶，以此觀之，故謂能遂其志者。故君子百行，殊塗而同致，循性而動，各附所安</u>，故有處朝廷而不出，入山林而不反之論。且延陵高子臧之風，長卿慕相如之節，志氣所託，不可奪也。吾每讀尚子平臺孝威傳，慨然慕之，想其為人。〔註17〕

〔註13〕〈琴賦〉，《嵇康集校注》，頁105～106。
〔註14〕同上註，頁108。
〔註15〕〈明膽論〉，《嵇康集校注》，頁247。
〔註16〕〈與山巨源絕交書〉，《嵇康集校注》，頁123～125。
〔註17〕同上註，頁114～116。

以老、莊爲師，則很明確地表述自己的人生志向。老、莊、柳下惠、東方朔，四人都居賤職與卑位，仲尼、子文都以濟助蒼生而積極入世，達則兼善天下，不改初衷，窮則獨善其身，自在自得，遂志是重要的關鍵。嵇康要強調要的是「君子百行，殊塗而同致，循性而動，各附所安」，這便是「才性的聖人觀」很清楚的說明，也呼應了〈聲無哀樂論〉中所說的「聖人齊心等德，而形狀不同也。」〔註18〕撇開外形樣貌，聖人因作爲不同，百行殊途，卻因爲循性而動，皆能安心自在，所以是同所歸趨，也因對於眞、善、美的追求與堅持，所以可說是齊心等德。而這樣的體會，也可以和《莊子‧逍遙遊》中的「至人無己，神人無功，聖人無名」作一連結〔註19〕，至人、神人與聖人在莊子的思想中可以說是齊心等德，但是生命的向度不同，所以致力的功程不同。

　　志在山林，是嵇康的抉擇，將以此志爲依歸，比較近似於莊子思想中至人的境界。在壽養方面，是嵇康配合其山林之志所進行的活動，這也和才性有所關聯：

> 案論堯孔雖稟命有限，故導養以盡其壽。此則窮理之致，不爲不養生得百年也。且仲尼窮理盡性，以至七十，田父以六弊蠢愚，有百二十者。若以仲尼之至妙，資田父之至拙，則千歲之論奚所怪哉？
>
> 〔註20〕

稟命有限若堯孔者，或若田父之壽長者，都應該導養得法，以盡性命。若有適當的導養，再加上先天良好的稟命，千歲之性命亦不難盡矣。嵇康走的是山林之路，以養生來輔助性命，可以安心全身，亦是君子之途。關於嵇康在論作中所透露的志向，在本節之後會有所討論。

二、嵇康對至人、君子、君王的詮釋

　　綜觀嵇康的論作，可以窺見其對治世的嚮往，公私的分明，自適的逍遙，以及對賢者的傾慕。下面分述其以諸多方面，呈現出「聖人」的樣貌，在其心中理想人格，是多元地實踐在個人生命的歷程之中。

（一）至人

　　在嵇康的詩文論作中常提及「至人」一詞，到底其爲嵇康最高的人生境

〔註18〕〈聲無哀樂論〉，《嵇康集校注》，頁213。
〔註19〕《莊子集釋》，頁17。
〔註20〕〈答難養生論〉，《嵇康集校注》，頁177。

界，還是其人生嚮往？《莊子》中也提及「至人」，然有何異同？值得作一探究與釐清。〈太師箴〉首段即言上古治世之狀，也提及堯舜何以王天下，還可以察見至人在嵇康心中定位的線索：

> 浩浩太素，陽曜陰凝，二儀陶化，人倫肇興。厥初冥昧，不慮不營，欲以物開，患以事成，犯機觸害，智不救生，宗長歸仁，自然之情。故君道自然，必託賢明，茫茫在昔，罔或不寧。赫胥既往，紹以皇羲，默默無文，大朴未虧，萬物熙熙，不夭不離。爰及唐虞，猶篤其緒，體資易簡，應天順矩，締褐其裳，土木其宇，物或失性，懼若在予，疇咨熙載，終禪舜禹。夫統之者勞，仰之者逸，至人重身，棄而不恤。故子州稱疚，石戶乘桴，許由鞠躬，辭長九州。先王仁愛，愍世憂時，哀萬物之將頹，然後蒞之。〔註21〕

從氣化而成的宇宙，到人倫興起的世界，從冥昧無知，到欲望因外物而萌發，禍患因事情而形成，觸犯危害，憑個人之智無法挽救生命、解決問題，使得人們會尊重有經驗、智慧與能力的長上，而歸順其仁義，這是自然之情。所以順著君道的自然發展，一定會託付賢能明智者。嵇康正在對人文制度中領導人的產生，作一個說明，人畢竟是群體的動物，和其他群居動物一樣，會依附於一領袖而生活，人則是以賢明者為依歸。序論從茫茫的渾沌之中，到赫胥氏、伏羲氏，這些是族群的領袖，到了天下的共主堯，在作為上仍以服務百姓，幫助黎民為宗旨，深怕因為一己之失，而損及萬民。而後禪讓給舜，舜禪讓給禹。這時候政治所呈現的狀況，是「統之者勞，仰之者逸」，統理天下的人奔走勞苦，受到統治的人民生活安逸，使得禪讓的制度十分困難，像是子州、石戶和許由，這些嵇康所謂的至人，對於堯舜的請託天下，避之唯恐不及。在嵇康的判斷之下，堯舜成為天下共主應該是以其仁愛之心，不捨百姓之苦，不得已而居位。「至人重身，棄而不恤」，「先王仁愛，愍世憂時」，這應該是先王如堯、舜和至人的差別，以其對生命的向度不同。案牘勞形，此與重身者之願相違，是以棄之。在〈琴賦〉中也有提及至人：

> 於是遯世之士，榮期綺季之疇，乃相與登飛梁，越幽壑；援瓊枝，陟峻崿；以遊乎其下。周旋永望，邈若凌飛。邪睨崑崙，俯闞海湄。指蒼梧之迢遞，臨迴江之威夷。悟時俗之多累，仰箕山之餘輝。羨斯嶽之弘敞，心慷慨以忘歸。情舒放而遠覽，接軒轅之遺音。慕老

〔註21〕〈太師箴〉，《嵇康集校注》，頁309～311。

童於驪隅，欽泰容之高吟。顧茲梧而興慮，思假物以託心。乃斲孫
枝，準量所任；<u>至人攄思，製爲雅琴</u>。〔註22〕

而這裡的至人，根據前後的文意，指的應該就是邈世之士。嵇康認爲古琴的
製作出於隱居的高士，琴的製作動機，也是受到山林之氣所感染。

亂曰：愔愔琴德，不可測兮，體清心遠，邈難極兮，良質美手，遇
今世兮，紛綸翕響，冠眾藝兮。識音者希，孰能珍兮，<u>能盡雅琴，
唯至人兮</u>。〔註23〕

嵇康極贊譽琴，琴之氣質「體清心遠」，和至人極爲契合，所以能知雅琴之美，
並發揮到極致的，也只有至人了。〈太師箴〉中提到的子州、石戶和許由都有
治理天下的機會，《莊子・讓王》中提到子州以稱疾謝卻堯、舜的讓位；石戶
之農知道舜要把天下讓給他，就帶領妻子，乘桴浮于海而不反。〈逍遙遊〉中
言堯要讓天下給許由，許由以天下無用辭謝之。《列子・天瑞》中描述榮啓期
其以生而爲人、貴而爲男，行年九十，處常得終，是個自寬能樂者；綺里季
是秦末隱士，《漢書》有載，然以其爲逸民，事略不詳。這些人亦出現在嵇康
所編撰的《高士傳》中，莊師萬壽依戴明揚輯佚，收錄成的〈聖賢高士傳〉，
將所錄的高士，歸納爲八類：

一、神仙高士：廣成子、襄城小童、涓子。

二、讓王高士：巢父、許由、壤父、子州友父、善卷、石戶之農、
伯成子高、卞隨、務光。

三、隱者高士：商容、老子、關令尹喜、亥唐、項橐、狂接輿、榮
啓期、長沮、桀溺、荷篠丈人、太公任、漢陰丈人、被裘公、
顏闔、段干木、莊周、於陵子、漁父、田生、河上公、安丘丈
人。

四、輕財重義：康市子、小臣稷、原憲、范蠡、屠羊說、閭丘先生、
顏歜。

五、信勇義士：延陵季子、魯連、周豐。

六、才技高妙：市南宜僚、司馬季主。

七、近世輕爵高士：田生、司馬相如、韓福、班嗣、求仲、羊仲、

〔註22〕〈琴賦〉，《嵇康集校注》，頁88～90。
〔註23〕同上註，頁109。

逢萌、徐房、李曇、王逢、揚雄、井丹、鄭均、高鳳、臺佟、
孔嵩。

八、拒絕王莽徵召高士：蔣詡、尚長、王眞、李邵公、薛方、絳父
（龔勝）、楚老、孔休。

九、儒家的董仲舒、揚雄，僅見於《史通·品藻》，他本未錄此兩人。
〔註24〕

分類是根據嵇康的描述來決定類別，所以有不合史實之處。特別注意讓王高
士、隱者高士兩類中有〈太師箴〉、〈琴賦〉所提及的高士。其實大致看來，
都是表現出對名利富貴無所求，或誠信勇敢，或有所絕藝，在政治上拒絕效
力篡奪者。嵇喜〈嵇康傳〉特別提到本文：

知自厚者，所以喪其所生，其求益者，必失其性。超然獨立，遂放
世事，縱意於塵埃之表。撰上古以來聖賢隱逸，遁心遺名者，集爲
傳贊，自混沌至於管寧，凡百一十有九人，蓋求之于宇宙之內，而
發之乎千載之外者矣。故世人莫得而名焉。〔註25〕

《晉書》卷四十九〈嵇康傳〉：

康善談理，又能屬文，其高情遠趣，率然玄遠。撰上古以來高士，
爲之傳贊，欲友其人於千載也。〔註26〕

從嵇康之作與爲之傳者看來，不難想見嵇康心中的理想人物，在〈幽憤詩〉
中明白說到：「仰慕嚴、鄭，樂道閑居，與世無營，神氣晏如。」〔註27〕這類
的人物，嵇康在詩作中稱其得反自然，不慕榮利，與萬物爲一：

流俗難悟，逐物不還，至人遠鑑，歸之自然。萬物爲一，四海同宅，
與彼共之，予何所惜。生若浮寄，暫見忽終，事故紛紜，棄之八戎，
澤雉雖饑，安能服御，勞形苦心。身貴名賤，榮辱何在，貴得肆志，
縱心無悔。〔註28〕

世俗之人，執迷於追逐名利，目光短淺；至人識鑑深遠，能以自然爲依歸。

〔註24〕 莊師萬壽：《嵇康研究及年譜》，頁 167～168。
〔註25〕 盧弼撰：《三國志集解·卷二十一·魏書·王粲傳》（台北：漢京文化，2004
年 3 月初版），頁 544。
〔註26〕 楊家駱主編：《新校本晉書并附編六種二》（台北：鼎文書局，1975～1977 年），
卷四十九，頁 1374。
〔註27〕〈幽憤詩〉，《嵇康集校注》，頁 30。
〔註28〕〈兄秀才公入軍贈詩十九首〉，《嵇康集校注》，頁 19～20。

而此自然的歸向，正要能齊同萬物，天下與共，如此的宏觀，才能無所固著。對於生與死，對於世事之分擾，能夠了悟，不受牽絆。所以嵇康藉著其兄嵇喜從軍，抒發自己的志向，再次強調至人重身，以身爲貴，不受外在虛名所擾，可以依照自己嚮往自然的志向，放縱心意沒有悔恨。重身輕名，是以身爲主，以名爲實之賓，《莊子・逍遙遊》中許由向堯說：「子治天下，天下已治也。而我猶代子，吾將爲名乎？名者，實之賓也。吾將爲賓乎？鷦鷯巢於深林，不過一枝；偃鼠飲河，不過滿腹。歸休乎君，予無所用天下爲！庖人雖不治庖，尸祝不越樽俎而代之矣。」〔註29〕許由表示天下非因其而治，所以其若得天下，便只得其名。其且無欲實而王天下，更何況爲名乎？許由表現出聖人無名的向度，而嵇康的至人，也有如此的思維。嵇康的至人，也和他所言的眞人，有相似點：

> 羽化華岳，超遊清宵，雲蓋習習，六龍飄飄，左佩椒桂，右綴蘭苕，
> 凌陽讚路，王子奉 輗，婉孌名山，眞人是要，齊物養生，與道逍遙。
>
> 〔註30〕
>
> 人生譬朝露，世變多百羅，苟必有終極，彭耼不足多。仁義澆淳樸，
> 前識喪道華，留弱喪自然，天眞難可和，郢人審匠石，鍾子識伯牙，
> 眞人屢不存，高唱誰當和。〔註31〕

詩中所言的眞人，是與道消遙者，具有自然天眞之質，不見得是一個通音律者，而應是一個知心者，正因如此，應是以氣與物接，而有如郢人和鍾子之識。在此契接論文：眞人是莊子中合至人無己、神人無功、聖人無名三向度者。

（二）君子

「聖人齊心等德，而形狀不同也。」〔註32〕在〈聲論〉中除了肯定和聲不必依附人爲價值獨立的存在性，似乎也肯定了聖人多元發展的樣貌，而其背後的理則，心、德以何標準齊等，在〈與山巨源絕交書〉中，亦有類似的說法：

> 老子莊周，吾之師也，親居賤職；柳下惠、東方朔，達人也，安乎

〔註29〕〈逍遙遊〉，《莊子集釋》，頁24。
〔註30〕〈雜詩〉，《嵇康集校注》，頁79。
〔註31〕同上註，頁79～80。
〔註32〕〈聲無哀樂論〉，《嵇康集校注》，頁213。

> 卑位，吾豈敢短之哉。又仲尼兼愛，不羞執鞭，子文無欲卿相，而
> 三登令尹，是乃君子思濟物之意也。所謂達能兼善而不渝，窮則自
> 得而無悶，以此觀之，故謂能遂其志者。故君子百行，殊塗而同致，
> 循性而動，各附所安，故有「處朝廷而不出，入山林而不反」之論。
> 且延陵高子臧之風，長卿慕相如之節，志氣所託，不可奪也。吾每
> 讀尚子平、臺孝威傳，慨然慕之，想其爲人。〔註33〕

老、莊，柳下惠、東方朔、仲尼、子文等君子，無論職分，皆爲遂其志，以
救助蒼生爲念，無入而不自得者，便是實踐聖人多元的樣貌，達則兼善天下，
窮則獨善其身，嵇康更強調處於窮達之際的心態，始終如一，無怨無悔。致
君子之道不只其一，所以說「君子百行」，這也就是爲什麼說聖人的「形狀不
同」，不單指表現在外貌，也表現在其行爲。「殊途而同致」，正是因爲其心志
能從一而終，所以在不同的遭遇之下，能順其性、得其志，讓生命獲得最大
的發展，內心感受到最大的安適，而可以在朝，也可以山林。這段文字是以
古時聖君、賢人、達士、隱者，儘管或出或處，然都是順其本性，而不爲物
移，作爲暗諷山濤自詡爲「並介之人」，卻恐不能有不移之志。子臧、相如之
高風亮節，都有不可奪之志，尚子平處於王莽干政之際仍堅持不仕，臺孝威
則是東漢隱士，這些人正是嵇康的生命楷模，人各有志，除爲自己不接受徵
召預作伏筆，並強調這也是順己之本性。「君子百行，殊塗而同致，循性而動，
各附所安」〔註34〕，這或許就是嵇康所言「聖人齊心等德，而形狀不同」的
詮解。另外要探究的是，嵇康所言的君子，和至人不知是否有不同之處？在
其論作中，找到了其他相關於君子的論述：

> 奉法循理，不絓世網，以無罪自尊，以不仕爲逸。遊心乎道義，偃
> 息乎卑室。恬愉無遌，而神氣條達。豈須榮華，然後乃貴哉？耕而
> 爲食，蠶而爲衣，衣食周身，則餘天下之財。猶渴者飲河，快然以
> 足，不羨洪流。豈待積斂，然後乃富哉？*君子之用心若此。蓋將以*
> *名位爲贅瘤，資財爲塵垢也。安用富貴乎？*〔註35〕

君子奉行法則，想必應是依自然之理行事，遵循天理，不被世俗所構築的塵
網所羈絆，那是因爲其以無罪而自尊，以不仕爲安逸，遊心於道義之途，在

〔註33〕〈與山巨源絕交書〉，《嵇康集校注》，頁 114～116。
〔註34〕同上註，頁 116。
〔註35〕〈答難養生論〉，《嵇康集校注》，頁 172～173。

陋室中休養，不受干擾，神氣暢達。不需要依靠外物如榮華富貴，才能夠顯得尊貴。這應是無待的逍遙。能自給自足，無多奢求，則天下之財就成了多餘。就像喝水，足則足已，喝多無益，反而有害。君子的用心，就是將名位當成贅瘤，把資財當作塵垢，用不著富貴。除了捨棄富貴，嵇康更進一步說明奉法循理的準則：

> 夫稱君子者：心無措乎是非，而行不違乎道者也。何以言之？夫氣靜神虛者，心不存於矜尚；體亮心達者，情不繫於所欲。矜尚不存乎心，故能越名教而任自然；情不繫於所欲，故能審貴賤而通物情。物情順通，故大道無違；越名任心，故是非無措也。是故言君子，則以無措爲主，以通物爲美。言小人，則以匿情爲非，以違道爲闕。何者？匿情矜吝，小人之至惡；虛心無措，君子之篤行也。是以大道言，及吾無身。吾又何患，無以生爲貴者，是賢於貴生也。由斯而言：夫至人之用心，固不存有措矣。〔註36〕

這是莊子〈逍遙〉、〈齊物〉所濃縮的性格，從是非無措的君子面向來言至人之用心，則至人「用心」則爲「無措」的功夫。若由此看來，這裡說的「君子」，便可以是「至人」。牟宗三說是予以君子新的定義〔註37〕，企圖將至人的概念強化於君子的本質。至人無己（〈逍遙遊〉），所以無身可患（《老子》十三章：及吾無身，吾有何患）。〔註38〕不執著於自我，自能越名教而任自然。所謂無措，可以解釋爲不放置或泯除，因爲無己，就無「成心」（〈齊物論〉）可隨，所以無措就是無成心，類似「無差」，心無措乎是非就是對是非沒有執定的觀念，是非、道德都是因爲社會價值而變異，所以「事亦有似非而非非，類是而非是者」。〔註39〕反之，小人可以「匿非藏情」，甚至以公之名，「宰割天下，以奉其私」〔註40〕，因此要「棄名以任實」。《莊子‧胠篋篇》：「彼竊鉤者誅，竊國者爲諸侯，諸侯之門而仁義存焉。」〔註41〕這正是司馬家的寫照，無怪乎嵇康一再強調「無措是非」，也就是要泯滅是非，「不譴是非」（《莊

〔註36〕〈釋私論〉，《嵇康集校注》，頁234～235。

〔註37〕牟宗三：《才性與玄理》：「嵇康以道家思想辨公私，並予『君子』以新定義。此所謂『君子』即『至人』也。」頁338。

〔註38〕〈釋私論〉，《嵇康集校注》，頁234～235。

〔註39〕同上註，頁238。

〔註40〕〈太師箴〉，《嵇康集校注》，頁312。

〔註41〕《莊子集釋》，頁350。

子‧天下》）了。〔註42〕不過這樣處理方法，就是能達到至人無己，能用心於無措，從積極面來看，有助於「越名教而任自然」風氣的建立，擺脫已不符實的名教，而保存出於自然的名教。如果一再執持於變質的名教，那便會被既定於「君子」的價值觀所桎梏，而依順於披著羊皮、高喊名教的司馬氏。若用心無措的新君子，也就是至人，形象一旦建立，概念一旦深化，那士人就不必因為禮教，而委屈自己，歸降於司馬氏。消極地說，對磐固於政治上的名教，嵇康卻也因為現實面的困難，遭受小人妒忌陷害，不能起衰濟溺，只能求保全己身，不同流合污，在無可奈何之下，寄託於上古君王無為之治的嚮往之情，不禁油然而生。〔註43〕

至此，或許至人與君子的異同，可以就資料上所顯示來論斷，「君子」的範圍較「至人」來得廣泛，君子可以在朝，也可以隱逸；而至人則偏向隱逸者，至人是嵇康心目中的在堯舜兩位聖人之後，最適合擔任領導工作的人選，但以其志在山林，所以不得已而君臨天下。兩者相同的部份就是都對於名利富貴的態度，都能雲淡風輕。君子之用心，在於不執持名利富貴；至人之用心，在於無措乎是非。而嵇康有意將世俗中君子與聖人的觀念，闇闇地引導至莊子思想中逍遙的境界，在這個亂世之中，適合以至人無己作為生命的歸趨。

（三）王

對於治世的嚮往，嵇康寄託以王者，以王之治天下，統理萬物，影響者眾，是為關鍵：

> 夫言「移風易俗」者，必承衰弊之後。古之王者，承天理物，必崇簡易之教，御無為之治；君靜于上，臣順于下，玄化潛通，天人交泰，枯槁之類，浸育靈液，六合之內，沐浴鴻流，盪滌塵垢。群生安逸，自求多福，默然從道，懷忠抱義，而不覺其所以然也。和心足於內，和氣見於外；故歌以敘志，儛以宣情；然後文之以采章，

〔註42〕《莊子集釋》，頁 1099。

〔註43〕參見莊師萬壽：《嵇康研究其年譜》，頁 139～140。在此章正通先生的看法是：「嵇康把現實上『名教』與『自然』的衝突，提升到功夫的層面予以解決，這是道家面對這種衝突，唯一解決的方法。嵇康在道家的理境上，比阮籍有深度的發展，但對這個問題的解決，與主張『清其質而濁其文』的阮籍，效果並沒有什麼不同。僅僅是主觀的解決，都不是客觀的解決。」見《中國思想史》（台北：水牛圖書出版事業有限公司，1999 年 6 月），頁 663。

照之以風雅；播之以八音，感之以太和；導其神氣，養而就之；迎
其情性，致而明之；使心與理相順，氣與聲相應；合乎會通，以濟
其美。故凱樂之情，見於金石；含弘光大，顯於音聲也。若以往則
萬國同風，芳榮濟茂，馥如秋蘭；不期而信，不謀而成，穆然相愛，
猶舒錦布綵，粲炳可觀也。大道之隆，莫盛於茲；太平之業，莫顯
於此。故曰「移風易俗，莫善於樂」。然樂之爲體，以心爲主，故無
聲之樂，民之父母也。至八音會協，人之所悅，亦總謂之樂。然風
俗移易，本不在此也。〔註44〕

在〈聲無哀樂論〉之末，嵇康回應對音樂移風易俗的看法，而詳觀之也是在
呼應首段「治世之音安以樂」的來由。何如此說來，以治世之音欲移亂世之
弊，並無可能，所以嵇康否定這樣的概念。移風易俗的關鍵是王者之治，嵇
康推古而說。古代以王道治天下的明君，稟承天意治理萬物，必定遵從天地
簡易之道，奉行無爲之治。君靜於上，臣順於下，潛移默化，天人交泰。枯
槁的萬類，浸育甘霖，六合之內，沐浴鴻大的水流之中，盪動洗滌灰塵汙垢，
群生安詳閑逸，自求多福，靜靜地遵從正道，懷抱著忠心和正義，而渾然不
覺如此作爲的原因。正如《道德經》：「聖人處無爲之事，行不言之教，萬物
作焉而不辭。」（第二章）〔註45〕人民平和的精神充盈於心，和悅的氣色顯露
於表，以歌唱敘述心志，以舞蹈宣洩感情；再用文章修飾心志之所思，用《風》、
《雅》來宣揚感情之所想；用八音來傳播，用太和來感召；導養心志的神氣，
進而涵育養成神氣；迎合心志的情性，招引而各顯本性；使心與理相順，氣
與聲相應；融會貫通，以成就心志之美。所以歡樂的情懷，體現於金石之類
的樂器；發揚光大，顯露在音聲之中。至此說明治世之音所引發出的心志與
感情，就只有歡樂之情，因爲人心中所含藏的，正如是也。難怪會說「治世
之音安以樂」，至此明矣。這也是爲何嵇康在首答時不言，其已預先準備在論
移風易俗之時一併說明。如此發展下去，就會萬國同風，到處受其感化，芳
花繁茂，像秋蘭一樣芬芳；人們不約而同地自然誠信，不用謀畫而自然成功，
默默地互相愛護，就如同展開錦緞鋪陳采錦一般，光彩燦爛，鮮明奪目。大
道之興隆，沒有彼此更盛大者；太平之業績，沒有比此更顯著者；所以孔子
說「移風易俗，莫善於樂。」嵇康或許不像老子一樣嚮往小國寡民，因爲到

〔註44〕〈聲無哀樂論〉，《嵇康集校注》，頁221～223。
〔註45〕《老子周易王弼校釋》，頁6。

了魏晉，交通與文化的交流傳遞，以比老子的時代進步、廣泛許多。以音樂來移風易俗，所要注意的是孔子說的是音樂的功效，但音樂的本質和內容，仍以無為的和心為依歸。所以古之聖王施行寬和寧靜之政，這無聲的德治，是無樂而勝於有樂，才稱得上是教化百姓的主宰。至於八音協和，是人民所愛聽的，也總稱之為「樂」。所以嵇康認為移風易俗的根本，並不是指這八音和諧的音樂，而是無為的政治。

　　若依照嵇康的政治理想，則必須有實行無為而治的王者，其對於君位的看法是「為天下而尊君位，不為一人而重富貴也。」君王之所以備受尊重，是因為尊重道之無為，而不是因為居王位者可以享天下。這可以糾正一般人對於富貴功名的錯誤觀念。其以至人能為之：

> 至人不得已而臨天下，以萬物為心，在宥羣生，由生以道，與天下同於自得。穆然以無事為業，坦爾以天為公。雖居君位，饗萬國，恬若素士接賓客也。雖建龍旂，服華袞，忽若布衣之在身。故君臣相忘於上，蒸民家足於下。豈勸百姓之尊己，割天下以自私，以富貴為崇高，心欲之而不已哉？〔註46〕

至人是不得已而君臨天下，也就是說居王位者非世襲者，應是民心之所歸趨者，才會有不得已的情況發生。至人在嵇康心中的角色扮演，值得探討。以萬物為心，任群生自然發展，以道輔生，與天下萬物同樣自由自在，靜默無為以無事為大業，心胸坦蕩以天下為公。雖然居君位，饗萬國，卻恬靜得如同布衣知是接待賓客；雖然高樹龍旗，身穿帝王禮服，卻毫不介意，如同布衣穿在身上一樣，無不自在。所以在上層君主和臣子相互忘記自己的地位和身分，在下層老百姓自給自足。如此質樸謙遜，不會是勸誘老百姓尊敬自己、宰割天下以為自私、以富貴為崇高、心裡老想著名位而不止，如司馬氏般的醜臣。

　　在〈太師箴〉中，有更詳細對政治的描述，段末即提出對帝王的期待：

> 故居帝王者，無曰我尊，蔑爾德音；無曰我強，肆於驕淫；棄彼佞倖，納此遏顏，諛言順耳，染得生患。悠悠庶類，我控我告，為賢是授，何必親戚，順乃造好，民實胥效，治亂之原，豈無昌教？穆穆天子，思問其德，虛心導人，允求讜言。〔註47〕

〔註46〕〈答難養生論〉，《嵇康集校注》，頁171。
〔註47〕〈太師箴〉，《嵇康集校注》，頁313～314。

身居帝王之位者，不要只以爲自己多麼尊貴，這樣會影響到聲望；不要只想到自己多麼強大有力，而放肆地驕麥淫逸。應該拋棄那些佞倖小人，接納犯言直諫的忠貞之士。諂媚奉承的話語聽起來順耳，然而將敗壞德性，滋生禍患。面對天下蒼生，嵇康認爲：唯賢是受，何必親戚？遵順先王自然之道就合自然，人民肯定效力。治亂之源，正在昌明的教化。昌明的教化，正維繫在天子，天子應該想著聽到自己的過失，虛心引導人民，誠懇地徵求正直的言論。此論與〈聲無哀樂論〉對君主實行無爲之治有相同的訴求，更對君主的寬容大度的修養與公私是非的識鑑的能力有很高的標準。

三、嵇康的生命實踐

（一）心之所向

嘉平四年（252 A.D.），正月，司馬師繼承了父親司馬懿的權力，升大將軍，加侍中，持節，都督中外諸君，錄尚書事。〔註48〕阮籍仍爲從事中郎。〔註49〕山濤被司馬司舉爲秀才，任郎中。〔註50〕同年四月，吳大帝孫權病逝，年七十一。孫亮繼立。司馬家取得政權，更積極鎮壓有形或無形的反抗力量，嵇康不像山濤，現實而機警，能不計掌權者是非之識度，任其仕途在宦海中浮沉。《世說》中記載嵇康、阮籍與山濤的交遊，山濤之妻評三人之優劣，認爲山濤只有識度可與其人相友，而山濤在三人之中亦被推崇爲識度最大者，〔註51〕或許正因爲「什麼都可以忍受」的人生觀，即使才情不如嵇、阮，而也能跟隨嵇、阮之放逸。在人生跑道的轉換上，是以全身爲本，其餘皆置於末。阮籍則屬於隱誨型的文人，在必須開誠布公之時，以表裡不一的方式，用哭、

〔註48〕《晉書》卷二〈景帝紀〉，點校本，頁26。

〔註49〕楊家駱主編：《新校本晉書并附編六種二》，卷四十八本傳：「及帝崩，復爲景帝大司馬（應爲「大將軍」）從事中郎。」，頁1360。

〔註50〕楊家駱主編：《新校本晉書并附編六種二》，卷四十三本傳：「與宣穆后有中表親，是以見景帝（司馬師），帝曰：『呂望欲仕邪？』命司隸舉秀才，除郎中。轉驍騎將軍王昶從事中郎。」，頁1223～1224。（亦見《三國志》卷四十七，點校本，頁1149。）

〔註51〕《世說·賢媛》：「山公與嵇、阮一面，契若金蘭。山妻韓氏，覺公與二人異於常交，問公。公曰：『我當年可以爲友者，唯此二生耳！』妻曰：『負羈之妻，亦親觀狐、趙；意欲窺之，可乎？』他日，二人來，妻勸公止之宿，具酒肉，夜穿墉以視之，達旦忘反。公入，曰：『二人何如？』妻曰：『君才殊不如，正當以識度相友耳。』公曰：『伊輩亦常以我度爲勝。』」見《新編諸子集成八》，頁176～177。

嘯和醉酒來隱藏自己的眞心。〔註52〕嵇康則巖如孤松，傲然不屈於司馬氏，西元二五七年的徵召，因拒絕而躲避至河東。二五九年在山濤私下推薦嵇康任尚書吏部郎，親自居中敦請，以避免嵇康直接拒絕司馬氏的難堪，緩和衝突，最後嵇康仍以絕交表明堅決的立場，等於是公然畫清界線，終於引發司馬氏「逆我者亡」的殺機。二六二年司馬家設計了呂安事件，二六三年嵇康與呂安終於見殺。在這十年之間的創作，筆者依莊師萬壽所著《嵇康研究及年譜》所考證出的作品年代，略製爲表，以大觀嵇康生命軌跡的心路歷程：

表（三）嵇康作品年代與題文內容

時　間	作　　品	題 文 內 容								
		音樂	述志	養生	遊仙	才性	政論	親友	山水	聲訓
246 A.D.	琴賦	●								
	聲無哀樂論	●								
249 A.D.	兄秀才公穆入軍贈詩前七首							●		
251 A.D.	酒會詩七首								●	
252 A.D.	太師箴						●			
	兄秀才公穆入軍贈詩後十二首							●		
253 A.D.	釋私論						●			
	養生論			●						
	答難養生論			●						
	雜詩							●		
254 A.D.	雜詩四言四首				●					
	雜詩五言三首				●					
	重作四言詩七首（秋胡行）		●							
	遊仙詩				●					

〔註52〕黃錦鋐先生〈阮籍和他的達莊論〉：「他之所以酣飲沉醉，登山長嘯，遇途窮大哭，可以說都是內心苦悶、徬徨的一種表現。」(《師大學報》22（上），民66.06)，頁76。

時　間	作　　品	題　文　內　容								
		音樂	述志	養生	遊仙	才性	政論	親友	山水	聲訓
255 A.D.	卜疑		●							
	明膽論					●				
	難自然好學論					●				
256 A.D.	管蔡論						●			
	高士傳		●							
	六言十首		●							
257 A.D.	春秋左氏傳音									●
	答二郭詩三首							●		
	述志詩		●							
	難宅無吉凶攝生論			●						
	答釋難宅無吉凶攝生論			●						
259 A.D.	與阮德如詩一首							●		
260 A.D.	思親詩							●		
261 A.D.	與山巨源絕交書							●		
262 A.D.	與呂長悌絕交詩							●		
263 A.D.	幽憤詩		●							
	家誡		●							
	廣陵散	●								
總　　計	32	3	7	4	3	2	3	8	1	1

　　從時序方面，很明顯的可以看出嵇康的思路，從音樂方面的創作，開示生命之契端，與天賦之特質。政論方面的創作也能清楚表明自己的立場，西元二五二年作〈太師箴〉，將君主政治的流變作一陳述，除了寄托自己理想中的君王治事，也冀望權大的司馬家族，可以容納百諫，然事與願違。西元二五三年，作〈釋私論〉，明公、私與是、非之分。當嵇康洞悉現實的政治環境即將有的發展和災難，在假仁義之面的背後，有著可怕的政治陰謀，他知道自己無法容忍在充滿鬥爭的環境中生存，放棄了以政治的方式兼善天下，於

是他決定朝著和富貴功名相反的方向前進，隱於山林之中。養生方面的論作則是生命另一個著力的向度，述志詩則在後期較為密集的出現。西元二五四年，所作的〈重作四言詩七首〉很明白地表明自己的心志：

> 富貴尊榮，憂患諒獨多，富貴尊榮，憂患諒獨多，古人所懼，豐屋蔀家，人害其上，獸惡網羅，惟有貧賤，可以無他，歌以言之，富貴憂患多。
>
> 貧賤易居，貴盛難為工，貧賤易居，貴盛難為工，恥佞直言，與禍相逢，變故萬端，俾吉作凶，思牽黃犬，其計莫從，歌以言之，貴盛難為工。
>
> 勞謙寡悔，忠信可久安，勞謙寡悔，忠信可久安，天道害盈，好勝者殘，彊梁致災，多事招患，欲得安樂，獨有無愆，歌以言之，忠信可久安。
>
> 役神者弊，極欲疾枯，役神者弊，極欲疾枯，顏回短折，不及童烏，縱體淫恣，莫不早徂，酒色何物，今自不辜，歌以言之，酒色令人枯。
>
> 絕智棄學，遊心於玄默，絕智棄學，遊心於玄默，遇過而悔，當不自得，垂釣一壑，所樂一國，被髮行歌，和者四塞，歌以言之，遊心於玄默。
>
> 思與王喬，乘雲遊八極，思與王喬，乘雲遊八極，凌歷五岳，忽行萬億，授我神藥，自生羽翼，呼吸太和，練形易色，歌以言之，思行遊八極。
>
> 徘徊鍾山，息駕於層城，上蔭華蓋，下采若英，受道王母，遂升紫庭，逍遙天衢，千載長生，歌以言之，徘徊於層城。〔註53〕

借用漢樂府古辭〈秋胡行〉的形式，來表達自己追求自然柔弱，自由無羈的意念，莊師萬壽以為此詩與這個時期的行止、思想相近，列入本年前後所作。〈秋胡行〉是相和歌清調曲，依曹操的兩曲〈秋胡行〉，都是首兩句，重複歌詠一次，這是民歌的本色。如「晨上散關山，此道當何難」，便再來一次。嵇康的七首便全用重調，曹丕所作及後世的〈秋胡行〉大多沒有用重調。七首都用首句四言、五言（或四言）重調兩次共四句，然後再六句四言。最末兩

〔註53〕〈重作四言詩七首〉，《嵇康集校注》，頁45～52。

句，一句都用「歌以言之」四言，末句五言，而且用韻與第二句用韻同字。
第一首與第二首「貧賤易居，易盛難爲工」，第三首「勞謙寡悔，忠信可久安」
在說明柔弱低下，可以避禍害趨吉，可知其平素心裡的負荷有多大。第四首
「役神者弊，極欲疾枯」，是說要絕欲養生。末三首「絕智棄學，遊心於玄默」，
「思與王喬，乘雲遊八極」，「徘徊鍾山，息駕於層城」，則是奔馳於化外的道
家遊仙詩，這種詩容易有飄逸瀟灑的效果。陳祚明《采菽堂古詩選》說：「〈秋
胡行〉別爲一體，貴取快意，此猶有魏武遺風。」〔註54〕就整體形式來說，
確是受曹操〈秋胡行〉的影響，但就曹操浪漫的遊仙色彩而言，則只有末三
首相近，才有陳氏所說的「快意」。〔註55〕

其詩觀念之大要，可以從每首詩的末句，也就是每首詩首兩句的濃縮，
作爲詩的重點，由此可以看出一個修養功夫的進程：富貴憂患多，貴盛難爲
工；忠信可久安，酒色令人枯；遊心於玄默，思行遊八極，徘徊於層城。在
欲求上，不管是生理上的滿足或是心理上的追求，都將程度降到最低，而人
爲上的學習成就，要能得而後捨，捨而後化，才能遊心於玄默。思行遊八極
是很顯明的遊仙詩，重點或許在提示所謂羽化成仙，是從「精神」超越「形
骸」，達到的一種「吾喪我」的境界，那種感覺，是一股讓身心上升的力量，
就好像身上長出了翅膀，可以騰飛一樣，若思行的時間可以持久，則可徘徊
於神域，觀證道化的仙人。嵇康正以他獨善其身的修養，生命更爲直截透徹
的形態，與世人分享，這也不失爲另一種關照世人的方式。

這時期前後的遊仙詩中，也可以看出嵇康志向的端倪：

> 遙望山上松，隆冬鬱青蔥，〔註56〕自遇一何高，獨立迥無雙，
> 願想遊其下，蹊路絕不通。王喬舉我去，〔註57〕乘雲駕六龍。
> 飄飄戲玄圃，黃老路相逢，授我自然道，曠若發童蒙。
> 採藥鍾山隅，服食改姿容，蟬蛻棄穢累，結友家板桐，
> 臨觴奏九韶，雅歌何邕邕，長與俗人別，誰能覩其蹤。〔註58〕

松樹長青的意象，其實是君子崇高、不畏環境險阻的象徵，自視甚高的嵇康也

〔註54〕 參見《嵇康研究及年譜》引，頁149。
〔註55〕 《嵇康研究及年譜》，頁148～149。
〔註56〕 依戴氏校改，改「隆谷」爲「隆冬」。《藝文類聚》八十八引晉王凝之妻謝氏
〈擬嵇中散詩〉云：「遙望山上松，隆冬不能凋。」詩中作「凋」字。
〔註57〕 依周樹人校，改「棄」爲「舉」。
〔註58〕 〈遊仙詩〉，《嵇康集校注》，頁39～40。

企望可以成爲一個卓然獨立的至人，然而在現實生活中，因政治的險惡，立場的不同，不能以施展抱負、發揮才學的方式立身，而想願不成。然在生命的向度中，嵇康傾學養生術，開出另一條悟道的途徑，所以提及王喬、黃老自然之道，「淵淡體至道，色化同消息」〔註59〕，要以蟬蛻的方式脫離世俗，酣觴奏雅歌，表明自己不入俗塵，「齊物養生，與道逍遙」的衷心嚮往。〔註60〕

視名利爲糞土者，雖不需要物質上的滿足，或說物質上的滿足不是他要的，但在心志上，卻有著極強烈的意志力，需要一個自由的空間，心之所嚮，是不受羈絆的清靜場域。所以說若過於執持，也會陷入另一種非常的狀態，則和現實又產生了對抗，而嵇康正處於十分矛盾的時空當中，身爲曹氏的姻親，自然與司馬氏相對，司馬氏非依天下歸心的奪權方式，以及在理想與現實的交錯之下他內心有的掙扎和疑慮，表現在〈卜疑〉（255 A.D.）一文當中，以「宏達先生」的角色扮演，在「大道既隱，智巧滋繁」的時代，生命遭遇頓挫的茫然時刻，求見「太史貞父」占卜疑問，所問如下：

（一）吾寧發憤陳誠，讜言帝庭，不屈王公乎？將卑懦委隨，承旨倚靡，爲面從乎？

（二）寧愷悌弘覆，施而不德乎？將進趣世利，苟容偷合乎？

（三）寧隱居行義，推至誠乎？將崇飾矯証，養虛名乎？

（四）寧斥逐凶佞，守正不傾，明否臧乎？將傲倪滑稽，挾智任術，爲智囊乎？

（五）寧與王喬、赤松爲侶乎？將進伊摯而友尚父乎？

（六）寧隱鱗藏彩，若淵中之龍乎？寧舒翼揚聲，若雲間之鴻乎？

（七）寧外化其形，內隱其情，屈身隱時，陸沉無名，雖在人間，實處冥冥乎？將激昂爲清，銳思爲精，行與世異，心與俗并，所在必聞，恒營營乎？

（八）寧寥落間放，無所矜尚，彼我爲一，不爭不讓，遊心皓素，忽然坐忘，追羲農而不及，行中路而惆悵乎？將慷慨以爲壯，感愾以爲亮，上千萬乘，下凌將相，尊嚴其容，高自矯抗，常如失職，懷恨怏怏乎？

〔註59〕〈雜詩〉，《嵇康集校注》，頁80。
〔註60〕同上註，頁79。

（九）寧聚貨千億，擊鐘鼎食，枕藉芬芳，婉孌美色乎？將苦身竭
　　　力，剪除荊棘，山居谷飲，倚巖而息乎？

（十）寧如伯奮、仲堪，二八爲偶，排擯共、鯀，令失所乎？將如
　　　箕山之夫，潁水之父，輕賤唐、虞，而笑大禹乎？

（十一）寧如泰伯之隱德潛讓，而不揚乎？將如季札之顯節義慕，爲
　　　　子臧乎？

（十二）寧如老耼之清靜微妙，守玄抱一乎？將如莊周之齊物，變化
　　　　洞達，而放逸乎？

（十三）寧如夷吾之不束縛，而終立霸功乎？將如魯連之輕世肆志
　　　　，高談從俗乎？

（十四）子之神勇內固，寧如市南子山淵其志乎？將如毛公、藺生之
　　　　龍驤虎步，慕爲壯士乎？〔註61〕

宏達先生所問，以「寧……？將……？」的句型，反覆出現，共計十四組，
每組都在三個向度上做斟酌，這三個向度分別是：（甲）直與曲，（乙）隱與
顯，（丙）實與虛。茲將以上十四組分成甲、乙、丙三類如下：

（甲）直與曲：直，表現爲正直、果敢，曲則呈現人爲知智巧。例如：
　　　第一組的直言與委隨，第四組的守正與僞智，第十三組管仲、魯
　　　仲連皆能直率地表現自我的個性和欲求，然管仲因能屈曲而得
　　　顯。第十四組楚國勇士熊宜僚，與毛遂、藺相如等壯士，能展現
　　　生命中的直，而顯得志氣壯盛。

（乙）隱與顯：隱，表現爲隱逸出世、長壽、神仙等；顯，表現爲入世、
　　　享有盛名者。例如：第五組的王喬、赤松等長壽者，之於伊摯、
　　　呂尚等輔臣。第六組的淵中龍之沉潛，之於雲間鴻之顯聲，引人
　　　注目。第七組渾世者之於精明者。第八組齊物坐忘，不及仙人者，
　　　之於一人之下萬人之上後被貶官者。第十組得名位後成群結黨，
　　　排斥異己者，之於棄名位的隱士。第十一組隱德潛讓者之於顯節
　　　者。

（丙）實與虛：實，呈現不計名價值觀；虛，除了只虛名之外，也有另
　　　一層涵義，即表示掌控「實」這個層面的「虛」，類似於有、無的

<hr>

〔註61〕〈卜疑〉，《嵇康集校注》，頁 136～141。

關係。第二組呈現出為民服務，達治天下，之於趨炎附勢之鄙俗。第三組，在「名」的追求上做一分界：選擇以隱逸的方式，實踐義與誠；或是求世俗之虛名。第九組在「物質生活」上做一反省，或榮華富貴與或深居潛出。第十二組則以道家的生命形態作一比較，老子的「道」，與莊子的「逍遙」，展現了生命不同層次的美感。

以上便是對於宏達先生占卜所問的內容作一分析。經由理性的思考，嵇康也知道人各有志，在時空的不同，因緣的際會之下，很難在生命的當下，論斷誰的抉擇或歷程是善還是惡，是吉還是凶：

> 此誰得誰失，何凶何吉？時移俗易，好貴慕名，臧文不讓位於柳季，公孫不歸美於董生，賈誼一當於明主，絳灌作色而揚生；況今千龍並馳，萬驥俎征，紛紜交競，逝若流星，敢不惟思，謀於老成哉？
> 〔註62〕

當世風日下，人心轉為追求地位與名利，歷史上有許多朝臣，並不是以互助的方式來輔佐君王，而有文人相輕、相忌的微妙心態在隱隱做祟，而其實為的就是自己的地位和名聲，深怕失去舞台，便是以此為自我存在的肯定，使得人性之醜陋面因而顯發。嵇康也考慮到在魏晉時期特別不安的政治環境，曹操在亂世時以才舉用的遺風之下，雖然社會價值觀因而更為多元活潑，但變動性也更大。縱使斟酌再三，嵇康心中的答案，其實可以很明顯地推測出來：

> 太史貞父曰：吾聞至人不相，達人不卜，若先生者，文明在中，見素表璞，內不愧心，外不負俗，交不為利，仕不謀祿，鑒乎古今，滌清蕩欲，夫如是呂梁可以遊，湯谷可以浴，方將觀大鵬於南溟，又何憂於人間之委屈！〔註63〕

「聖人吾不得見，冀聞之於數術」〔註64〕，當一個人在現實生活中產生了不可解的疑惑，或感覺生命無所憑依的時候，很自然的會寄託於神明占卜，欲尋求一個指引或解脫，或許嵇康體會到屈原當時欲有所作為又無能為力、無可奈何、空有才情而無能發揮的痛苦心境，內心無比的煎熬之下，才創作出

〔註62〕〈卜疑〉，《嵇康集校注》，頁 141～142，
〔註63〕同上註，頁 142。
〔註64〕同上註，頁 136。

這一篇〈卜疑〉。當盡言一切疑問之後，心中的歸向也越辨越明，藉由太史貞父之言，說出自己的心意，要像那鯤般，化爲大鵬鳥，翱翔於九萬里的高空，唯有在心境上的超越，才能滌蕩現實中人事的憂慮。

　　經由這一番的深思熟慮，嵇康已經有所決定，其〈六言詩十首〉（256 A.D.），可以說是濃縮〈太師箴〉和〈高士傳〉觀念，將自己的心志表露無疑：

惟上古堯舜：二人功德齊均，不以天下私親，
　　　　　　高尚簡樸兹順，寧濟四海蒸民。

唐虞世道治：萬國穆親無事，賢愚各自德志，
　　　　　　晏然逸豫内忘，佳哉爾時可喜。

智慧用何爲：〔註65〕爲法滋章寇生，紛然相召不停，
　　　　　　大人玄寂無聲，鎮之以靜自正。

名與身孰親：哀哉世俗殉榮，馳騖竭力喪精，
　　　　　　得失相紛憂驚，自是勤苦不寧。

生生厚招咎：金玉滿堂莫守，古人安此麤醜，
　　　　　　獨以道德爲友，故能延期不朽。

名行顯患滋：位高世重禍基，美色伐性不疑，
　　　　　　厚味腊毒難治，如何貪人不思。

東方朔至清：外以貪汙内貞，穢身滑稽隱名，
　　　　　　不爲世累所攖，所欲不足無營。

楚子文善仕：三爲令尹不喜，柳下降身蒙恥，
　　　　　　不以爵祿爲己，靜恭古惟二子。

老萊妻賢名：不顧夫子相荊，相將避祿隱耕，
　　　　　　樂道閑居採萍，終屬高節不傾。

嗟古賢原憲：棄背膏梁朱顏，樂此屢空饑寒，
　　　　　　形陋體逸心寬，得志一世無患。〔註66〕

周樹人說：「各本取每首之第一句別立一行爲子目，《詩紀》亦同。」〔註67〕所言甚是，如此題目和詩文韻相諧，十分特別。但第七首詩似乎是一、二句

〔註65〕依周樹人校，改「有」爲「何」。見〈卜疑〉，《嵇康集校注》，頁41。
〔註66〕〈六言詩十首〉，《嵇康集校注》，頁40～45。
〔註67〕魯迅：《嵇康集》（香港：新藝出版社，1967年3月），頁20。

一組，描寫的是東方朔；三、四句一組，描寫的是柳下惠；末句爲結語。首句雖均爲五言，與他句六言有別，然古詩字數不拘，應該是嵇康刻意爲之，所以還是以一詩五句觀之。此詩可觀嵇康理想中的模範與進程、處世觀念之大要。首推堯舜之大公無私，而賢愚在治世中，可以各得其所，是嵇康最推崇的淳樸社會。第三首強調「守靜篤」的精神，絕聖棄智。第四首在名與身之中，不汲汲於富貴，淡泊名利。第五首言即使養生也不得過，否則將與身殉榮利者同。「獨以道德爲友」，此道德爲「得道」之意，不是儒家所說的道德。「延期而不朽」，指的應是盡性命之事，與首句「生生厚招咎」呼應。第六首與第四首之詩意雷同，重在對於欲求要能知足，知足則止。第三到第六首反應老子的政治及人生觀，詩第七首讚東方朔，《漢書》本傳及漢賦作品分析，他是文武兼修的飽學之士，高九尺三寸，文采風流，能言善辯，剛毅英勇，劉徹在上林苑飲酒作樂，引接佞臣董偃，東方朔直言力諫，後又上書建議農戰強國之計，不被用，乃作〈答客難〉稱：「自以爲智能海內無雙。積數十年官不過侍郎，位不過執戟。」並以爲「用之則爲虎，不用則爲鼠。」〔註68〕難怪嵇康大爲激賞。〔註69〕第八首讚楚子文和柳下惠，爲官若無爲。第九首所讚者爲女性，老萊子的妻子，或可見嵇康慧眼獨到，也可見嵇康品評人物所重爲道，而不居性別。第十首美原憲的安貧，能順己之心志，似乎是淡泊名利者所堅持的，陶淵明「衣沾不足惜，但使願無違」之句，也是此意。

　　當然在之後的作品，如〈述志詩〉（257 A.D.）以潛龍之「沖靜得自然，榮華安足爲」、「玄居養營魄，千載長自綏」自期〔註70〕，可能是在時局緊張，拒絕應召，躲到河東，含蓄說自己坎坷不如意，目的是向司馬昭表白自己要脫離政治、社會，去過一個與世俗隔絕、山野自然的恣意生活。在政治氣氛緊張的時局之下，爲了不惹是非上身，〈答二郭三首〉〔註71〕（257 A.D.）、〈與

〔註68〕　《漢書‧東方朔傳》卷六十五，點校本，頁2841。
〔註69〕　《嵇康研究及年譜》，頁168～169。
〔註70〕　《嵇康集校注》，頁37、38。
〔註71〕　「朔戒貴尚容，漁父好揚波，雖逸亦以難，非余心所嘉，豈若翔區外，滄瀛溯朝霞，遺物棄鄙累，逍遙遊太和，結友集靈岳，彈琴登清歌，有能從此者，古人何足多。」「莊周悼靈龜，越稷嗟王輿，至人存諸己，隱樸樂玄虛，功名何足殉，乃欲列簡書，所好亮若茲，楊氏歎交衢，去去從所志，敢謝道不俱。」分見《嵇康集校注》，頁63～64、64～65。

阮德如一首〉〔註72〕（259 A.D.）也都呈現了從事養生、追求仙道，安心養志的生活。

　　而這一番的志向，在〈與山巨源絕交書〉（261 A.D.）中以天性不同，人各有志，己性不適官場〔註73〕，師老、莊而遂志安性，做出了最明確的宣示：

　　　　吾傾學養生之術，方外榮華，去滋味，游心於寂寞，以無爲爲貴。

　　　　縱無九患，尚不顧足下所好者；又有心悶疾，頃轉增篤，私意自試，

　　　　不能堪其所不樂，自卜已審，若道盡塗窮則已耳，足下無事冤之，

　　　　令轉於溝壑也。〔註74〕

「自卜以審」，是在〈卜疑〉之後，時勢讓嵇康所堅持明確志向，即使此志並非逍遙順遂的道路，也能坦然接受。而前路果然十分不順遂，儘管嵇康極力採取低調的姿態，仍然還是躲不過命運的捉弄。《世說新語·雅量篇》注引《文士傳》：

　　　　呂安罹事，康詣獄以明之。鍾會庭論康曰：「今皇道開明，四海風靡，

　　　　邊鄙無詭隨之民，街巷無異口之議，而康上不臣天子，下不事王侯，

　　　　輕時傲世，不爲物用，無益於今，有敗於俗。昔太公誅華氏，孔子

　　　　誅少正卯，以其負才亂群惑眾也。今不誅康，無以清潔王道。」於

　　　　是錄康，閉獄。〔註75〕

《文選·思舊賦》李善注引臧榮緒《晉書》：

　　　　安妻甚美，兄巽報之。巽內慚，誣安不孝，啓太祖，徙安遠郡，即

　　　　路與康書。太祖見而惡之，收安付廷尉，與康俱死。〔註76〕

藝文樓鈔本《大唐類要》六十七引王隱《晉書》：

　　　　晉文王收嵇康，學生三千人上書，請嵇康爲博士。〔註77〕

〔註72〕「澤雉窮野草，靈龜樂泥蟠，榮名穢人生，高位多災患，未若捐外累，肆志養浩然，顏氏希有虞，隰子慕黃軒，涓彭獨何人，唯志在所安。」見《嵇康集校注》，頁66～67。

〔註73〕「又人倫有禮，朝廷有法，自惟至熟，有必不堪者七，甚不可者二」詳見〈與山巨源絕交書〉，《嵇康集校注》，頁119～122。

〔註74〕〈與山巨源絕交書〉，《嵇康集校注》，頁125～126。

〔註75〕《新編諸子集成八》，頁91。

〔註76〕見景印摛藻堂，清高宗敕撰：《四庫全書薈要·集部四六六》（台北：世界書局，1999年），頁387。

〔註77〕《世說·雅量》：「太學生三千人上書，請以爲師。」注引王隱《晉書》：「康之下獄，太學生數千人請之。於時豪俊皆隨之入獄，悉解喻一時散遣。康竟與安同誅。」見《新編諸子集成八》，頁91。

《世說新語‧雅量篇》：

> 嵇中散臨行東市，神色不變，索琴彈之，奏廣陵散，曲終，曰：「袁
> 孝尼嘗請學此散，吾靳固不與；廣陵散於今絕矣！」太學生三千人
> 上書，請以爲師，不許。文王亦尋悔焉。〔註78〕

奸佞的誣陷，美好的生命因此壯烈犧牲，著實令人扼腕的沉痛，深感無奈的結局。這一番的折磨，對於嵇康來說，有幽憤滿膺、悔恨自省，也有堅持與懷抱夢想，〈幽憤詩〉（263 A.D.）是被捕入獄時所作：

> 嗟余薄祜，少遭不造，哀煢靡識，越在繈緥；
> 母兄鞠育，有慈無威，恃愛肆姐，不訓不師。
> 爰及冠帶，馮寵自放，抗心希古，任其所尚。
> 託好老莊，賤物貴身，志在守樸，養素全眞。〔註79〕

首段略述家世，言及己性若有所桀驁不馴，恣意而爲，恐家教所成。且志在山林，無意入世，當然不適合官場的生態。此乃不干政的表態。以下爲段二：

> 曰余不敏，好善闇人，子玉之敗，屢增惟塵。
> 大人含弘，藏垢懷恥，民之多僻，政不由己，
> 惟此褊心，顯明臧否。感悟思愆，怛若創痏。
> 欲寡其過，謗議沸騰，性不傷物，頻致怨憎，
> 昔慙柳惠，今愧孫登，內負宿心，外恧良朋。
> 仰慕嚴、鄭，樂道閑居，與世無營，神氣晏如。〔註80〕

次段自我反省因對人事的不敏銳，欲使善惡分明，卻適得其反，動輒得咎，無害人之心卻越是遭人非議。這正如孫登所說「才則高矣，保身之道不足。」〔註81〕加上又是曹氏姻親的身分，本身極具爭議性、話題性。段末表現出對修性保身之道的志向。以下爲段三：

> 咨予不淑，嬰累多虞，匪降自天，寔由頑疏。
> 理弊患結，卒致圖圄，對答鄙訊，縶此幽阻，
> 實恥訟免，時不我與，雖曰義直，神辱志沮，
> 澡身滄浪，豈云能補。嗷嗷鳴鴈，順時而動，得意忘憂。〔註82〕

〔註78〕《新編諸子集成八》，頁91。
〔註79〕〈幽憤詩〉，《嵇康集校注》，頁26～27。
〔註80〕同上註，頁27～30。
〔註81〕《世說‧棲逸》，見《新編諸子集成八》，頁170。
〔註82〕〈幽憤詩〉，《嵇康集校注》，頁30～31。

三段嵇康自言涉世時考慮太多，思慮變成無形的羈絆，災禍是自己的固執所造成，就像羅網是自己編織的一般。人之將死，以辯白爲羞恥，至此憤悶之情表露無疑，只能以生不逢時，自怨自艾。儘管行事大義正直，卻心志頹喪。段末仍以清白之身自期。以下爲段四：

> 嗟我憤歎，曾莫能儔，事與願違，遘茲淹留，
> 窮達有命，亦又何求。古人有言：「善莫近名。」
> 奉時恭默，咎悔不生，萬石周慎，安親保榮，
> 世務紛紜，祇擾予情，安樂必誡，迺終利貞。〔註83〕

感慨自己不能得志，身陷牢籠，以人各有命自我解嘲。也反省自己可能因爲是樹大招風，沒有順應時勢，與司馬氏對立。對於名和時沒有謹慎的思慮，但若能以漢代萬石君周延謹慎的處事風格，使闔家平安，永保榮華，這個道理或許嵇康此時此刻終於體會，而他身處亂世時，卻是以不朝官爲優先考量，要衝破世俗的藩籬，結果反遭世事攪亂心志，所以意識到自己安樂之時忽略了持續保有警誡之心，以致未能順時安定、永保吉利。

> 煌煌靈芝，一年三秀，予獨何爲，有志不就，懲難思復，心焉內疚，
> 庶勗將來，無馨無臭；采薇山阿，散髮巖岫，永嘯長吟，頤性養壽。
> 〔註84〕

這類於自傳性的表述，在抒發不得已志的憂憤。終仍以隱逸之志作爲生命的堅持，如此既表達無意涉入、阻止司馬氏之野心，也對於自己在過去的作爲，以及今日的遭遇，雖然受到冤屈心痛不已，卻都坦然接受，勇敢面對，將來，將來不需要臧名，也不會有毀譽，因爲在理想的境界裡，是一個卓然獨立的寂靜世界。

（二）生之所爲

對於「志」的表述，除如上述散見於各文作之外，〈家誡〉（263 A.D.）一文，可以說更以「志」來惕勉幼子，在歷經現實的摧磨打擊之後，一封至情至性的遺書，要教導子女明哲保身，殷切地企盼子女免於受難。從其中或可窺見嵇康平生所堅持依然不移的信念，和奉行的準則，也可以感受到他因爲自己的堅持而導致災禍，從而更爲謹愼人情之世故。〈家誡〉開頭言志：

> 人無志，非人也。但君子用心，所欲準行，自當量其善者，必擬議

〔註83〕〈幽憤詩〉，《嵇康集校注》，頁31～32。
〔註84〕同上註，頁32。

> 而後動。若志之所之，則口與心誓，守死無二，恥躬不逮，其於必
> 濟。……若夫申胥之長吟，夷齊之全潔，展季之執信，蘇武之守節，
> 可謂固矣。故以無心守之，安而體之，若自然也，乃是守志之盛者
> 可耳。〔註85〕

以「志」為人的必要條件，原則是要以善念為志，三思而後行。行時表裡如
一，終始如一。《世說‧任誕》：

> 陳留阮籍，譙國嵇康，河內山濤，三人年皆相比，康年少亞之。預
> 此契者，沛國劉伶，陳留阮咸，河內向秀，琅邪王戎。七人常集於
> 竹林之下，肆意酣暢，故世謂「竹林七賢」。〔註86〕

想必竹林之交，清談之風尚，應該也是七賢欲避世之作為，是以善念為志，
但觀七賢中的三巨頭，阮籍和山濤都有意無意地被司馬氏拉攏，只有嵇康能
堅守其志，正因為嵇康看穿司馬氏以禮教與聖賢名義為羊皮，卻正以狼心狗
肺，企圖要圖謀篡位，嵇康不願意合作，也因此得罪了司馬氏，這是嵇康的
耿介，一直到其受死，亦不改其志，唯一掛念的，也只有其生平之最愛——
琴音。《世說‧雅量》中描述嵇康含冤臨刑前仍無所畏懼之狀，而心惜其生平
最愛之琴音，自責未能授與他人，嘆其絕響！而嵇康的生命，也在三千太學
生的請命之下，未能獲釋而終止。文王司馬昭對於一個無心於塵世的天縱英
才，以其勢盛而未能寬厚，在行刑之後，亦有惋恨之意。〔註87〕「雅量」正
點出嵇康的才情之高，前無古人，後無來者，生不逢時，以致雅音不傳；眾
人欲師之，卻適得其反，使之名聲愈盛而害之愈慘；未遇聖主，懷才竟未善，
正如紅顏薄命，而才子少福氣：

> 簡文云：「何平叔巧累於理，嵇叔夜雋傷其道。」劉孝標注：「理本
> 真率，巧則乖其致；道唯虛澹，雋則危其宗；所以二子不免也。」
> 〔註88〕

> 嵇康遊於汲郡山中，遇道士孫登，遂與之遊。康臨去，登曰：「君才
> 高則矣，保身之道不足。」〔註89〕

《世說》中〈品藻〉與〈棲逸〉的記載，或許對於嵇康的悲慘際遇做了很好

〔註85〕〈家誡〉，《嵇康集校注》，頁315～316。
〔註86〕《新編諸子集成八》，頁188。
〔註87〕同註78，見《新編諸子集成八》，頁91。
〔註88〕《世說‧品藻》，見《新編諸子集成八》，頁136。
〔註89〕《世說‧棲逸》，《新編諸子集成八》，頁170。

的詮釋，像嵇康這般洞燭先機、潔身自好的人，爲何不能免禍呢？除了人雋才高，難免樹大招風，況且當一個人懷有仁人之心，則更難免於俗事：

> 其立身當清遠，欲仁之盡命，託人之請求，當謙辭□謝，其素不豫
> 此輩事，當相亮耳。若有怨急，心所不忍，可外違拒，密爲濟之；
> 所以然者，上遠宜適之幾，中絕常人淫輩之求，下全束脩無玷之稱，
> 此又秉志之一隅也。〔註90〕

從立身清遠的原則來看，應該可以無俗事煩心的，關鍵在於「仁之盡命」的實踐，常製造了小人陷害的機會。以助人之事爲例，雖告誡其子要秉持原則，不介入過於複雜的人事，但對於怨急，於心不忍，表面上雖拒絕，但卻以暗中濟助的方式進行。這樣雖然是最兩全其美的方式，了斷人事，亦得安心。不過世事難有此狀，實因小人黑白不分，不依理循。當面拒絕，就可能因爲原則問題而得罪他人，讓心所生之怨懟埋藏了是禍非福的因子，例如《世說》中〈文學〉與〈簡傲〉提到：

> 鍾會撰〈四本論〉始畢，甚欲使嵇公一見，置懷中；既定，畏其難，
> 懷不敢出，於戶外遙擲，便回急走。〔註91〕

> 鍾士季精有才理，先不識嵇康；鍾要于時賢雋之士，俱往尋康；康
> 方大樹下鍛，向子期爲佐鼓排。康揚槌不輟，旁若無人，移時不交
> 一言。鍾起去，康曰：「何所聞而來？何所見而去？」鍾曰：「聞所
> 聞而來，見所見而去。」〔註92〕

鍾會對於嵇康可以說是又愛又恨的，因爲虛榮心作祟，但並沒有如己所願，得到想要的讚譽，卻也因爲忌妒心燃起，所以懷恨在心，種下日後毀謗嵇康的因子。對於嵇康來說，他對待鍾會的方式，卻是「立身清遠」的原則實踐，杜絕了常人淫輩之求，卻種下了災禍的因子。另外對於呂安之妻遭兄長呂巽灌醉淫亂的事件，嵇康先是要呂安息事寧人，卻因呂巽作賊心虛，而先上責呂安以不孝的罪名，使自己的親兄弟被判充軍邊疆。嵇康便憤而與巽絕交，又得罪巽。就算是間接處理，仍難防小人的先下手爲強。由以上可知，嵇康對於非志同道合者，似乎不講情面，不改名理派的風格，行事作風皆循理而作：

〔註90〕〈家誡〉，《嵇康集校注》，頁 317～318。
〔註91〕《新編諸子集成八》，頁 48。
〔註92〕同上註，頁 199。

> 凡行事先自審其可，不差於宜，宜行此事，而人欲易之，當説宜易
> 之理，若使彼語殊佳者，勿羞折遂非也，若其理不足，而更以情求
> 來守人，雖復云云，當堅執所守，此又秉志之一隅也。〔註93〕

依理而行，不受人情所牽絆。《世説·棲逸》：「山公將去選曹，欲舉嵇康；康
與書告絕。」〔註94〕也可見一般。

> 不須小小束脩之意氣，若見窮乏而有可以賑濟者，便見義而作。若
> 人從我，欲有所求，先自思省，若有所損廢多，於今日所濟之義少，
> 則當其輕重而拒之，雖復守辱不已，猶當絕之。然大率人之告求，
> 皆彼無我有，故來求我，此爲與之多也；自不如此，而爲輕竭，不
> 忍面言，強副小情，未爲有志也。〔註95〕

此段大要爲在幫助別人的時候，要見義而作，但要量力而爲，所斟酌爲義之
多少，而不是利之多少。值得注意的是，「不須小小束脩之意氣，若見窮乏而
有可以賑濟者，便見義而作」，這就是嵇康奮不顧身救助呂安，而招來禍患的
原因。否則一個嚮往養眞逍遙之人，應該離俗遠世，凡事淡然處之。由此可
知嵇康以此誡子仍顯示其不悔依理行事所得之果，可謂志氣壯盛，是成全道
義者。在言説方面，嵇康也有很深刻的體會：

> 夫言語，君子之機，機動物應，則是非之形著矣，故不可不慎。若
> 於意不善了，而本意欲言，則當懼有不了之師，且權忍之；後視向
> 不言此事，無他不可，則向言或有不可，然則能不言全得其可矣。
>
> 〔註96〕

或許這是嵇康反省了當時鍾會拜訪他時，本來旁若無人地鍛鐵不輟，不予理
會，卻在鍾會離開時，說了「何所聞而來？何所見而去？」言語不俗而犀利，
或有所諷，反而得罪了鍾會。所以嵇康特告其子權忍的工夫，並在事後多做反
省，便可找到言語之機。「非義不言，詳靜敬道，豈非寡悔之謂？」言語行事
以義爲準則，對於道義之事宜謹愼穩靜；血氣剛烈，出言不遜，則易有悔。不
過在情緒方面，嵇康應該是掌握得宜的，《世説·德行》中記載王戎之言：「與
嵇康居二十年，未嘗見其喜慍之色。」〔註97〕保持平和之氣，正是嵇康之修養。

〔註93〕〈家誡〉，《嵇康集校注》，頁 318。
〔註94〕《新編諸子集成八》，頁 170。
〔註95〕〈家誡〉，《嵇康集校注》，頁 318～319。
〔註96〕同上註，頁 319。
〔註97〕《新編諸子集成八》，頁 4。

外榮華則少欲。自非至急，終無求欲，上美也。不須作小小卑恭，
當大謙裕。不須作小小廉恥，當全大讓。若臨朝讓官，臨義讓生，
若孔文舉求代兄死，此忠臣烈士之節。〔註98〕

嵇康理想的境界，仍是以榮華利祿為外，也考慮到人在最緊急時候仍會有所
欲求，這樣的考量十分人性化。大謙裕，全大讓，如臨朝讓官，臨義讓生，
以忠臣烈士之節操來勉勵其子，嵇紹亦不負於此，「為嵇侍中血」便是令人動
容的生命體現。當時嵇康被誅後，山濤薦舉嵇紹擔任秘書丞，嵇紹曾諮詢山
濤出處進退，可見嵇紹未忘其父平生之行。山濤或許非以「義」之忠烈為志，
所以可以自由來去，《世說‧政事》中記載山公對紹曰：「為君思之久矣！天
地四時，猶有消息，而況人乎？」〔註99〕以自然之變化來比喻人事之消長，
天高地厚，春暖、夏盛、秋肅、冬寒，人居其中；君如天地，天氣時好時壞，
政局時穩時傾，人君時明時昏，時仁時殘，顧慮太多，也是另一種牽絆，何
必執著？如果不願忍辱負重在朝為官，則朝中浮雲蔽日，亦非萬民之福。而
且在帝制的政治生態下，忠良在時運艱難之時，即使棄官退隱，也不見得能
全身而退，嵇康就是個最慘痛的例子。有機會在朝為官，若能不顧慮在上位
者之德行，秉持不為虎作倀的原則，蒼生才能多一線生機。《世說‧方正》記
錄了嵇紹方正的言行：

齊王冏為大司馬輔政，嵇紹為侍中，詣冏諮事；冏設宰會，召葛旟、
董艾等共論時宜。旟等白冏：「嵇侍中善於絲竹，公可令操之。」遂
進樂器，紹推卻不受。冏曰：「今日共為歡，卿何卻邪？」紹曰：「公
協輔皇室，令作事可法；紹雖官卑，職備常伯。操絲比竹，蓋樂官
之事。豈可以先王法之服，為伶人之業？今逼高命，不敢苟辭；當
料官晃，襲私服。此紹之心也。」旟等不自得而退。〔註100〕

嵇紹親自向齊王冏諮詢國事，於是齊王也在自宅召開會議，請屬官們來參加。
看起來是一個正式的會議，從葛旟和齊王的言談，似乎演變成為歡作樂的宴
會。嵇紹以不越俎代庖為由婉拒了齊王令操的請求。但也讓齊王有轉圜的餘
地，條件是必須易服，卸下侍中的職務，以私人的身份來執行命令。這個臺
階鋪陳得十分得宜，齊王冏其實是因為趙王倫篡位，起兵誅倫，才獲拜大司

〔註98〕　〈家誡〉，《嵇康集校注》，頁321。
〔註99〕　《新編諸子集成八》，頁43。
〔註100〕　《新編諸子集成》，頁79。

馬輔君,權傾朝政。然不懂得善用人才,恣意妄爲,最後又被長沙王所誅。晉朝的八王之亂,兄弟未奪政權彼此攻殺,實在不堪。〔註101〕由《世說》這一段紀錄,可知齊王冏用的是葛旟、董艾這幫不務正事的小人,嵇紹所言「公協輔皇室,令作事可法」、「豈可以先王法之服,爲伶人之業?」其實有很深刻的諷諫之意。嵇紹和其父皆善音樂,正可謂虎父無犬子;氣質亦不同凡響,《世說‧容止》:

> 有人語王戎曰:「嵇延祖卓卓如野鶴之在雞群。」答曰:「君未見其
> 父耳!」〔註102〕

嵇紹的鶴立雞群,卓然於世,王戎聽聞之更讚其父,想見嵇康風貌,品評人物爲魏晉之所風尚,嵇康爲世所稱道:

> 嵇康身長七尺八寸,風姿特秀。見者嘆曰:「蕭蕭肅肅,爽朗清舉。」
> 或云:「肅肅如松下風,高而徐引。」山公曰:「嵇叔夜之爲人也,
> 巖巖若孤松之獨立;其醉也,傀俄若玉山之將崩。」〔註103〕

嵇康長得很高大,依魏國杜夔的律尺(《隋書》十五等尺之五)當時一尺,合〇‧二四一八五公尺,〔註104〕則嵇康高一八八‧六四公分,不過當時史書上有記載的人物,大多數的身高都很高。〔註105〕「風資特秀」,其他的書中是以「龍章鳳姿,天質自然」來形容。〔註106〕外貌看似「蕭蕭肅肅」,而爲人「爽朗清舉」,另有人以松樹間強勁的風聲,來形容嵇康,不過又說「高而徐引」,對於風給人感受已由聽覺的比擬進入了觸覺的體會,拉長了感受的時間,也就是說嵇康給人的感覺是處事理性明快,符合其循理則之的思考模式,但在過程之中,也就是和嵇康近距離長時間的相處,可以感受到那理性的思維之下,有一顆柔軟的心,涵藏著柔韌緜長的力量。就像強勁的風通過松樹葉,已從凜冽轉爲雄勁的松濤。山濤說嵇康爲人處事有如一株獨立的孤松般高峻的風格,或醉時顯露出質樸的本性,卻不失儡人之勢,都是很傳神的描摹。似乎兩種不相近的風格,卻在嵇康身上並呈,可見其調和之功。或許嵇康的

〔註101〕「趙王倫簒位,同起兵誅倫,拜大司馬,加九錫,政皆決之。而恣用群小,
　　　　不復朝覲,遂爲長沙王所誅。」見〔晉〕虞預:《晉書》,收錄於張壽鏞輯刊:
　　　　《四明叢書》第八冊(台北:新文豐,1988年臺一版),頁15。
〔註102〕《新編諸子集成八》,頁160。
〔註103〕同上註,頁159。
〔註104〕矩齊〈古尺考〉,見《嵇康研究及年譜》引,頁90。
〔註105〕《嵇康研究及年譜》,頁90。
〔註106〕《新編諸子集成八》,頁1369。

生命就是因此而充滿衝突性的矛盾色彩，蓋因其追求完滿的生命態度，在一個天賦異稟的生命所展現出的超越。這個超越的工夫，構成嵇康生命動態的發展，維持一純「和」的狀態，就像一顆鑽石，晶瑩剔透，硬度堅強，而面面俱到。從人生境界的休養，推而言之，藝術領域大概以「和」爲極境，不由音樂，可由文章、書、畫、舞蹈、雕刻、建築、飲食等入道，如此玄妙之養生思維，卻又是如此實際的功夫，正顯現出嵇康積極的人生態度。養生也是嵇康從另一個切入點，來提點人們如不由玄理入道，可由生活修行入道。魏晉人士已經不企求成聖，因爲聖人如堯、舜、孔子等已經成爲大時代下生命的完型，無法臻至的層次。在日益複雜的社會現況，對於成聖才質在品評人物的分析之下，已經落實到從不同的面向去欣賞生命，而開出可以用生命去實踐完成的道路。「聖人齊心等德，而形狀不同也」〔註107〕便是嵇康更進一步體會出的實踐進程，完成自己的生命，就是「成聖」。對嵇康而言，「至人」與「神仙」，其中的分際值得釐清，氣性不同，表現的層面不同，至人是隱居得道、懂得養生、能盡性命者，神仙則是長生不老、無憂無慮者。至人是值得人人實踐，也是通向理型的最佳道路。在生命的實踐方面，嵇康可以說是很好的人生導師，開出一條人人都可實踐的道路，道家一直以來被人們視爲「賢者」所修行之路的標籤，也由此接引眾人；儒家所言「人人皆可爲堯舜」，也不再是遙若星辰的夢想。嵇康仁人之心，疏通儒道之處，就此顯發。〔註108〕

四、聖人觀之餘論

　　本章由〈聲無哀樂論〉中探討了生而知之的聖人，下論相關於此的至人、君子與王者。這三者的定位，或許從嵇康的生命實踐可以將其區分得清楚，至人是嵇康所選擇的終極目標，在生命的境界上，也是以至人爲高。不過描述君子時，也會讓人有類似描述至人般的感受，嵇康也極力推崇至人來治國，這樣似乎有所混淆，而使三者的定位不清。而嵇康正有這樣的意圖。用意在於融歷代加諸於君子的道德形象，於至人之身，並推崇至人隱逸的面向，並以寫實的手法分析出至人是不得已才君臨天下，而不像當朝爭權奪利，汲汲營營的小人。目的要喚醒禁錮於儒家道德標準的讀書人，不要被帶著假面具，

〔註107〕〈聲無哀樂論〉，《嵇康集校注》，頁213。
〔註108〕郭象：「夫大小雖殊，而放於自得之場，則物任其性，事稱其能，各當其分，逍遙一也。」與此意同。見《莊子集釋》，頁1。

以道德爲號召，實際上行以謀全篡位的小人所利用。所以嵇康才提出「越名教而任自然」，名教與自然的議題，容後章討論。

　　另外，嵇康認爲人的才性受到先天的影響很大，但不管材賦是優或劣，後天的調教也是不可忽略。光有好的材質，是不足的。若沒有受到好的調教，也無法成器。正如一個人沒有受到適才的教養，適性的引導，也難以發揮潛能。「至人攄思，製爲雅琴。」一張好琴，除了先天的材質優良，在後天成器的過程，也有許多助力：

> 至人攄思，製爲雅琴。乃使離子督墨，匠石奮斤；夔襄薦法，般倕
> 騁神。鎪會裛廁，朗密調均。華繪彫琢，布藻垂文。錯以犀象，籍
> 以翠綠。絃以園客之絲，徽以鍾山之玉。爰有龍鳳之象，古人之形，
> 伯牙揮手，鍾期聽聲。華容灼爍，發采揚明。何其麗也。伶倫比律，
> 田連操張。進禦君子，新聲嘹亮。何其偉也。〔註109〕

所以人就如琴器一般，後天也需要許多的助力，需要知己的鼓勵，才能成爲盡心盡性。雖然嵇康也認爲人非自然好學者，但他也並不因此否定教育，只不過以六經爲主的教育體制，只遵崇六經，不見得是最好的，因爲：

> 六經以抑引爲主，人性以從欲爲歡，抑引則違其願，從欲則得自然，
> 然則自然之得，不由抑引之六經，全性之本，不須犯情之禮律。故
> 仁義務於理僞，非養眞之要術，廉讓生於爭奪，非自然之所出也。
> 由是言之：則鳥不毀以求馴，獸不群而求畜，則人之眞性，無爲正
> 當，自然耽此理學矣。〔註110〕

嵇康要強調的應該是他告誡贊成人是自然好學者的張遼叔，「今之學者，豈不先計而後學？苟計而後動，則非自然之應。」〔註111〕爲了功名利祿而讀書，則不能發揮自人本性，忽略個人天生才賦的學習，會扼殺一個人的生命力。就像小鳥要自在的飛翔，而不是要受到人類訓練之後的特技表演，然後情願被人類飼養在籠中；野獸要自在的奔跑，而不是要變成溫馴被馴養的動物。儘管嵇康著眼的可能是當時讀書求功名的弊端，不過對於現代教育的多元化，注重適才適性的啓發和引導，則有不謀而合之處。適性的後天養成，不強調統一性，所以可以說注重各別差異。而嵇康自言不涉經學，卻著有〈春

〔註109〕〈琴賦〉，《嵇康集校注》，頁 90～92。

〔註110〕〈難自然好學論〉，《嵇康集校注》，頁 261。

〔註111〕同上註，頁 264。

秋左氏傳音〉，應該是在研究之後，又棄之不顧；讀老莊，傾學養生之術，「志
在守樸，養素全眞」〔註112〕是其功夫致力之處，其對養生之專論，應可窺見
其工夫之大概，下章即探論其〈養生論〉。

第二節　養生觀探析

在第一章裡，討論了〈聲無哀樂論〉涉及養生領域的論理，在此僅述其
要，或後文與他篇綜合再述。論及聖人作樂之理，是爲了以音樂之和聲感人，
來進行導養之事。對於作樂之事，有前瞻性的考慮，也就是製作可以配合禮
來導養教化蒼生之樂。

〈聲無哀樂論〉概是從音樂來談養生化民。其實漢文化養生之事，由來
尚久，若要溯源，可以推至黃帝。《莊子》中可見託言黃帝之事，〔註113〕《漢
書・藝文志》所載道家，亦可見黃帝之載。〔註114〕漢代有黃老、陰陽、神仙
三派，東漢時神仙一派發展爲道教。〔註115〕老莊本與道教無關，不過道教取
用《道德經》、《南華眞經》爲重要典籍，而有老子修道成仙之附會。唐朝時，
更是尊崇老子，使得老子有了宗教性的地位。老莊思想中，不離對生命的關
懷與體證〔註116〕，實不乏類似養生、神仙之說〔註117〕，許多詮釋空間頗大的

〔註112〕〈幽憤詩〉，《嵇康集校注》，頁27。
〔註113〕〈在宥〉：「黃帝立爲天子十九年，令行天下，聞廣成子在空同之山，故往見
　　　　之，曰：『我聞吾子達於至道，敢問至道之精。吾欲取天地之精，以佐五穀，
　　　　以養民人，吾又欲官陰陽，以遂群生，爲之奈何？』」……廣成子答黃帝修身
　　　　之道：「必靜必清，無勞汝形，無搖汝精，乃可以長生。目無所見，耳無所聞，
　　　　心無所知，女神將守形，形乃長生。慎女內，避女外，多知爲敗。……天地
　　　　有官，陰陽有藏，慎守女身，物將自壯。我守其一以處其和，故我修身千二
　　　　百歲矣，吾形未嘗衰。」詳見郭慶藩編、王孝魚整理：《莊子集釋 上》（台北：
　　　　萬卷樓，1993年3月初版二刷），頁380～381。其中之道，皆爲嵇叔夜養生
　　　　論所取用。
〔註114〕有黃帝四經四篇，黃帝銘六篇、黃帝銘六篇、黃帝君臣十篇、雜黃帝五十八
　　　　篇，今多以散逸，在戰國而後諸子著述中，猶見散列。例如《呂氏春秋・去
　　　　私》：「聲禁重，色禁重，衣禁重，香禁重，味禁重，室禁重。」（台北：藝文，
　　　　1974年1月三版），頁38。
〔註115〕參見周紹賢：《兩漢哲學・黃老之學》（台北，文景出版社，1972年初版），
　　　　頁77。
〔註116〕徐復觀認爲老子思想基本是以「生命」爲核心的存在體證，雖然可以運用到
　　　　各種社會制度的文化情境之中，但是其根本的關懷，還是在於實現與證成生
　　　　命圓滿的存在意義與價值。主要是建立在形上學的宇宙論上，推求到宇宙根

章句，被道教所資用，發展出更具體的修行之法，以企求長生不死之仙道。儘管後世如《黃帝內經》、《淮南子》、《太平經》等在養生方面建立了龐大的體系，畢竟和老莊之路不相同，到魏晉人士普遍重視養生，可謂承此脈絡而來。加上動盪不安的社會，使得避世的思想容易深入人心，形成一種人生的態度。尤其朝廷中若有舉足輕重之士行之，更能蔚為風氣。張華《博物志》：「魏武帝又好養性法，亦解方藥，招引四方術之士，如江左放華他之徒，無不畢至。」〔註118〕魏室或有防弊道派聚眾滋事之故，也同時採及延年之術，故有此作為。亦召張魯入京，養生方數遂風行於世。朝中何晏首開服用「五石散」之風氣，五石為石鐘乳、石硫黃、白石英、紫石英和赤石脂；另外還配點別的藥。〔註119〕其位高名大，也影響了當朝的夏侯玄與王弼，遂成名士風尚。到了竹林之士嵇康，自言「老子莊周，吾之師也」，知音善理，能以音樂行導養之事，卻也受時代風氣影響而服藥行散，這其中究竟有什麼可議之

源的處所，以作為人生安頓之地，依此決定人生與自己生命根源相應的生活態度，以取得人生的安全立足點。詳見《中國人性論史先秦篇》（台北：台灣商務印書館，1975 年二版），頁 325。

〔註117〕 參見曾春海〈探嵇康的〈養生論〉及其人生價值觀〉：「老莊所以道教託附，一方面老莊所歸宗的宇宙最高存有——『道』，窈冥恍惚，神祕莫測，易於神格化為『元始天尊』或『盤古真人』這一具體神祇，另方面，則老莊書中皆有言簡意賅的攝生修身之言，老書中所言及的『玄牝之門』可資道士轉引為打坐行氣，使胎息固守丹田，綿綿而出，發用不盡之理論。……」（《哲學與文化》，1991 年 1 月），頁 54。案：此文第一部分討論嵇叔夜關於養生的思想淵源，與時代風向。

〔註118〕 張華：《博物志》卷七（台北：藝文，1958 年），頁 61。此本據士禮居黃氏叢書收覆汲左閣景宋連江葉氏本影印。

〔註119〕 魯迅曾用較為文學性的幽默筆法來談論魏晉人士服食「五石散」的情形：「那時五石散的流行就同清末的鴉片的流毒差不多，看吃藥與否已分闊氣與否的。現在由隋巢元方做的《諸病源候論》的裏面可以看到一些。」案：魯迅根據《諸病源候論》說明服食「五石散」要注意的事項：不能任意服用，容易中毒。藥效作用時，必須以走路「散發」，「行散」後全身會發燒又發冷。發冷時有三要：衣少、冷食、以冷水澆身；但可飲熱酒。這也是為什麼五石散一名「寒食散」之故。另外在服飾上，也使得名士有所改變——「衣大」、「穿屐」以預防皮肉發燒而磨損破皮。「散髮」、「多蝨」也是因為行散還有常穿舊衣所造成的。在魏晉禮節繁複的時代，也因為吃藥而導致社會風氣的改變。「又因散發之時，不能肚餓，所以吃冷食，而且要趕快吃，不論時候，一日數次也不可定。因此影響到晉時『居喪無禮』。」詳見魯迅〈魏晉風度及文章與藥酒之關係〉，收錄於《魏晉思想 乙編三種》（里仁書局，1995 年 8 月31 日初版），本篇頁 7～16。

處？與養生相關的概念如神仙、卜筮之術，到了魏晉時期，嵇康作何詮釋？如何落實？其特別以「養生」論作，是不是有特別的體悟，對於當時及後世，產生了如何的影響？而過江三理中，養生一論與他論的婉轉關生爲何？試從其諸作探求之。

一、源於道家對生命之關懷

　　從老、莊的思想仔細深究反省，是否要因爲今日吾人研究的需要，從中冠上「養生」思想的名號，會不會因爲如此，而如同引神仙之說而成立的道教，引用一隅而成己之論，有可以探究的空間。學者李美燕從老、莊的「生死觀」、「形神觀」，來論其養生哲學之義涵〔註120〕；鄭志明在其〈《老子》的醫療觀〉一文：「這是一種對生命存有的文化醫療，關心的不是個體外在生理形式的病痛與災難，而是從宇宙法則的終極關懷，擴充人的主體生命在天地運行秩序中的對應之道。」〔註121〕「生死」、「形神」與「醫療」或多或少可以和養生有關，但無論是從那個角度來探究老莊的思想，應該如後者以道家對生命之終極關懷，以及主體性的自覺和超越爲出發點。否則就爲道日損、以有身爲患、生也有涯的觀點，與後世以延年益壽爲目的的養生之論，實爲不同的層次。

　　嵇康的養生之論，源於道家對生命之關懷，並非只是單純地遠企，這樣的自覺隱隱約約有前人帶路。在西漢董仲舒的儒學加上陰陽的思想，充滿意識形態的學術風氣中，開始瀰漫的讖緯符命思潮之下，經歷過新莽變革失敗的東漢知識分子，逐漸屛棄章句、陰陽、讖緯，從桓譚、王充、張衡，一直到漢末仲長統、荀悅、崔寔，一路走向的開放、落實現實。在經學方面，有鄭玄等大學者集古文今文之大成，以實事求是、富有科學思想的治學方法，開闢出一條新的學問之路。亂世儒家思想不足以挺立士人的生命，這也讓釋、道有發展的空間，道教也早已在民間生根。嵇康選擇了道家思想，以其際遇隨著年齡增長的壓力下，在生命上有所自覺，而在大時代重視養生之風，其實亦以道家爲立場來作融通。在各有其說的眾家養生之法，嵇康可說是開出一條普遍可行之路，不僅名士可行，眾生亦可行的導養之理，那是在道家的立場上，又能有所轉化而落實生命的理路。

〔註120〕李美燕〈由老莊的生死觀論其養生哲學〉、〈由莊子的生死觀論其養生哲學〉，
　　　　分別刊載於《國立屛東師範學院學報》第十一、十二期。
〔註121〕《鵝湖月刊》，2005年3月，頁28。

（一）《莊子・養生主》的關懷重點

觀察《道德經》與《莊子》，只有《莊子》有養生的專門篇章，〈養生主〉是內篇第三章，在〈逍遙遊〉與〈齊物論〉之後，全文可分爲二：一爲總綱，二爲相關的七個寓言。今以總綱爲要，來析論莊子養生所關懷的重點。

> 吾生也有涯，而知也無涯。以有涯隨無涯，殆矣；已而爲知者，殆而已矣。
>
> 爲善無近名，爲惡無近刑。緣督以爲經，可以保身，可以全身，可以養親，可以盡年。（〈養生主〉）〔註122〕

生命的危殆，在於以有涯隨無涯之無窮盡。郭象釋「生也有涯」句：「所稟之分各有所極也。」〔註123〕成玄英：「涯，分也。夫生也受形之載，稟之自然，愚智脩短，各有涯分。而知止守分，不蕩於外者，養生之妙也。」〔註124〕不要以名、刑作爲善惡的區別，泯一切是非而行所當行，爲所當爲，順中道而行，則可全矣。郭象與成玄英之注疏，概從性分自然的觀點詮釋，與〈逍遙遊〉注之看法相呼應：

> 夫小大雖殊，而放於自得之場，則物任其性，事稱其能，各當其分，逍遙一也，豈容勝負於其間哉！〔註125〕
>
> 物各有性，性各有極，皆如年知，豈跂尚之所及哉！〔註126〕
>
> 夫年知不相及若此之懸也，此於眾人之所懸，亦可悲矣。而眾人未嘗悲此者，以其性各有極也。苟知其極，則毫分不可相跂，天下又何所悲乎哉！
>
> 夫物未嘗以大欲小，而必以小羨大，故舉小大之殊各有定分，非羨欲所及，則羨欲之累可以絕矣。夫悲生於累，累絕則悲去，悲去而性命不安者，未之有也。〔註127〕

「物各有性，性各有極」，以此說「生也有涯」。「物未嘗以大欲小，而必以小

〔註122〕郭慶藩編，王孝魚整理：《莊子集釋》（台北：萬卷樓，1993 年 3 月初版二刷），頁 115。
〔註123〕同上註，頁 115。
〔註124〕同上註，頁 115。
〔註125〕同上註，頁 1。
〔註126〕同上註，頁 11。
〔註127〕同上註，頁 13。

羨大，故舉小大之殊各有定分，非羨欲所及，則羨欲之累可以絕矣」，「各當其分，逍遙一也」，免於羨欲之累，猶免於以有涯隨無涯之殆。

唐君毅則從「齊物」的觀點來闡釋「吾生也有涯」，此說亦有其理，可參考之：

> 養生主之根本問題，唯在求免于此以有涯隨無涯，以化除此中之「有涯與無涯之對反」，亦即化除吾人之生命與心知之內外間之對反。此則要在使吾人之生命中之生活習慣，不與心知結合，形成一定型之成心，以桎梏此生命與心知之流行。則其生命中，亦不復有此一「以有涯岸之物，以隨從於其心知之無窮無盡而無涯之後」之情形。然後此心知之接外物，亦不復師成心，以對其外之人物，為無窮之是非；而如自向內退還，以自處于其生命之流行之內。〔註128〕

消除成心，泯除一切無窮之是非，化除有涯與無涯之對反，即「化除吾人之生命與心知之內外間之對反」，那麼生命有涯亦無涯，唐君毅接著說：

> 則若其生命有涯，此心知自處在此生命之有涯之內，亦不見此生命之有涯。此心知不見有涯，則其自處于生命之內，即只是一片無涯之靈臺之光耀。反之，若此心知，果可說為無涯，具此心知之生命，亦可說為無涯。〔註129〕

如果依唐君毅以「齊物」的觀點順解而下，「為善無近名，為惡無近刑」二句亦不難解，即不要執著於名、刑而言為善為惡，為所當為，無執善惡。「緣督以為經」句成玄英解得簡易：「緣，順也。督，中也。經，常也。夫善惡兩忘，刑名雙遣，故能順一之中道，處真常之德，虛夷任物，與世推遷。業生之妙，在乎茲矣。」唐君毅先生亦為此意，文不贅引，重點在「此非意在教人為善或為惡，乃意在教人不可以有涯隨無涯，而以此善惡之事為證。」〔註130〕

無論是從「逍遙」或「齊物」的觀點來闡釋養生之微言大義，都有其深

〔註128〕唐君毅：《中國哲學原論──原道篇》（台北：台灣學生書局，1976 年 5 月修訂再版），頁 359。

〔註129〕同上註，頁 360。案：高柏園〈論莊子與嵇康的養生論〉中不採唐君毅將「生也有涯」之「生」解為「成心」，但在釋後文「為善無近名，為惡無近刑」有參用唐君毅以「成心」順解而下「泯是非」之詮解，如此是否有所矛盾呢？詳見《鵝湖》172 期，1988 年 10 月，頁 12～13。依筆者之見，唐君毅自言以〈齊物論〉求「生也有涯」之義，而郭象、成玄英是以物各適其性的「逍遙」觀來解釋，立場不同，但都能自圓其說。

〔註130〕同上註，頁 360。

刻的意涵，從觀念上去執除礙，落實到生命的實踐工夫，這便是基於對生命的關懷而所做的深刻省悟。

（二）對「欲」的省察

在〈養生論〉中，對「欲」的省察和老、莊可以說是相互呼應的：

> 而世人不察，惟五穀是見，聲色是眈，目惑玄黃，耳務淫哇，滋味煎其府藏，醴醪鬻其腸胃，香芳腐其骨髓，喜怒悖其正氣，思慮銷其精神，哀樂殃其平粹，夫以蕞爾之軀，攻之者非一塗，易竭之身，而外內受敵，身非木石，其能久乎？〔註131〕

世俗之人在口、耳、目、鼻、四肢等感官與器官在和外物的接觸上，是順從著欲望的發展，順其勢而為，沒有做徹底的省察。在情緒方面，並非以穩定的發展，喜怒無常、哀樂起伏、思慮不息，身軀非如木石般堅強，容易竭盡精力，又在身心方面處處遭遇各種形式的摧殘，如此能夠終其天年嗎？這樣地省察，和老、莊有相互呼應，《老子》中有文：

> 五色令人目盲，五音令人耳聾，五味令人口爽。馳騁畋獵令人心發狂，難得之貨令人行妨。（第十二章）〔註132〕

又《莊子·天地》有言：

> 且夫失性有五：一曰五色亂目，使目不明；二曰五聲亂耳，使耳不聰；三曰五臭薰鼻，困惾中顙；四曰五味濁口，使口厲爽；五曰趣舍滑心，使性飛揚。此五者，皆生之害也。〔註133〕

又《莊子·庚桑楚》：

> 貴富顯嚴名利六者，勃志也；容動色理氣意六者，（繆）〔謬〕心也。
> 惡欲喜怒哀樂六者，累德也；去就取與知能六者，塞道也。〔註134〕

前兩者在感官方面皆反省目見之五色、耳聽之五音、口嘗之五味，〈天下〉多了一鼻聞之五臭。之後論及心性：馳騁畋獵、趣舍滑心，則心狂性飛。礙於世之所貴之價值，則連行為都受到妨礙。〈庚桑楚〉則有四六依志、心、德與道所可能遭受的惑亂與損害，做了另一個層次的敘寫。

〔註131〕戴明揚：《嵇康集校注》（台北：河洛出版社，1978年5月），頁150～152。
〔註132〕樓宇烈校釋：《老子周易王弼注校釋》（台北：華正書局，1983年9月初版），頁28。
〔註133〕《莊子集釋》，頁453。
〔註134〕同上註，頁810。

　　嵇康與老、莊從生理與心志上，對於順欲而行、順情而發，抱持不樂觀的看法，是有害於生。然是不是以「止欲」爲養生之法，容後論之。

（三）道家養生的理境

　　在前言對道家思想是否以養生爲企求，在老子的《道德經》可說是不明顯的，《莊子》中則見於內篇之〈養生主〉，其餘則多散見於外篇或雜篇。然而在嵇康的〈養生論〉中，可以看到其對老、莊思想的體悟，融通運用所達的養生之理境：

> 善養生者則不然矣，清虛靜態，少私寡欲，知名位之傷德，故忽而不營，非欲而強禁也；識厚味之害生，故棄而弗顧，非貪而後抑也；外物以累心不存，神氣以醇白獨著，曠然無憂患，寂然無思慮。
> 〔註135〕

嵇康轉化老、莊之修養工夫，認爲善養生者是從觀念上先做導正的。「清虛靜態，少私寡欲」，見於《道德經》：「致虛寂，守靜篤」（第十六章）〔註136〕、「少私寡欲」（第十九章）。〔註137〕化老子修養工夫於養生理境，且對於私欲以寡少爲宜。「外物以累心不存」見於《莊子·外物》：「外物不可必。」〔註138〕外物不積存於心造成負累。「神氣以醇白獨著」見於《莊子·人間世》：「虛室生白。」〔註139〕〈天地〉篇以反面說之：「機心存於胸中，則純白不備。」〔註140〕「曠然無憂患，寂然無思慮」見於《莊子·庚桑楚》：「南榮趎蹴然正坐曰：『若趎之年長者已長矣，將惡乎託業以及此言邪？』庚桑子曰：『全汝形，抱汝生，無使汝思慮營營。若此三年，則可以及此言矣。』」〔註141〕在思慮方面，不營營造作。接著又說：

> 又守之以一，養之以和，和理日濟，同乎大順。〔註142〕

「守之以一」，見於《道德經》：「聖人抱一爲天下式。」（第二十二章）〔註143〕、

〔註135〕《嵇康集校注》，頁156。
〔註136〕《老子周易王弼注校釋》，頁35。
〔註137〕同上註，頁45。
〔註138〕《莊子集釋》，頁920。
〔註139〕同上註，頁150。
〔註140〕同上註，頁433。
〔註141〕同上註，頁777。
〔註142〕《嵇康集校注》，頁156。
〔註143〕《老子周易王弼注校釋》，頁56。

「載營魄抱一，能無離乎！」（第十章）〔註144〕「養之以和，和理日濟」見於《莊子·繕性》：「古之治道者，以恬養知；知生而無以知為也，謂之以知養恬。知與恬交相養，而和理出其性。」〔註145〕嵇康以治道猶如持生，以一以和歸納守養之大要。「同乎大順」見於《道德經》：「玄德深矣遠矣，與物反矣，然後乃至大順。」（第六十五章）〔註146〕以正確的方法養生，「和理」源源不斷地助養，將同道於天理，與天理順同，概能與天地同壽。得法之後又說：

> 然後蒸以靈芝，潤以醴泉，晞以朝陽，綏以五絃，無為自得，體妙
> 心玄，忘歡而後樂足，遺生而後身存。〔註147〕

最後強調以食以樂持養之理，靈芝、醴泉、朝陽、五絃皆溫潤之物，乃以濟和。「忘歡而後樂足，遺生而後身存。」見於《老子》：「後其身而身先，外其身而身存。」（第七章）〔註148〕末了仍舊回歸到道家無為玄妙之理境，非單純固著於形下之養身。

（四）「形神觀」的轉化

嵇康以老、莊之道，落實於養生之法，易簡工夫更吸引一般人在生活中實踐。不過就「養生」之事而論，在形神觀方面，有需要比較和澄清的地方。先看嵇康的形、神方面的論述：

> 精神之於形骸，猶國之有君也；神躁於中，而形喪於外，猶君昏於
> 上，國亂於下也。……君子知形恃神以立，神須形以存，悟生理之
> 易失，知一過之害生，故修性以保神，安心以全身，愛憎不棲於情，
> 憂喜不留於意，泊然無感，而體氣和平，又呼吸吐納，服食養身，
> 使形神相親，表裏俱濟也。〔註149〕

在此不逐句細論，而是就引文來檢視其形與神的層次。將精神和形骸，比喻君主和國家的關係。雖然精神為形體之主宰，但由此已知此形神皆屬於形而下心理和生理上的意義，是人的一體兩面。「形恃神以立，神須形以存」形神互依互存，「修性以保神」、「安心以全身」、「形神相親，表裏俱濟」句，都可

〔註144〕《老子周易王弼注校釋》，頁 22。
〔註145〕《莊子集釋》，頁 548。
〔註146〕《老子周易王弼注校釋》，頁 168。
〔註147〕《嵇康集校注》，頁 157。
〔註148〕《老子周易王弼注校釋》，頁 19。
〔註149〕《嵇康集校注》，頁 145～146。

以作爲證明。「無爲自得，體妙心玄，忘歡而後樂足，遺生而後身存」的生活美學，便是嵇康體證老、莊工夫論在養生方面的具體展現。

因而李美燕在其〈老、莊養生哲學的流變與影響——以嵇康與葛洪的〈養生論〉爲主〉中指出嵇康和老、莊的養生觀最大不同處，關鍵在於兩者「形神觀」有所不同，嵇康與莊子雖皆以「精神」爲形體之主宰，老莊的形神觀本是就人的精神生命，以精神爲形軀的主宰，透過生命修養的辯證，不只是對自然生命的養生之道。如老子說「致虛極，守靜篤」，莊子以「心齋」、「坐忘」、「朝徹」與「獨見」從「心」上修養，而以「不養爲養」，以「不益生」爲務，「不以導引爲壽」，都是道家有爲而無爲的超越。見解合理，但若以此言之，則老、莊的思想則不需執言「養生哲學」，其本是生命的修養工夫。再者，作者又說「嵇康在養神的說法裡，只見其把握『養生』的環節，提出理想生命的價值義，來契會老、莊的生命境界，而未見其生命修養工夫的辯證實踐。」〔註150〕因爲論題設限在嵇康的〈養生論〉，其實就會有所偏頗，嵇康之養生觀並非只限於〈養生論〉；而卻又以老、莊整體的修養工夫來檢識，概其以老、莊的思想爲立場，並採用世俗流傳可行之養生法，兼容並蓄，當然會有此情形。吾人應該從其的整體生命實踐，來檢視其生命修養的辯證實踐，若不是在養神之中落實，那是否表示其全然皆無？綜觀嵇康之論作，論理多爲往來的答難、論述充份運用名理來推類辨物，論作表述的內容與時世息息相關，其人生的際遇與抉擇更能證顯其生命修養的辯證實踐。

二、養生觀念的導正

（一）神仙非積學能至，導養以盡性命

李善注：「嵇喜爲嵇康傳曰：『康性好服食，常采御上藥』。」〔註151〕「採藥鍾山隅，服食改姿容」（〈遊仙詩〉）嵇康好服食、採御上藥的養生之術，似處於社會名士服食五石散之風氣，以及其曾從遊隱士孫登的影響，不過對於世俗追求神仙以希冀長生的觀念：「神仙可以學得，不死可以力致者」〔註152〕、

〔註150〕李美燕：〈老、莊養生哲學的流變與影響——以嵇康與葛洪的〈養生論〉爲主〉（屏東師院學報，1990 年），頁 327。

〔註151〕見景印摛藻堂，清高宗敕撰：《四庫全書薈要‧集部四六六‧文選‧卷五十三‧養生論》（台北：世界書局，1999 年）。

〔註152〕《嵇康集校注》，頁 143。

「上壽百二十，古今所同，過此以往，莫非妖妄者」〔註153〕，會造成養生之固著，提出「神仙非積學能至，導養以盡性命」的養生觀念，站在道家關懷人生、自然超越的立場，要導正世俗的固著。蓋觀念常會指導一個人的行為，行為日久成習，因為習慣而影響了成就，過猶不及都可能誤入歧途。〈養生論〉中回應世俗對神仙和上壽之限的看法：

> 夫神仙雖不目見，然記籍所載，前史所傳，較而論之，其有必矣；
> 似特受異氣，稟之自然，非積學能致也。至於導養得理，以盡性命，
> 上獲千餘歲，下可數百年，可有之耳。而世皆不精，故莫能得之。
>
> （〈養生論〉）〔註154〕

以史籍傳載為徵，肯定神仙的存在，世人即使不能親見，但其以「元氣」為對萬物構成之認識論，假設人體特受異氣，便自然成就神仙之質，此自然之姿非為學日益積累的方式可以達到的境界。若真要論說，嵇康則言「欲校之以形，則與人不異；欲驗之以年，則朝菌無以知晦朔，蜉蝣無以視靈龜。」〔註155〕也因此難以識別。難以識別易導致在記錄的時候，不能如實，而有妄語，如「劉根遐寢不食，或謂偶能忍飢；仲都多倮而體溫，夏裘而身涼，桓譚謂偶耐寒暑。李少君識桓公玉椀，則阮生謂之逢占而知。堯以天下禪許由，而揚雄謂好大為之。」〔註156〕嵇康概由較為明顯的例子，來說明世有如劉根、仲都、李少君等人，在身體上有異於常人之處。而堯之例，應只是作為妄記之比較，和養生無關。為什麼世人不相信劉根、仲都、李少君等人，在身體上有異於常人之處，實乃「上以周孔為關鍵，畢志一誠；下以嗜欲為鞭策，欲罷不能。馳驟於世教之內，爭巧於榮辱之間，以多同自滅，思不出位，使奇事絕於所見，妙理斷於常論；以言變通達微，未之聞也。」如果囿於世教、榮辱，識見隨波逐流，與世浮沉，思考單一而僵化，將使奇事、妙理沒有容身之地，要以此在言論的範圍內「變通達微」，十分困難，這是對於向子期〈難養生論〉囿於所見的勸說。

　　而一般人又認為上壽止於一百二十歲，不可多求的執迷，提出破解之道，是乃「導養得理，以盡性命」，壽命之盡，或千歲或百歲，關鍵在於是否能精於導養之理。

〔註153〕《嵇康集校注》，頁143。
〔註154〕同上註，頁144。
〔註155〕同上註，見〈答難養生論〉，頁186。
〔註156〕同上註，頁187。

（二）養生有其功效和必要

養生在嵇康看來，是爲了「盡性命」，此「盡」字有其意涵，未用一般所謂「延年益壽」之「延」與「益」，是要破除世人對性命囿於所見而畫地自限的觀念，也因此強調養生的功效和必要，其以爲稼、種田爲例：

> 夫爲稼於湯之世，偏有一溉之功者，雖終歸燋爛，必一溉者後枯，然則一溉之益，固不可誣也。而世常謂一怒不足以侵性，一哀不足以傷身，輕而肆之；是猶不識一溉之益，而望嘉穀於旱苗者也。
> 〔註157〕

旱田終歸燋爛，猶人同皆一死，一溉之功正如養生之效，不可輕忽抹煞，何況持之以恆不止一溉之作爲？由此段亦可見其養生之精細，一怒、一哀皆須斟酌，已有積少成多之慮。另外在養生方法上，也要有所變通：

> 夫種田者，一畝十斛，謂之良田，此天下之通稱也。不知區種，可百餘斛。田種一也，至於樹養不同，則功收相懸。謂商無十倍之價，農無百斛之望，此守常而不變者也。〔註158〕

在此以乾旱地帶深耕細作所採用的區種法，來說明田種之樹養不同，則有不同的功效。旱地猶可以樹養之法收十倍之穫，何況是人行養生所獲之功效？在確立養生之效果後，也提出了世人養生之盲點，以致未見功效：

> 其自用甚者，飲食不節，以生百病，好色不倦，以致乏絕，風寒所災，百毒所傷，中道夭於眾難，世皆知笑悼，謂之不善持生也。
> 〔註159〕

先對於世人普遍認同的觀念著手，是爲第一層次的「不善持生」。

> 至于措身失理，亡之於微，積微成損，積損成衰，從衰得白，從白得老，從老得終，悶若無端，中智以下，謂之自然，縱少覺悟，咸歎恨於所遇之初而不知慎眾險於未兆，是由桓侯抱將死之疾，而怒扁鵲之先見，以覺痛之日，爲受病之始也。害成於微，而救之於著，故有無功之治。馳騁常人之域，故有一切之壽。仰觀俯察，莫不皆然。以多自證，以同自慰，謂天地之理，盡此而已矣。〔註160〕

〔註157〕《嵇康集校注》，頁145～146。
〔註158〕同上註，頁147～148。
〔註159〕同上註，頁152。
〔註160〕同上註，頁153。

第二層次是中智以下「不知慎眾險於未兆」者，「害成於微，而救之於著」，因此而養，當然是「無功之治」。在此也強調世人識見常「以多自證，以同自慰」，所以未能防患於未然，使得養生失去意義。第三層次是知道養生之事，但卻仍無功者，其間有不同之情狀：

> 縱聞養生之事，則斷以己見，謂之不然。其次狐疑，雖少庶幾，莫知所由。其次自力服藥，半年一年，勞而未驗，志以厭衰，中路復廢，或益之以畎澮，而泄之以尾閭，欲坐望顯報者。或抑情忍欲，割棄榮願，而嗜好常在耳目之前，所希在數十年之後，又恐兩失，內懷猶豫，心戰於內，物誘於外，交賒相傾，如此復敗者。〔註161〕

第一種人即使聽聞了養生之事，也不加以採信者。第二種是對養生之說有所懷疑，雖想嘗試，但不知如何去做。第三種雖然行養生之事，但有「自力服藥，半年一年，勞而未驗，志以厭衰，中路復廢」是以未效半途廢之不求者；也有「益之以畎澮，而泄之以尾閭，欲坐望顯報」不知樟樹七年始覺，「以躁競之心，涉希靜之塗；意速而事遲，望近而應遠」者〔註162〕；抑或「抑情忍欲，割棄榮願，而嗜好常在耳目之前，所希在數十年之後，又恐兩失，內懷猶豫，心戰於內，物誘於外，交賒相傾，如此復敗者」，這便是不能專業，對於眼前之誘惑和數十年才能有成的養生之道，內外天人交戰，「偏恃者以不兼無功」〔註163〕，「兼」在此指形與神二者。若是就養生泛論之，則言不偏於自身之一和，而以外力輔助養生之「兼和」，在〈難宅無吉凶攝生論〉、〈答釋難宅無吉凶攝生論〉反複的強調觀念。另外對於術士過於執著，沒有顧全大體而失敗的，便是「追術者以小道自溺」〔註164〕，乃提醒求者應有正確的觀念，來行養生之事，不疑過度迷信偏方道術，杜絕養生的歪風。

最後補充使用「延年益壽」一詞是否有誤，但見嵇叔夜也不避諱使用，且並不造成自相矛盾的情形，觀其所用之處：

> 養生有五難……五者無於胷中，則信順日濟，玄德日全。不祈喜而有福，不求壽而自延。此養生大理之所效也。然或有行踰曾閔，服膺仁義，動由中和，無甚大之累，便謂仁理已畢，以此自臧。而不

〔註161〕《嵇康集校注》，頁154。
〔註162〕同上註，頁155。
〔註163〕同上註，頁156。
〔註164〕同上註。

盪喜怒，平神氣，而欲卻老延年者，未之聞也。或抗志希古，不榮
名位，因自高於馳騖。或運御世，不嬰禍，故以此自責。此於用身
甫與鄉黨□齒者年同耳。以言存生，蓋闕如也。或棄世不群，志氣
和粹，不絕穀茹芝，無益於短期矣。或瓊糇既儲，六氣並御，而能
含光內觀，凝神復璞，棲心於玄冥之崖，含氣於莫大之涘者。則有
老可卻，有年可延也。〔註165〕

發現能避養生五難者，是達養生之大理，「不求壽而自延」；「有老可卻，有年
可延」則除了避養生五難，還能夠以上藥、六氣裕身，形神兼養。於是除了
盡性命之外，更可以卻老延年。要強調的是，卻老延年是在盡性命之後說，
若不達盡性命之程度，則無老可卻，無年可延。

（三）導而養之，得理而非禁欲

在上一節第二段對欲的省察，從生理與心志上，對於順欲而行、順情而
發，抱持不樂觀的看法，是有害於生，但並非全然地「止欲」，而是「少私寡
欲」地節制情欲。〈聲無哀樂論〉首答中有言：

古人知情不可恣，欲不可極，故因其所用，每爲之節。使哀不至傷，
樂不至淫。〔註166〕

〈養生論〉亦有言：

善養生者則不然矣，清虛靜態，少私寡欲，知名位之傷德，故忽而
不營，非欲而強禁也；識厚味之害生，故棄而弗顧，非貪而後抑也。

〔註167〕

在認知上，若能先有自覺性的養生概念，知情欲汲汲營營之傷德害生，以「忽
而不營」、「棄而弗顧」之捨離觀，但「非欲而強禁」、「非貪而後抑」，絕對的
禁止違反自然，且人總有情欲的基本需求，所以要「少私寡欲」，保持「清虛
靜態」之境。

在〈難養生論〉中，對於向子期以「嗜欲：好榮惡辱，好逸惡勞，皆生於
自然。」對嗜欲以爲人情之自然，何必棄之？在〈養生論〉之後難此，或許會
讓人以爲向子期沒有明白嵇康對欲求「令室食得理而非強禁」的態度，其實這
個問題也是世人的盲點，嵇康也在〈答難養生論〉中說明，以解世人之惑：

〔註165〕《嵇康集校注》，頁 191～192。
〔註166〕同上註，頁 197～198。
〔註167〕同上註，頁 156。

> 夫嗜欲雖出於人，而非道之正。猶木之有蝎，雖木之所生，而非木
> 之宜也。故蝎盛則木朽，欲勝則身枯。然則欲與生不並久，名與身
> 不俱存，略可知矣。而世未之悟，以順欲爲得生，雖有厚生之情〔註
> 168〕，而不識生生之理。故動之死地也。〔註169〕

以木之有蝎，來比喻人有嗜欲，蝎非木之所宜，如嗜欲非道之正。蝎盛木朽，
欲勝身枯，由此推論出欲與名非生命與身理共並俱久存者。若以順欲爲得生，
即使有養生的企求，卻對於養生沒有辦法契入，因其不識生生之理，未以理
求之。順從欲望之發展來厚養生命，則讓生命步向死地：

> 久恬閑居，謂之無歡；深恨無肴，謂之自愁。以酒色爲供養，謂長
> 生爲無聊。然則子之所以爲歡者，必結駟連騎，食方丈於前也。夫
> 俟此而後爲足，謂之天理自然者，皆役身以物，喪志於欲，原性命
> 之理，有累於所論矣。夫渴者唯水之是見，酌者唯酒之是求。人皆
> 知乎生於有疾也。今若以從欲爲得性，則渴酌者非病，淫湎者非過，
> 桀跖之徒皆得自然，非本論所以明至理之意也。〔註170〕

若以足欲謂之天理自然，則是以物役身，於欲喪志，推溯性命之理，則和向
子期自己所論之嗜欲、富貴出於自然，「求之以道，不苟非義」〔註171〕，「不
得相外」〔註172〕，有所相累，乃因雖求之以道，然欲求不滿，又不得相外，
如何爲足？「自然之得，不由抑引之六經；全性之本，不須犯情之禮律。故
仁義務於理僞，非養眞之要術，廉讓生於爭奪，非自然之所出也。」〔註173〕
如果要依道義來規範嗜欲，在魏晉時期掌權者以名教爲掩護，從事非道義之
作爲，那人民將何所適從？

　　另外，「以從欲爲得性，則渴酌者非病，淫湎者非過，桀跖之徒皆得自然」，
來反駁「或睹富貴之過，因懼而背之，是猶見食之有噎，因終身不飡耳。」〔註
174〕且落入嗜欲的滿足與順勢，並「非本論所以明至理之意也」，可見在養生
論道上，對於要如何少私寡欲，如何看待富貴，又有一番深論，見下段說明。

〔註168〕「厚」生之情，揚校依吳注本改。
〔註169〕《嵇康集校注》，頁168～169。
〔註170〕同上註，頁188。
〔註171〕同上註，頁163。
〔註172〕同上註。
〔註173〕同上註，見〈難自然好學論〉，頁261。
〔註174〕同上註，見〈難養生論〉，頁163。

（四）富莫大於知足

向子期除了發難嗜欲出於自然，對於富貴也有所高見：「貴則人順己行義於下，富則所欲得以財聚人，此皆先王所重，開之自然，不得相外也。」〔註175〕「富與貴，是人之所欲也，但當求之以道，不苟非義。」〔註176〕對於在上位者有所用，對一般人則以道得之，「節之以禮」，未爲不可。這是用社會的政治制度與道德規範來節制欲望。另外先王之教觀念根深蒂固，要世人對富貴「少私寡欲」，還得要有令人信服之道理，嵇康論之如下：

> 且聖人寶位，以富貴爲崇高者，蓋謂人君貴爲天子，富有四海。民不可無主而存，主不能無尊而立。故爲天下而尊君位，不爲一人而重富貴也。〔註177〕

處於帝制時代，君臨天下，民依其存，故有貴賤貧富之別，不過嵇康強調的是主依尊立，要爲天下來尊崇君位，而不是因爲人君貴爲天子，富有四海，若以富貴來突顯君位，則是強調了富貴的重要性，本末倒置。這對於現代的民主政治，也有很深刻的提醒。

> 又曰：富與貴是人之所欲者，蓋爲季世惡貧賤，而好富貴也。未能外榮華而安貧賤，且抑使由其道而不爭。不可令其力爭，故許其心競。中庸不可得，故與其狂狷。此俗談耳。不言至人當貪富貴也。
> 〔註178〕

對於「富與貴是人之所欲者」，表達了此言說社會亂世背景，但這樣的說法，並沒有鼓勵人追求富貴，反而是在亂世中止亂所用的勉爲其難、無可奈何之法，來對治世俗人心，不是對治於至人。聖人不得已而臨天下，以天下爲公：

> 聖人不得已而臨天下，以萬物爲心，在宥羣生，由身以道，與天下同於自得。穆然以無事爲業，坦爾以天爲公。雖居君位，饗萬國，恬若素士接賓客也。雖建龍旂，服華袞，忽若布衣之在身。故君臣相忘於上，蒸民家足於下。豈勸百姓之尊己，割天下以自私，以富貴爲崇高，心欲之而不已哉？〔註179〕

至此，嵇康從否定從欲、足欲爲養生得性的觀念，再導正世人對富貴的觀念，

〔註175〕《嵇康集校注》，見〈難養生論〉，頁162〜163。
〔註176〕同上註，頁163。
〔註177〕同上註，見〈答難養生論〉頁170。
〔註178〕同上註，頁170〜171。
〔註179〕同上註，頁171。

說明聖人得君位、處富貴從容自適的態度，「恬若素士接賓客」，「忽若布衣之在身」，最重要是使「蒸民家足於下」。對於向子期提出貴與富是人君用以順民聚眾之用，嵇康回應：「君子出其言，善則千里之外應之，豈在於多，欲以貴得哉？」〔註180〕「耕而爲食，蠶而爲衣，衣食周身，則餘天下之財。……豈待積斂，然後乃富哉？」〔註181〕若能體會君子之用心，「蓋將以名位爲贅瘤，資財爲塵垢也」〔註182〕而得「安用富貴乎？」〔註183〕的結論。聖人不用富貴，非以富貴而尊，嵇康深知欲求之患：

> 欲之患其得，得之懼其失，苟患失之無所不至矣。在上何得不驕？
> 持滿何得不溢？求之何得不苟？得之何得不失耶？〔註184〕

在患得患失之間，人之身心俱疲，智用於「患失之無所不至」則害生，再深論之「世之難得者，非財也，非榮也，患意之不足耳」，知足常樂之道，才是真正富貴之道：

> 意足者，雖耦耕甽畝，被褐啜菽，豈不自得。不足者雖養以天下，
> 委以萬物，猶未愜然。則足者不須外，不足者無外之不須也。無不
> 須，故無往而不乏。無所須，故無適而不足。不以榮華肆志，不以
> 隱約趨俗。混乎與萬物並行，不可寵辱，此真有富貴也。故遺貴欲
> 貴者，賤及之；故忘富欲富者，貧得之。理之然也。今居榮華而憂，
> 雖與榮華偕老，亦所以終身長愁耳。故老子曰：樂莫大於無憂，富
> 莫大於知足，此之謂也。〔註185〕

此義正如老子所言：「禍莫大於不知足，咎莫大於欲得；故知足之足，常足矣！」〔註186〕意足則無不須，無所須，知足爲真富貴，行以此道則無所不往，無所不適，不因或富或貴得寵辱，是不可寵辱，才是真有富貴。如此志可持，俗可免，與萬物並行。於理上說，意不足者，欲深谿壑，在不斷地遺貴忘富，又求貴求富，這樣的人才是最貧賤的啊！

〔註180〕《嵇康集校注》，頁172。
〔註181〕同上註，頁173。
〔註182〕同上註。
〔註183〕同上註。
〔註184〕同上註，頁172。
〔註185〕同上註，頁173～174。
〔註186〕樓宇烈：《老子 周易王弼校釋》（華正書局，1983年），頁125。

（五）養生之前提

在對養生有初步正確的觀念之後，嵇康分析了聖人雖有厚生之情，盡導養之事，然未見養生得長壽的原因：

> 難曰：「聖人窮理盡性，宜享遐期，而堯孔上獲百年，下者七十，豈復疏於導養乎？」案論堯孔雖稟命有限，故導養以盡其壽。此則窮理之致，不爲不養生得百年也。且仲尼窮理盡性，以至七十，田父以六弊蠢愚，有百二十者。若以仲尼之至妙，資田父之至拙，則千歲之論奚所怪哉？〔註187〕

堯百年、孔七十之壽皆以其稟命，導養盡其壽，所以不可有養生即得百年的想法。若能以仲尼之至妙，幫助田父之至拙，則千歲可企。令外，聖人雖盡導養之事，然其外務勞心傷神，損己爲世者不在話下：

> 且凡聖人，有損己世，表行顯功，使天下慕之，三徙成都者。或菲食勤躬，經營四方，心勞形困，趣步失節。或奇謀潛稱，悉及干戈，威武殺伐，功利爭奮。或脩身以明汙，顯智以驚愚，藉名高於一世，取准的於天下，又勤誨善誘，聚徒三千，口勌談議，身疲磬折，形若救孺子，視若營四海。神馳於利害之端，心驚於融辱之塗，俛仰之間，已再撫宇宙之外者。〔註188〕

這些聖人爲天下之作爲，不是勞形，便是傷神，或時時刻刻攬盡天下之重任，「若比之於內視反聽，愛氣吝精；明白四達，而無執無爲；遺世坐忘，以寶性全眞」〔註189〕，兩者皆盡導養之能事，所獲之功效，嵇康是不以等同視之也。何者？

> 今不言松柏，不殊於榆柳也。然松柏之生，各以良殖遂性。若養松於灰壞，則中年枯隕。尌之重崖，則榮茂日新。此亦毓形之一觀也。
> 〔註190〕

第一，暫不言體質之別，就生存環境而言，就要選擇適合的環境，例如將松柏種植在深層無水源的灰壞中，那麼到了中年就會枯損；如果種在高高的山崖上，就會日益繁榮。這樣長青的植物，便是一個養形育體的好例子。

〔註187〕《嵇康集校注》，頁 177。
〔註188〕同上註，頁 177～179。
〔註189〕同上註，頁 179。
〔註190〕同上註。

> 竇公無所服御，而致百八十。豈非鼓琴和其心哉？此亦養神之一微
> 也。〔註191〕

第二，盲樂師竇公非以食補身，卻活了百八十歲，可見借助音樂使心神平和，發揮了養生的功效，是保養精神的證明。除了養形保神，還有其他要項：

> 火蠶十八日，寒蠶三十日餘，以不得踰時之命，而將養有過倍之隆。
> 溫肥者早終，涼瘦者遲竭。斷可識矣。圉馬養而不乘，用皆六十歲。
> 體疲者速彫，形全者難斃。又可知矣。富貴多殘，伐之者眾也。野
> 人多壽，傷之者寡也。亦可而見矣。〔註192〕

「溫肥者早終，涼瘦者遲竭」，在現代人營養過剩，容易引發慢性疾病的時代，瘦身之風日益盛行，或許有所前瞻。「體疲者速彫，形全者難斃」，科技日益精進，現代人卻過勞致死，也有所警惕。「富貴多殘，伐之者眾也。野人多壽，傷之者寡也」二〇〇六年總統女婿趙建民所引發的風波，各方之攻訐，對於雙方之影響，便可知矣。如何始能契入養生之道？「知酒肉為甘鳩，棄之如遺；識名位為香餌，逝而不顧。」〔註193〕「今能使目與聵者同功，口與聾者等味，遠害生之具，御益性之物。則始可與言養性命矣。」〔註194〕要進入養生實踐的階段，並且有所成就，是有前提的，養生有五難：「名利不滅，此一難也。喜怒不除，此二難也。聲色不去，此三難也。滋味不絕，此四難也。神慮轉發，此五難也。」〔註195〕實為嵇康的驗證與提醒。

三、和的養生觀

「元氣陶鑠，眾生稟焉。」〔註196〕在前論已明嵇康有氣化論的概念，在〈聲無哀樂論〉中，以「和」為音樂之至，更以音樂盡導養能事，以音樂之和氣，來融通人之身心，讓人之形神與音樂之和美一致。「和」便是在氣化自然的宇宙觀與認識論之下，所達到的最高境界。我們試從〈聲無哀樂論〉中以「和」之觀點切入養生之論，會發現嵇康在養生的理論和實踐都不離「和」之原則，如此也是本論文要試探〈聲無哀樂論〉可以婉轉關生「養生」論的目的。

〔註191〕《嵇康集校注》，頁179。
〔註192〕同上註，179～180。
〔註193〕同上註，頁169。
〔註194〕同上註，頁180。
〔註195〕同上註，頁191～192，
〔註196〕同上註，見〈明膽論〉，頁249。

> 古之王者，承天理物，必崇簡易之教，御無爲之治；君靜于上，臣
> 順于下，玄化潛通，天人交泰，枯槁之類，浸育靈液，六合之內，
> 沐浴鴻流，蕩滌塵垢。群生安逸，自求多福，默然從道，懷忠抱義，
> 而不覺其所以然也。和心足於內，和氣見於外；故歌以敘志，儛以
> 宣情；然後文之以采章，照之以風雅，播之以八音，感之以太和；
> 導其神氣，養而就之；迎其情性，致而明之。使心與理相順，氣與
> 聲相應；合乎會通，以濟其美。〔註197〕

達成「和心足於內，和氣見於外」是古之王者「崇簡易之教，御無爲之治」
的成果，「無聲之樂」才是嵇康的初衷。歌與舞是自然而然發展成爲敘述心
志，宣揚情懷的形式，經過了朝廷的編採潤飾，才形成更爲典雅的詩歌形
式，加上樂器的配合伴奏，以時空所建構的和諧向度感動人心。也要到了
「感之以太和」的階段，才可能進行神氣的導養，使萬化在和聲的迎合之
下，彰顯自己全然的本情本性。至此突顯「聲無哀樂」之論點，若聲有哀
樂，則萬化不可能各顯情性。心與理相順，氣與聲相應，便是「致虛極」
的工夫，才可能合乎會通之道，呈現出教化的藝術境界。這裡要表現的是
和聲的導養彰明之功，牽涉到人的神氣情性。〈聲無哀樂論〉中所言是無爲
之治對於人在精神上的感化，對於個人平日的修養，在〈養生論〉中有精
要之論：

> 精神之於形骸，猶國之有君也。神躁於中；而形喪於外，猶君昏於
> 上，國亂於下也。……君子知形恃神以立，神須形以存，悟生理之
> 易失，知一過之害生，故修性以保神，安心以全身，愛憎不棲於情，
> 憂喜不留於意，泊然無感，而體氣和平，又呼吸吐納，服食養身，
> 使形神相親，表裏俱濟也。〔註198〕

神與形以君與國的形式而產生互依互存的表裏關係，生命之理是很容易喪
失，只要稍有疏失就會傷害生命，修性安心才能保神全身，情意不棲留於愛
憎憂喜，可見仍會有愛憎憂喜，但不要執著，而處之淡然猶如無感一般，才
能維持體氣平和。這便是〈聲無哀樂論〉中提及的「和心」、「和氣」。加上呼
吸吐納與服食養身，使形神內外都得到濟助兼養之功。

　　再回到第一段引文「然後文之以采章，照之以風雅，播之以八音，感之

〔註197〕《嵇康集校注》，頁222。
〔註198〕同上註，頁145～146。

以太和」處。以歌舞敘志宣情，文章與風雅相和，採取音樂的形式播誦，音樂是因其和諧，以「和」的狀態感動人心：

> 夫音聲和比，人情所不能已者也。是以古人知情不可放，故抑其所遁；知欲不可絕，故因其所自。〔註199〕故爲可奉之禮，制可導之樂。
> 口不盡味，樂不極音；揆終始之宜，度賢愚之中，爲之檢則，使遠近同風，用而不竭，亦所以結忠信、著不遷也。〔註200〕

「夫音聲和比，人情所不能已者也。」人對和諧樂音都能有所感懷，是其能夠進行導養之因。〈琴賦〉：「可以導養神氣，宣和情志，處窮獨而不悶者，莫近於音聲也。」〔註201〕在此指出了音樂導養則可使神氣充盈而不鬱塞，再使人融入音樂之體依其理則達至「和」，這樣的功效甚可解消處窮獨者之失意鬱悶，何況是一般人用以養生。在導養的音樂上，爲了避免世俗之人對如鄭聲之妙樂沒有駕馭的能力，反而更加委靡不振，聖人採取禮樂並行之法，「爲可奉之禮，制可導之樂」，注重普及性與可行性。「揆終始之宜，度賢愚之中」彷如莊子「緣督以爲經」之理則，常道以致萬國同風，有聚力、持久之效。

「琴瑟之體，閒遼而音埤，變希而聲清；以埤音御希變，不虛心靜聽，則不盡清和之極，是以體靜而心閒也。」〔註202〕在音聲之中，嵇康以琴德爲最優，其根據樂器音樂之特色，提示了特別是以琴瑟之樂和心要能「虛心」，才能極至清和，體靜而心閒。〔註203〕利用音聲從而引導出人的神氣，再以音樂之和體蓄養之，使神氣趨於和，如此可以迎合個體本身的質體的情性，並將其充分地展現，〈琴賦〉中：「伯夷以之廉，顏回以之仁，比干以之忠，尾生以之信，惠施以之辯給，萬石以之訥慎。其餘觸類而長，所致非一；同歸殊塗，或文或質。」〔註204〕由和氣觸類而長情性，於是各有所顯，情性非一，

〔註199〕戴明揚依墨校改吳鈔本「自以爲致」。
〔註200〕《嵇康集校注》，頁223。
〔註201〕同上註，頁83。
〔註202〕同上註，頁215。
〔註203〕「夫氣靜神虛者，心不存乎矜尚」，「矜尚不存乎心，故能越名教而任自然」是論君子猶論養生。在以音樂養生時，不應有自我之意識存在，採取人爲萬物之主的態度，氣靜神虛者，才能超越音樂的既有的形式（如祭祀宴饗），與音樂之和自然相融。
〔註204〕《嵇康集校注》，頁107～108。

然皆由和,是乃殊途同歸,「導其神氣,養而就之;迎其情性,致而明之。」
〔註205〕正爲言此。使心順從於理,這是自覺、主動,非由名教硬性規定爲制
度。氣與聲相應,因聲不同,所需之氣不同,合於會通之道,是乃和理日濟,
重視積漸的功夫,而同美於大順的表現。

除了用音樂薰染,也以食物之調理,既然眾生稟氣而成,在飲食方面,
注意到食物薰染人氣的層面:

> 且豆令人重,榆令人瞑,合歡蠲忿,萱草忘憂,愚智所共知也。薰
> 辛害目,豚魚不養,常世所識也。蝨處頭而黑,麝食柏而香,頸處
> 險而癭,齒居晉而黃。推此而言,凡所食之氣,蒸性染身,莫不相
> 應。〔註206〕

這是多從一般人通知食物(包含植物:豆、榆、萱草、柏;動物:豚魚;氣
味:薰辛)對人與動物的影響來說,此處看來大概只有萱草忘憂、麝食柏而
香是對養生有益的。也兼提環境對人體的影響,此可與討論以宅之吉凶論攝
生之道處作連結,在此仍以「所食之氣,蒸性染身,莫不相應」作爲討論的
重點。以此推論出應有食物可使人身體輕盈、耳聰目明、筋骨硬朗堅強而卻
老延年者:

> 豈惟蒸之使重而無使輕,害之使暗而無使明,薰之使黃而無使堅,
> 芬之使香而無使延哉?故神農曰:上藥養命,中藥養性者,誠知性
> 命之理,因輔養以通也。〔註207〕

其實就好像要藥有毒藥,但也有解藥一樣。如果推論無誤,那神農所言便爲
可信。以上藥、中藥輔養性命,合於性命之理,不過「上藥希寡,艱而難致;
五穀易殖,農而可久」〔註208〕,所以向子期以神農唱五穀,是囿於所見。若
是祭祀祈福,以德信爲饗,不必如向子期所言:「黍稷惟馨,實降神祇。」〔註
209〕雖然肴糧有宜生之驗,充體之益,然延生莫屬上藥,這是嵇康的堅持。有
例可證:

> 故赤斧以練丹頹髮,涓子以朮精久延,偓佺以松實方目,赤松以水

〔註205〕《嵇康集校注》,見〈聲無哀樂論〉,頁222。
〔註206〕同上註,見〈養生論〉,頁149~150。
〔註207〕同上註,頁150。
〔註208〕同上註,見〈答難養生論〉,頁180。
〔註209〕同上註,見〈難養生論〉,頁164。

　　玉乘烟，務光以蒲韭長耳，邛疏以石髓駐年，方回以雲母變化，昌

　　容以蓬蔂易顏，若此類，不可詳載也。〔註210〕

丹、朮精、松實、水玉、蒲韭、石髓、雲母、蓬蔂都讓人體質產生了變化：顏
髮、方目、乘烟、長耳、變化、易顏，亦有久延、駐年者。而這些都不是五穀
可以達到的功效。〔註211〕另外，論及上藥，嵇康順帶提及「呼吸吐納」之用：

　　准性理之所宜，資妙物以養身。植玄根於初九，吸朝霞以濟神。

　　〔註212〕

　　豈若流泉甘醴，瓊蘂玉英。金丹石菌，紫芝黃精。皆眾靈含英，獨

　　發奇生。貞香難歇，和氣充盈。澡雪五臟，疏徹開明。吮之者體輕。

　　又練骸易氣，染骨柔筋。滌垢澤穢，志凌青雲。〔註213〕

妙物養生的功效，仍在食之和氣充盈，其與以樂音之和，使「氣與聲相應」
之理同。此外呼吸吐納以濟神，練骸易氣，可染骨柔筋、去除穢氣。上藥對
身理的調養，具有清明輕盈之效，加上氣的鍛練，可讓筋骨柔軟，心志騰雲。
食須入口，進到體內消化吸收，在飲食上確實要特別留意。嵇康凡事以理求
之，然世人囿於所見，常順欲而行：

〔註210〕《嵇康集校注》，頁185～186。
〔註211〕黃靜芝〈理想與現實結合的養生論——試探嵇康〈養生論〉〉以歷代中醫「藥
　　　　補不如食補」的養生觀點來評判藥補之害生。然其行文中言「何晏服食的目
　　　　的在『非惟治病』，亦覺神明開朗（《世說新語·言語篇》），本是為了治病，
　　　　到後來卻成為其塑造美姿儀的工具，而時人追求風雅，竟也相爭服食，使絕
　　　　大多數人因『散發』不得宜反而身染重病（如皇甫謐）或性情異常（如北魏
　　　　太祖拓跋珪），甚至有人因此暴斃者（如裴秀）」。見《雲漢學刊》1997年5
　　　　月，頁171。《世說》之意，在言上藥不只是治病，還能使「神明開朗」，有
　　　　養神之效。後人服食行散不得宜，是人為之疏失，不能歸咎於上藥，在論理
　　　　的同時，若漠視上藥一環，則理何能通，何能高？再者，嵇康以上藥、中藥
　　　　作為輔養性命之方，也提醒用者當之知「性命之理」。也沒有排斥食補。另外
　　　　作者也提到除了呼吸吐納之「氣補」，應該還要注意筋骨之鍛鍊。嵇康做過打
　　　　鐵匠，所以在身體的勞動上應該沒有疏忽。在論理時也說「練骸易氣，染骨
　　　　柔筋。」可見呼吸吐納除了養氣，更是一種深入活動筋骨之法。呼吸在各項
　　　　運動中是很重要的基礎，例如瑜珈中所採用的腹式呼吸，猶如《莊子》中「吸
　　　　之以踵」，實際上是一種全身的活動。最後，以生命檢視嵇叔夜之養生，嵇康
　　　　以「性烈」之習氣，嫉惡如仇，得罪當局，未能盡性命，實為一憾，然卻真
　　　　正實踐生命「任自然」之道，「忘歡而後樂足，遺身而後身存」的逍遙自得。
　　　　習氣之難除，正如阿羅漢與菩薩、佛陀之差別。
〔註212〕〈答難養生論〉，頁182。
〔註213〕同上註，頁184～185。

而世人不察，惟五穀是見，聲色是耽，目惑玄黃，耳務淫哇，滋味
煎其府藏，醴醪鬻其腸胃，香芳腐其骨髓，喜怒悖其正氣，思慮銷
其精神，哀樂殃其平粹，夫以蕞爾之軀，攻之者非一塗，易竭之身，
而外內受敵，身非木石，其能久乎？〔註214〕

對治嗜欲，嵇康仍以和糾正之。前論已言，在欲求方面，認同向子期所言「感
而思室，飢而求食，自然之理也」〔註215〕。但並非禁止這樣的自然之欲，而
是要讓「室」、「食」如此的自然之欲依理發展。依何理？嵇康將嗜欲分為性
動和智用兩者：

夫不慮而欲，性之動也；識而後感，智之用也。性動者，遇物而當，
足則無餘。智用者，從感而求，勌而不已。故世之所患，禍之所由，
常在於智用，不在於性動。今使瞽者遇室，則西施與嫫母同情。聵
者忘味，則糟糠與精粹等甘。豈識賢、愚、好、醜，以愛憎亂心哉？
君子識智以無恒傷生，欲以逐物害性。故智用則收之以恬，性動則
糾之以和。使智上於恬，性足於和。然後神以默醇，體以和成，去
累除害，與彼更生。〔註216〕

性動者足則滿矣，智用者求之不倦，是以為禍之所由。性動者落入欲望之追
求則有害，概因若口爽之味無盡，目盲之色無窮；智用者今日愛則愛矣，來
日恐生變。人若陷於以智用來滿足性動，而陷入追逐與變動之中，則必然害
生，這也是養生五難中的第五難「神慮轉發」。「智用則收之以恬，性動則糾
之以和」〔註217〕恬與和可收智用與糾性動。如此精神則可恆定默醇，形體以
和養成，去除生命不必要之務，依自然之理相生。向子期認為智與情是人與
萬物最大的不同，人懂得用智來處理事情，因為有情所以生命因此得樂，以
此導至隨之而來的嗜欲與富貴。嵇康對此則加強「使動足資生，不濫於物，
知正其身，不營於外。背其所害，向其所利。此所以用智逐生之道也。故智
之為美，美其益生而不羨；生之為貴，貴其樂和而不交，豈可疾智而輕身，
勤欲而賤生？」〔註218〕此用智逐生正是要做到「古之人知酒肉為甘鳩，棄之

〔註214〕〈答難養生論〉，見〈養生論〉，頁 150～152。
〔註215〕《嵇康集校注》，頁 174。
〔註216〕同上註，見〈答難養生論〉，頁 174～175。
〔註217〕同上註，頁 175。
〔註218〕同上註，頁 169～170。

如遺；識名位為香餌，逝而不顧」〔註219〕，「吉凶之理，故背之不惑，棄之不疑也」〔註220〕，背害向利，智以益生而美，生以樂和為貴，所以若不能放下對於嗜欲的執著，則陷入無止盡的差別比較之中，「交賒相奪，識見異情也」〔註221〕，「心戰於內，物誘於外，交奢相傾，如此復敗者」〔註222〕，則不能契入養生之道。

言交與賒，則是強調養生與害生皆在積漸的功夫上，要特別小心，有累於身亦會妨礙識見，則交賒之理不辨。「理足以於內，乘一以御外，何物之能默然哉？由此言之，性氣自和，則無所困於防閑；情志自平，則無鬱而不通。世之多累，由見之不明耳」〔註223〕，守一之道，乃「養形保神，表裡俱濟」以形神相親，「以大和為至樂，恬澹為至味」，以和與恬為至，以收智用與糾性動。

綜上所述，養生之道簡述如下：

> 善養生者則不然矣，清虛靜態，少私寡欲，知名位之傷德，故忽而不營，非欲而強禁也；識厚味之害生，故棄而弗顧，非貪而後抑也；外物以累心，不存神氣，以醇百獨著，曠然無憂患，寂然無思慮，又守之以一，養之以和，和理日濟，同乎大順。然後蒸以靈芝，潤以醴泉，晞以朝陽，綏以五絃，無為自得，體妙心玄，忘歡而後樂足，遺生而後身存，若此以往，庶可與羨門比壽，王喬爭年，何為其無有哉！〔註224〕

其論由養生之理則「清虛靜態，少私寡欲」談起，理足於內，觀念一定要正確。

對於嗜欲則探守一之道對治之，以和為養生之主線，在從音樂、上藥之氣來輔助形、神，以和理成就積累之工夫，和同於自然，則羨門、王喬之壽可期。在此嵇康談的是養生之至理，至於實踐之道，視個人之體悟與資質，「神仙非積學能至」，即言此爾。嵇康簡擇出易簡大要，沒有繁複神祕的道教之法，卻有深刻精準的道家思維，兩者並不互相衝突，而是將道家之思維，以道教

〔註219〕《嵇康集校注》，頁169。
〔註220〕同上註，頁175。
〔註221〕同上註，頁176。
〔註222〕〈養生論〉，頁155。
〔註223〕《嵇康集校注》，頁169。
〔註224〕同上註，見〈養生論〉，頁156～157。

之法輔助養生〔註225〕，突顯一「境界與實有互濟的養生論」〔註226〕，在自我生命中尋求實踐之道。

在前文「橘渡江爲枳，易土而變，形之異也。」「蝨處頭而黑，麝食柏而香，頸處險而癭，齒居晉而黃。」稍微論及環境（地理、氣候、水土等）對於養生，也有一定之影響，養生也要注意到外界環境所帶來的福與禍。這在〈養生論〉與〈答難養生論〉中的論述不多，以致大部分研究者因集中在此二篇的討論上有所忽略。不過也有研究者已將〈難宅無吉凶攝生論〉、〈答釋難宅無吉凶攝生論〉納入養生討論的範圍。〔註227〕阮德如〈宅無吉凶攝生論〉：「故壽強，專氣致柔，少私寡欲，直行情性之所宜，而合於養生之正度，求之於懷抱之內而得知矣」〔註228〕，「養生之道，莫如和，和則爲盡矣」〔註229〕，嵇康也頗爲認同，「但謂全生不盡此耳」：

> 誠哉斯言！匪謂不然？但謂全生不盡此耳。夫危邦不入，所以避亂政之害。重門擊柝，所以避狂暴之災。居必爽塏，所以遠風毒之患。凡事之在外能爲害者，此未足以盡其數也。安在守一利而可以爲盡乎？夫專靜寡欲，莫若單豹，行年七十，而有童孺之色，可謂柔和之用矣；而一旦爲虎所食，豈非恃內而忽外耶？若謂豹相正當給廚，雖智不免，則寡欲何益？而云養生可得？若單豹以未盡善而致災，則輔生之道，不止於一和。苟和未足保生，則外物之爲患者，吾未知其所齊矣。〔註230〕

〔註225〕吳聯益〈嵇康養生思想及其黃老、道教之淵原蠡測〉中對於嵇叔夜的養生論從諸多層面尋求與黃老、道教之淵源，佐證有理。詳見《中國文學研究》第十八期（台灣大學中國文學研究所，2004年6月）頁23～54。但以「神仙非積學能至」一點，就可以從根基的立場，將嵇叔夜區別於黃老、道教之養生，因其養生之終極關懷不在成仙，如此也能免除世人執著而妄求。作者也認爲嵇康的思想淵源多元。嵇康的思想，緊繫著時代的脈動，由養生論見其轉益多師，兼眾之善法，尤其不可忽略其「求之以理」的自覺意識，故能不同流俗。

〔註226〕高柏園〈論莊子與嵇康的養生論〉，《鵝湖月刊》第一五卷第四期總號172號（1988年，10月），頁13。

〔註227〕如曾春海：《嵇康》（台北：萬卷樓，2000年3月初版），第六章〈養生論與宅卜吉凶說〉。或范家偉：〈養生與禁忌：以嵇康觀點爲中心〉，《中國文化研究所學報》（1996年第5期）。

〔註228〕見〈宅無吉凶攝生論〉，頁268。

〔註229〕同上註，頁269。

〔註230〕見〈難宅無吉凶攝生論〉，頁277～278。

「輔生之道，不止於一和」，除了自身之和，也要注意事在外可為患者，如避狂暴、遠風毒，否則養生亦可能因恃內忽外而不可得之。論形神相親講就表裡俱濟，而在此以宅輔生也展現「內外兼和」的思想，嵇康所言單豹專靜寡欲而被虎所食之例，《莊子·達生》已有載之：

> 善養生者，若牧羊然，視其後者而鞭之。……魯有單豹者，巖居而水飲，不與民共利，行年七十而猶有嬰兒之色；不幸遇餓虎，餓虎殺而食之。有張毅者，高門縣薄，無不走也，行年四十而有內熱之病以死。豹養其內而虎食其外，毅養其外而病攻其內，此二子者，皆不鞭其後也。〔註231〕

若不能內外兼修，則後患無窮。單豹以外患死於非命，張毅不知保健，以內熱死。依此理則，雖然阮德如從占卜之吉凶見其事有流弊而與以駁斥，嵇康仍以理探而論之，「使人鬼同謀，幽明並濟」〔註232〕，「宅與性命，雖各一物，猶農夫良田，合而成功也。」〔註233〕如何將宅之吉凶與養生關連，嵇康還是以「氣」的概念，做一理上的論證：

> 雖此地之吉，而或長於養宮，短於毓商。猶良田雖美，而稼有所宜。何以言之？人姓有五音，五行有相生，故同姓不昏，惡不殖也。人誠有之，地亦宜然。故古人仰準陰陽，俯協剛柔，中識性理，使三才相善，同會於大通，所以窮理而盡物宜也。夫同聲相應，同氣相求，自然之分也。音不和，則比絃不動，聲同，則雖遠相應。此事雖著，而猶莫或識。苟有五音各有宜，土氣有相生，則人宅由禽虎之類，豈可見宮商之不同，而謂之地無吉凶也？〔註234〕

《易》：「同聲相應，同氣相求。」〔註235〕以琴絃上音聲合同遠近相應之理，來說明經由歷代經驗所累積的陰陽、五音、五行和合相生相剋之理，要使天、地與人三才相互和諧，共同會合於大道，窮理而使物各盡其宜。地與宅之吉凶，亦在此理之中，便沒有理由排斥。接受此理正如同「同姓不婚」的優生學，而地亦有其理之制宜。在〈難宅無吉凶攝生論〉、〈答釋難宅無吉凶攝生

〔註231〕《莊子集釋》，頁 645～646。

〔註232〕《嵇康集校注》，見〈答釋難宅無吉凶攝生論〉，頁 295。

〔註233〕同上註，頁 303。

〔註234〕同上註，頁 305～306。

〔註235〕《易·乾卦·文言》孔子之言，見《十三經著述·周易》（台北：藝文印書館），頁 15。

論〉中，可以看到比較多在批駁對方辯論上的呈現，對於如何擇居，並沒有成系統理論性的說明。也不見王充〈論衡〉中所批駁的「擇居術」在其中，所以並不能說嵇康落入迷信，「良田雖美，而稼不獨茂；宅卜雖吉，而功不獨成。相須之理誠然，則宅之吉凶，未可惑也」〔註236〕，「相須之理」強調養生之法為兼備、不偏廢，避不兼之禍（養生論末），「探頤索隱，何謂為妄？」〔註237〕在求道的境域中，可見其以理探求實踐的自主精神，在當時受到名教束縛的士人，有很深刻的提醒。

四、嵇康「養生觀」餘論

　　江建俊歸納出三個嵇康養生的思想背景：（一）老莊道家與神仙道教之匯流；（二）遊仙與養生；（三）自覺意識之表現。〔註238〕養生在研究嵇康的思想上，是很重要的一個部份，不過這在嵇康來說，養生應說是生命志向的抉擇，一種人生處世的態度。在〈卜疑〉一文中，其言「寧與王喬、赤松為侶乎？將追伊摯而友尚父乎？」〔註239〕嵇康對於處世方式提出許多疑惑，養生而為長壽者，也是其人生中的一個選擇，但其似乎不甘只是如王喬、赤松一般，只安於己身之修養。從其語氣之中，透露自負之意，也見其穎然之資。

　　而在〈與山巨源絕交書〉中則說道：

> 吾傾學養生之術，方外榮華，去滋味，游心於寂寞，以無為為貴。
> 縱無九患，尚不顧足下所好者；又有心悶疾，頃轉增篤，私意自試，
> 不能堪其所不樂，自卜已審，若道盡塗窮則已耳，足下無事冤之，
> 令轉於溝壑也。〔註240〕

可見對於〈卜疑〉中諸多作者都有能力奮力一搏的選擇中，最後「自卜已審」的歸趨與表態，免於投靠司馬氏的精神捍衛，也因為書信「與山巨源絕交書」之題，畫清了與司馬氏的界線，表明了道不同不相為謀的決心。另一方面也是很自然地以自身之修養，更可說是其在音樂境界上的連結與落實，「可以導養神氣，宣和情志，處窮獨而不悶者，莫近於音聲也」〔註241〕，「目送歸鴻，

〔註236〕見〈難宅無吉凶攝生論〉，頁280。
〔註237〕《嵇康集校注》，頁308。
〔註238〕詳見江建俊〈過江三理——聲無哀樂、養生、言盡意論探微〉，收錄於《成功大學學報・人文篇》，16期，1981年6月，頁1025。
〔註239〕《嵇康集校注》，頁137。
〔註240〕同上註，頁125～126。
〔註241〕《嵇康集校注》，見〈琴賦〉，頁83。

手揮五絃，俯仰自得，遊心太玄」〔註242〕，在在說明其著力於養生之道的外緣與內因，從音樂之體和，落實至人體之和，內外相應相輔之和體，渾然一氣。

養生除了關涉自我的生命向度，也涉及生命的高度，從其〈釋私論〉一開始對君子的界定：「夫稱君子者，心無措乎是非，而行不違乎道者也。何以言之？夫氣靜神虛者，心不存於矜尚；體亮心達者，情不繫於所欲。矜尚不存乎心，故能越名教而任自然；情不繫於所欲，故能審貴賤而通物情。物情順通，故大道無違；越名任心，故是非無措也。」〔註243〕「氣靜神虛」、「情不繫於所欲」，都涉及養生，卻導向「越名教而任自然」，「審貴賤而通物情」兩大理則，嵇康是依此與向子期在養生、與阮德如在宅是否有吉凶上辯論往來，亦依此二理則來論公私是非。

生長環境在孕育生命上，〈琴賦〉之始言「椅梧之所生兮，託峻嶽之崇岡。」〔註244〕在優良適宜的環境，所產生的椅梧，能成為製造琴器的良材。豈單純論此？邈非論人乎？言聖器即言聖人，言製作琴器過程即論聖人養成過程。嵇康之賦非單純的文學作品，尚有豐富的義理，涵藏在繁複華美的辭藻之中。在此可以與嵇康的「聖人論」作一接契，更要與其如何從個人的養生工夫，推己及人擴大至社會人生，以下析論嵇康的「自然與名教」。

第三節　辨異玄同：自然和名教

湯用彤在《魏晉玄學》中表示「自然與名教」之問題，在魏晉玄學中為最重要，各時代都有，而且討論也最多，乃道、儒、佛三家之爭，是三大思想之衝突，並揭橥其爭論之點：

（一）一異之問題，主張自然與名教不同者，以為二者各有特點，不能調和，或主張名教而斥自然，或主張自然而斥名教。然在魏晉南北朝時，主張自然而斥名教者多。若主張二者有調和之可能時，乃產生：（二）本末之問題，即何者為體，何者為用之問題。當然主張自然為本，名教為末的多。〔註245〕

〔註242〕同上註，見〈兄秀才公入軍贈詩十九首〉，頁 16。
〔註243〕同上註，見〈釋私論〉，頁 234。
〔註244〕同上註，頁 84。
〔註245〕湯用彤：《魏晉玄學》，頁 580。

此問題在魏晉至南朝之爭論人物，湯用彤則認爲是以王弼、郭象爲中心，阮籍、嵇康爲主自然而斥名教者，認爲名教乃後起的，反乎自然的，所以反對名教。這樣的評判也一直是學界所認肯依循的，然筆者認爲嵇康在上述「一異之問題」的爭論點中，雖主張自然與名教各有特點，名實各不同，這和嵇康在許多論作中所表現出的「辨異精神」是相同的，如〈聲無哀樂論〉中的聲情分判，但是否就完全落入主張自然而斥名教，沒有思考二者之調和問題，正如心聲二軌，卻亦以和境相通於玄同之境，故對嵇康調和自然與名教之問題則有待商議。就嵇康是否調和自然與名教再以「越名教而任自然」一語加以深入探析，即有很大的闡述空間。

另外，蔡仲德：「嵇康的思想可以歸結爲一點，就是『越名教而任自然』。這是嵇康思想的精華所在。」「他的『聲無哀樂』的音樂美學思想既是其『越名教而任自然』的人生哲學的體現，又是其『得意忘形』、慷慨任氣的人格美反映。」〔註246〕從這個角度審視〈聲無哀樂論〉，可以說是直接命中題旨，換句話說，〈聲論〉便是闡發「越名教而任自然」此一思想之論作，透過對聲情的分判，突顯出音聲之「客觀主義純美論」。「越名教而任自然」雖是〈釋私論〉中對君子無措乎是非的歷程，但〈聲論〉能跳脫凡事以人爲主體的觀點所造成的盲點，從「自然物」的立場重新出發，而賦予了音聲主體性的價值意義。到底〈聲論〉如何回應當代的自然與名教思潮，並從而凸顯道家的主體精神，以下試論之。

一、辨異：聲情關係之於名教與自然

本文第三章第三節〈道之體悟：有無觀探析〉討論到〈聲論〉中「有無的辯證方式」依吳冠宏所析將聲情關係分爲三個層次作探討，其中第一個層次爲「破：聲情分判，各定其位——聲情異軌，不相經緯；和聲無象，哀心有主。」〔註247〕吳甿認爲其心聲之辨，實承言意之辨而來，乃言意之辨中「言意異」一系。其論「聲心異實」，卻與其才性名理之論點有關：〈明膽論〉分辨「明」與「膽」，〈養生論〉分辨「形」與「神」。另外爲「自然好學」、「宅無吉凶」之問題，也有所明析。侯外廬等以爲這些都類似於《四本論》中探

〔註246〕分見《中國音樂美學史》（北京：人民音樂出版社，1997 年 1 月第 2 刷），頁495、548。
〔註247〕參見《魏晉玄義與聲論新探》，頁 231。

討合同離異的典型例子，這些都在當時清談思想的現象上有所呈現。〔註248〕而「辨異」的精神，正是嵇康闡明思想的出發點。〈聲論〉可說是嵇康之「相異」觀之代表作。〔註249〕在本文的第三章已明其自然宇宙之認識論──「異」的名理觀，由此切入審視其對於自然與名教的分判，亦應由此為基點，二者名實各不相同，陳寅恪從史學的角度，指出在魏晉南北朝時之所以會有自然與名教問題的產生，實與個人之政治立場有關：

> 按老子云：「樸散則為器，聖人用之則為官長。」又云：「始制有名。」
> 王弼注云：「始制，謂樸散始為官長之時也。始制官長，不可不立名分，以定尊卑，故始制有名也。」《莊子‧天下》：「春秋以道名分。」名教者，依魏晉人解釋，以名為教，即以官長君臣之義為教，亦即入世求仕者所宜奉行者也。其主張與崇尚自然及避世不仕者適相違反。此兩者之不同，明白已甚，而所以成為問題者，在當時主張與名教互異之士大夫中其崇尚名教一派之首領如王祥、何曾、荀顗等三大孝，即佐司馬氏欺人孤兒寡婦，而致位魏末晉初三公者也。（參《晉書》貳參王祥傳、何曾傳；貳玖荀顗傳）其眷懷魏室，不趨赴典午者，皆標榜老莊之學，以自然為宗，「七賢」之義既從論語「作者七人」而來，則「避世」「避地」固其初旨也。然則當時諸人名教與自然主張之互異即是自身政治立場之不同，乃實際問題，非止玄想而已。觀嵇叔夜與山巨源絕交書，聲明其不仕當世，即不與司馬氏合作之宗旨，宜其為司馬氏以其黨於不孝之呂安，即坐以違反名教之大罪殺之也。〔註250〕

陳氏據《魏志‧貳壹王粲傳》中裴注引嵇喜撰〈嵇康傳〉與《魏氏春秋略》，知嵇康在當時號為主張老莊之自然，即避世，即違反周孔之名教，即不孝不仕之人，故在當時人心中自然與名教二者不可合一，即異而非同無疑也。〔註251〕又舉向秀、阮籍、劉伶與阮咸之例，向秀在嵇康被誅後，改圖失節，棄老莊之自然，尊周孔之名教；阮籍出之以消極之態度，虛與司馬氏委蛇，遂得

〔註248〕 侯外廬等：《中國思想通史‧第三卷第五章‧嵇康的心聲二元論及其社會思想、邏輯思想》（北京：人民出版社，1995 年 10 月第 7 次印刷），頁 165～166。

〔註249〕 吳甿：〈言意之辨與魏晉名理（七）嵇康「聲心異軌」論及其音樂美學〉（鵝湖，1985 年 10 月），頁 48。

〔註250〕 陳寅恪：《陳寅恪先生論文集（下）‧陶淵明之思想與清談之關係》（台北：九思出版社，1977 年 6 月增定二版），頁 1012～1013。

〔註251〕 同上註，頁 1014。

苟全性命，依舊保持放浪蕩不羈之行為，其每與人言，皆論玄遠，而未曾評論時事，臧否人物，司馬文王讚其可謂至慎矣，一轉東漢末年黨錮諸名士具體指斥政治、表示天下是非之言論，變而為完全抽象之理之研究，可謂開啟西晉以降清談之風派；劉伶藉縱酒放達，是有託而逃，藉此不與司馬氏合作，與阮籍苟全性命同為老莊自然之旨；阮咸不同於父祖輩之遵從儒學，而「棄事尚道，好酒而貧」；以上皆表是自然與名教不能合一之例。〔註252〕

　　自然與名教事實上不同，又依政治立場，不趨附於司馬氏者亦以各種形態表現出自然與名教為二之分判，嵇康之死正顯示出其逢世人於理不透之時，以致於非依理行事，則採取名理辨析之立場，以釐清觀念，而彰顯出名教、自然相衝突之事實，無法全然置身於外地之恨事，人神共憤而萬古遺憾。若不必考慮當時的政治立場，就嵇康來說，名教與自然是否有調和之餘地？侯外廬分析嵇康之論辨，在常理中追求至理、常人中論至人企神仙、和聲中談至樂、常物中明至物；在陶鑠、曜凝、陶化、合德、代往，種種變化之外，有超時空的不變。「尋常」與「特殊」並行不悖；在「常」的存在外，有「至」的存在。〔註253〕企圖從超越現實的概念方面尋求一種高明的支配思想以代替兩漢陰陽發展出的神權說〔註254〕，而自然正是超脫名教，衝破囿限的概念與精神。若嵇康未捨棄名教，所否定者為何？應是一假名教，即司馬氏掛羊頭賣狗肉之偽政權。自然與名教的調和，是否可如心聲二軌，雖不相經緯，但仍以和境相通，使「有」復返於「無」，是辨異而又玄同之？以下則由嵇康〈釋私論〉中之「越名教而任自然」一語深入探析。

二、玄同：越名任心之於純美和聲

　　為何從「越名教而任自然」討論名教與自然之調和？蓋此一語能切中並落實道家核心精神之要旨。〈釋私論〉是嵇康以道家思想辨公私，並賦予「君子」新精神，打破一直以來以儒家才講究君子道德的世俗印象。文中分辨公私、是非、善惡，此乃人應世之所遇，從「無措」立論，即以「無心之用」決定公私、是非、善惡。牟宗三在說解道家玄理之性格時說：

〔註252〕陳寅恪：《陳寅恪先生論文集（下）·陶淵明之思想與清談之關係》（台北：九思出版社，1977 年 6 月增定二版），頁 1015～1017。

〔註253〕侯外廬等：《中國思想通史》（北京：人民出版社，1995 年 10 月第 7 次印刷），頁 167～169。許抗生等引此說於《魏晉玄學史》，頁 197～199。

〔註254〕同上註，頁 166。

> 道家通過「無限妙用」來了解虛一而靜的心境。……在老子《道德
> 經》中利和用是分開的，十一章曰「有之以為利，無之以為用」，利
> （功用）即「定用」；用名之曰「妙用」。凡妙用都是無限的（infinite），
> 所以說「妙用無方」。借用到孝廉方正上就成了 virtue，以形容道德
> 人格。……顯這個無的境界目的是要你應世，所以「無為」一定連
> 著「無不為」。……「無為而無不為」（三十七章），無不為是作用，
> 無為是本。〔註255〕

進一步來說，「無為而無不為」即「越名教而任自然」：「無為」一定連著「無
不為」，「越名教」也一定連著「任自然」。無為是本，無不為是作用；越名教
是本，任自然是作用。道家從作用層來保存實有層，強調的就是積極實踐的
精神。故一般學者皆傾向嵇康主自然而棄名教，實為誤解，更精確的說，嵇
康以「任自然」來「越名教」，「越名教」的作用正是「任自然」，由此會通之。
名教與自然的關係，不只是名理上的思辨，更是時空中延展的行為，若不躬
身力行，何以會通？從「無為而無不為」，在嵇康的時空背景之中，落實出「越」
名教而「任」自然，如果只在「名教」、「自然」的圈套中打轉，如說「名教
出於自然」、「名教與自然合一」，去思考「本末」、「有無」、「一多」的問題，
背後積極的動機都可能只是政教上的需要，用以迎合當權者，而不是生命層
面的契悟，筆者從文字上斟酌之，嵇康對於真理積極的實踐精神可以說是魏
晉時期十分特出的生命展現，故其所體悟者亦超拔於眾，得道家之精髓。

> 君子之行賢也，不察於有度而後行也。（仁）〔任〕心無邪，不議於
> 善而後正也。顯情無措，不論於是而後為也。是故傲然忘賢，而賢
> 與度會；忽然任心，而心與善遇；儻然無措，而事與是俱也。〔註256〕

在此君子行賢即越名任心所展現的生命向度，《道德經》中「常無欲以觀其妙，
常有欲以觀其徼」所言，無限妙用要從「有」處見，「有」就是無限妙用、虛
一而靜的心境的矢向性（徼向性）。〔註257〕「君子行賢」就是這個「有」，從
「越名任心」為本所現之無限妙用，使行賢徼向於「為公」、「遇善」、「俱是」，
在道德、良知與行為上得到落實。又「越名任心」即「無為與無不為」於生
命涉世之展現，故得到落實的主體觀證或客觀行為，都將能不脫離於「無」，

〔註255〕《中國哲學十九講》（台北：台灣學生書局，2002 年第九刷），頁 95～96。
〔註256〕〈釋私論〉，《嵇康集校注》，頁 235～236。
〔註257〕《中國哲學十九講‧第五講‧道家玄理之性格》，頁 98。

而復歸渾化於道。用「越名任心」的思維來進行音樂上的實踐活動，聲無哀樂論故得證，並進一步析理出人內在活動與音樂進行在時間的作用下，發生的對應關係——躁靜由聲。

　　吳甿指出嵇康所言「躁靜由聲」是由於「模仿作用」〔註258〕，而「哀樂由聲」是由於「移情作用」〔註259〕，兩種作用性質不同，作為解說的基點不同。「人情不同，各師所解，則發其所懷。若言平和，哀樂正等，則無所先發，故終得躁靜。若有所發，則是有主於內，不為平和也。以此言之，躁靜者，聲之功也；哀樂者，情之主也；不可見聲有躁靜之應，因謂哀樂皆由聲音也。」〔註260〕（五答）名實校練，聲心異實，只否證聲有哀樂（哀樂為聲音之屬性），未否證哀樂由聲也。哀樂由聲，意謂某一色澤之聲令心哀，某一色澤之聲令心樂。「越名任心」的思維實踐於音樂，嵇康正以「平和而哀樂正等」之心，其審音，「則無所先發，（不會發生移情作用）」故終得躁靜（只產生內模仿之律動感）」，證明若有所發（發生「移情作用」），則是有主於內（以某色澤之情為主而不平和正等）」。〔註261〕故謂：「躁靜者，聲之功也；哀樂者，情之主也。」

　　奧地利音樂家漢斯立克（E.Hanslick, 1825～1904）其《論音樂美》:「音樂的內容就是樂音的運動形式。」「表現明確的情感或情緒狀態，完全不是音樂的職能。」「我們反對音樂可以表現情感，更要堅決地強調情感的表現絕不能

〔註258〕「內模仿說」則強調客體的形式結構——「在自然之形式之合法則性中，自然至少與『諸目的之可依照自由之法則而被實現於自然中』之可能性相諧和。」而引起吾人之自由模仿活動，以體驗「這東西雖表面看來好像是個根源的屬性而屬於事物之本質的本性而無關於對我們有何用，然而它卻又是何目的的，而且同時它又同時形構得好像是有意地為我們的使用而被設計出來似的。」前後引文分見牟宗三譯註之康德：《判斷力之批判》（台灣學生書局，1993年1月初版），引論頁116、第62節頁9。

〔註259〕「移情說」在西方美學思想史中，是一後起之觀念，將美的依據歸於主體。牟宗三譯註康德《判斷力之批判》第59節，頁424:「我們經常把那些『好像是依靠於一道德的評估之基礎』的詞語應用於美的『自然對象』或『藝術對象』上去。我們稱建築物或樹木是莊嚴的與堂皇的，或稱平原曠野為舒暢（歡笑）的與快樂的：甚至顏色亦被說為天真純潔的、優雅淑靜的，柔和親切的。何以故如此稱說？蓋因為它們可以引起這樣的一些感覺，即，這些感覺含有某種事，這某種事可類比於道德判斷所產生的心靈狀態之意識。」

〔註260〕〈聲無哀樂論〉，《嵇康集校注》，頁216～217。

〔註261〕吳甿：〈言意之辨與魏晉名理（七）嵇康「聲心異軌」論及其音樂美學〉（鵝湖，1985年10月），頁51～52。

作為音樂美學原則。」「以音樂本身固有的能力便足以表達某種範圍的觀念。這些觀念，相應於接收它們的感官，與聽覺上可察覺到的力度、移動及比例的變化有關，這些包括擴大與縮小、加快和減慢、精密的交織和簡單的前進等觀念。」「假如音樂不能表現情感的內容，那麼它能表現情感的什麼呢？唯有情感的『力度特質』（das Dy.namische）。音樂可再現依據原動力所產生的物理運動，如快、慢、強、弱、升、降；但運動只是情感的一種屬性，不是情感本身。」「音樂的基本材料也是如此。各個調性、和弦、音色，有其各自的特性。……不過，這些要素（樂音、顏色）被應用至藝術上時必須遵循該領域的規則，而不是僅看它們孤立出現的效果。在一幅歷史畫裡，不是只有紅色即表示歡樂，白色就代表純潔；正如在交響曲中，降 A 大調並非總能喚起浪漫的情調，b 小調也不是必然會引起憤世嫉俗的情境；此外，三和弦代表的滿足、減七和弦的絕望，也都不是絕對的。以審美的角度來看，所有這些原始的各種特質，在隸屬的更高原則之同化後，已經沒有區別了（也就是中和了）。」〔註 262〕

三、越名任心的時代意義

在一個被禁錮的年代，當客觀的名教已不客觀，而遭受人為的操弄與掌控，表面上打著道德的旗幟，背地裡卻進行著不可告人的勾當，甚至這勾當也不可諱言地已讓路人盡知。這是一個痛苦的年代，必須放棄自己，學著「不計較」，像是山巨源一般，選擇讓人生進入冬天，以為春天就在不遠處，這是他頗為自傲的識見，勸自己的朋友也跳進火坑，來逃離火坑之外的迫害；又像是阮籍一般，身在曹營心在漢，只能悶不吭聲，在玄想中解放自己，讓自己得到暫時的救贖。這些全身之道，卻無法安心。這樣一個矛盾的時代，嵇康的存在正凸顯出時代的矛盾。覽其〈家誡〉，無一不顯示其內在的道德，這道德卻與當權者互不相容；他也曾經從孫登避世，體驗了自身本具的寂靜平和，卻無法完全歸隱，乃其革命反動的因子在隱隱作祟，世事變動的挑戰激發了他桀驁不馴的性格，躍躍欲試那不可知的未來，要衝破人生的藩籬。當他涉世之時，超越名教的自然觀與放任自然的名教觀，如泰山之巍峨，獲得世人的景仰，卻也顯得過分突出，至與當局格格不入，動則得咎。這正是嵇康的為難。

〔註262〕陳慧珊譯，漢斯立克（E.Hanslick, 1825～1904）：《論音樂美》（台北：世界文物出版社，1997 年 11 月）頁次依序為 64、38、54、39、40～41、42。

　　黑格爾論希臘：「個體（國民）底個人意志不反省地適應那爲正義與法律所規定的行爲與習慣。因此，個體是不自覺地統一於理典——社會公益。」〔註263〕牟宗三釋道：這種道德與主觀意志之統一，應未透過自覺反省，即立見外在的法律與正義「所規定的行爲與習慣」，乃至外在的法律與正義本身，是經不起挫折，也是有問題的。它有道理否？它眞值得吾人服從否？於是這「美的道德性」，產生黑格爾所說的「含有高度的矛盾。」若要將「美的道德性」提升爲「眞正的道德」，牟先生稱之爲「道德的道德性」，套用黑格爾所言「通過主觀自由底奮鬥，在其重生中」，使其「純淨化到自由主體性之標準，須知這自由主體性是眞正的道德性之本質。」〔註264〕

　　在此關於「個體性原則」與「道德性原則」，呈現人類歷史中自由與道德衝突的問題。放諸四海，於儒、道的思想觀之，正是自由與名教衝突之問題。牟宗三依黑氏所言之經脈，表示周朝之禮樂文化君子之服膺禮法，表現道德，呈現出一種美的和諧，而此未透過反省地服從所建立的道德性，道家思想則能自覺地識破其中的矛盾。但卻沒有依黑格爾的理路向「內在道德性」之建立一路走。因此它不能有眞正「自由的主體性」。〔註265〕道家之所以不建立「內在道德性」，但其也不否定「內在道德性」，對於「內在道德性」透過實踐而確立，這雖是作用地保存，但能不流於虛無縹緲。然此理從儒家之基礎再往上翻，非得道家精髓者能及，非無志者能逮之。「人無志，非人也。但君子用心，所欲準行，自當量其善者，必擬議而後動。若志之所之，則口與心誓，守死無二，恥躬不逮，其於必濟。若心疲體解，……」〔註266〕嵇康道出其所處之時代背景知識分子爲政治上權謀者所利用，而不能勘破迷障的警語——持志與否。而儒家如孔子，面對周文疲敝，仍以「仁」指點一眞實的道德生命，使「自由主體性」實體地挺立自己，客觀化自己，較具普遍性而須行之嚴謹。不過孔子時代仁政雖無法順利推行，列強追求富國強兵，名教爲虛，有僭禮之諸侯，然沒有假名教行事之諸侯，沒有如魏晉時期知識分子常有殺身之禍的危險。故孔子較沒有須勘破在上位者戴假面具的問題。

〔註263〕《才性與玄理》，頁371。牟宗三引黑格爾《歷史哲學》，英譯本，頁106。亦可參見謝詒徵所譯黑格爾《歷史哲學》（台北：大林出版社，1983年），頁177。
〔註264〕本段所引所論出自《才性與玄理》，頁370～374。黑格爾所言可參照謝詒徵所譯黑格爾《歷史哲學》（台北：大林出版社，1983年），頁176～177。
〔註265〕《才性與玄理》，頁374～378。
〔註266〕〈家誡〉，《嵇康集校注》，頁315。

　　但值得留意的是，牟宗三知道其所引黑氏之論希臘青年期之精神是偏就道德性而言，雖補充說個體性原則亦自有表現。〔註267〕然若不從內化道德於自由之主體的角度切入，而從內化自由主體性於道德來說，則是更高難度的提煉，而在符合社會公益與追求自由、自在、自適其性者之間必然呈現出另一番衝突，形成符合道德卻不一定有益的行為，對於社會之安定較具危險性，對於安定社會較具困難度。孔子的時代，人權之概念十分薄弱，在現代人權意識提升，重視個體，強調多元，例如學生之髮禁問題，若於禮法必有所規定，不能完全開放之，呈現整齊單一之美；若於自由則不禁之，髮型究竟以自適自美為歸趨，然因變化多，則於團體中管理上耗時費力，不易合乎既定的禮法，甚至與社會既有的價值觀衝突，完全取決於個人意志與審美，難以有任何保證，考驗著一個社會文化的包容度。如果對於學生的髮型，僅以是否為美、是否合適其本身等髮藝觀來引導之、鑑賞之，則可避免許多衝突，並取消問題，不過要花較多的工夫，畢竟審美觀的建立非一朝一夕；若仍以既有的道德禮法緊扣之，事先分善辨惡，要學生依循規範，於團體則辨於管理，於審美則缺乏「因材施教」，在青春易叛逆的時期，也常造成親、師、生的衝突，社會總一味以權威調教學生，學生則更不容易體會如何用道德挺立自己。儒家「聖人」的標準來做規範，孔子的「仁」、孟子的「四端」，雖然都具有普遍性，可以讓人有保證的信心，但名教制式化的繁文縟節，容易造成過猶不及者產生虛空或挫折，或是被掌權者當作號召，而被架空，施行名教的安定性將被亂政者利用。

　　然就嵇康在名教與自然的調和上，面對虛文偽教，其選擇堅持主體的自由，故尋找出適合主體才性展現的道德而成就之，「君子百行，殊塗而同致，循性而動，各附所安」〔註268〕正言此意，「夫元氣陶鑠，眾生稟焉。賦受多少，故才性有昏明。唯至人特鍾純美，兼周外內，無不畢備。降此已往，蓋闕如也。或明於見物，或勇於決斷。人情貪廉，各有所止。譬諸草木，區以別矣。兼之者博於物，偏受者守其分。」〔註269〕在在以才性為要，強調主體之構成，而非以道德為前提。其發現以音樂「總中和以統物，咸日用而不失。其感人動物，蓋亦弘矣。」「是以伯夷以之廉，顏回以之仁，比干以之忠，尾生以之

〔註267〕《才性與玄理》，頁371。
〔註268〕〈與山巨源絕交書〉，《嵇康集校注》，頁116。
〔註269〕〈明膽論〉，《嵇康集校注》，頁249。

信，惠施以之辯給，萬石以之訥慎。其餘觸類而長，所致非一；同歸殊塗，或文或質。」〔註270〕所呈現是多元的道德性，皆指涉著眞、善與美的眞理，可謂殊途同歸。值得留意的是嵇康所架構的理路，是從道下貫於生命，從中和開展萬化，所謂「順端極末」〔註271〕；而生命要能復於中和，才能回歸於道。

陳寅恪指出自然與名教相同之說爲清談之主旨所在，然其所舉之史例，都顯示文人在嵇康被殺之後，風聲鶴唳的心態，故依政治立場極欲調和之，以求自保。〔註272〕牟宗三《才性與玄理》後拔亦說明曹氏父子與司馬氏父子破壞了中國政治傳統繫於積德以維持一家之世祚的觀念，更製造出無道德性的政治分子，只是一味輾轉廝殺，爭權奪利，殺與被殺皆無客觀之理由，人命草菅，殺戮之殘，人性抹滅殆盡，遑論期望知識分子能有所作爲。有誰能識破權謀者之處心積慮？在不能全節之下仍堅守立場，以無心守之？處在這樣的時代背景，嵇康思以「越名教而任自然」做積極之努力，以超越名教的自然觀與放任自然的名教觀，尋找出適合主體才性展現的道德而成就之，主體獲得存在的尊嚴與價值，道德獲得實踐與證實。人類歷史的發展已經證明，嵇康的生命爲理性奮鬥，爲感性爭自由所透顯的燦爛光輝。

〔註270〕〈琴賦〉，《嵇康集校注》，頁107～108。
〔註271〕〈明膽論〉，《嵇康集校注》，頁253。
〔註272〕陳寅恪：《陳寅恪先生論文集（下）‧陶淵明之思想與清談之關係》（台北：九思出版社，1977年6月增定二版），頁1018～1025。

第五章 結 論

　　本論文嘗試以〈聲無哀樂論〉為基礎，從其中的玄學思維闡發嵇康對玄理的體察與才性的觀證，在在融通了魏晉思潮的論題，真正於魏晉時期遠企老莊思想，並達到會通儒道的可能。此乃筆者為論的企圖，但應該也是嵇康的企圖。這樣的論證，著眼於學者對於〈聲論〉創作年代的推測與考證，此論為嵇康生平的首作，繼承老莊對語言使用的看法，採「得意忘言」的方式創作，而不是停留在註解詮釋古書的階段。在篇幅上效法《老子》五千言，在形式上採魏晉時期論辯之作，呈現出當世清談之現況，而內容所涵涉的論題，便回應了整個魏晉時代，以生命實踐落實觀念思惟，留下了深遠的影響。然在〈聲論〉之後，嵇康仍有許多作品，如〈琴賦〉便以賦作的方式，模仿莊子在行文上描述性的風格，呈現音樂的思惟和體證。其他多數論辯之作，觀念不脫離〈聲論〉，可以作為〈聲論〉的延伸和補充。

　　〈聲論〉表面上在探討聲、音與樂的本質，能考慮到主體與客體的關係，兼攝主體與客體各自的發展，使主客二者在立場上能並立齊同，而相互轉換，形成亦主亦客的態勢。也就是說，跳脫附加在客體上的主觀意識，使物物不相牽累，由人籟而地籟，地籟而天籟，這是逍遙在音聲上的進程。以此討論為重心者，導向藝術美學之路，蓋後世美學受嵇康影響者眾。這是〈聲論〉的表層。〈聲論〉的裡層，極具人文關懷。「形而上者謂之道，形而下者謂之器」，這道器之間，常是研究哲學思想者對研究領域的分界，但也是盲點的所在。在嵇康的生命裡，思想和實踐是不可分離的，觀察他的論作，都可以找到生命中實踐的痕跡。他盡了最大的努力，甚至用生命去證顯道之所在，所有思辨的歷程，都是生命的歷程，時空是限制的條件，也是創造的泉源。道

在何處？「道在屎溺」。既然如此，必須以器證道。「聲即道體」、「人即道體」，和聲與至人，便是嵇康由物與人要證顯道的進路，「天下一氣」，「氣」則為人與物相通，道與器相通者，至和才能相通。於是器進於和才能與道相通，而臻至道境，然後生生不息。「和」的概念，在一般現實生活中處處顯要，散落如夜空之群星，只是我們都忘了那背後的深義。器則能用，嵇康〈聲論〉中透露「得意忘言」，主言不盡意，傳說其有〈言不盡意論〉，在此不加考證。其或嘗試以音樂宣情肆志，音樂以其的自然和諧的形式，較接近我們意志的狀態，因此也較能詮釋我們的意志，其不似與語言文字難以擺脫已固定而明確的意義，所以對於心領神會之理以音樂表之，是遠比對其以名言表之，為人類之更進一步的詮解方式。樂音排比和諧的狀態，在嵇康的眼裡，那還有輔助養生的效用，人之心志透過模仿的作用，拋開主觀意識，融入樂音之和，這種天人合一長久以來一直是我們追求的精神境界，而音聲沒有盛衰消長的變化，在持養上便具有獨特的條件。養生是魏晉的風尚，也是現代人重新重視的觀念。嵇康以簡易的養生觀念示人，應有普及之意。養生之法甚多，道教中繁複神秘的法式，與企求長生不死的妄念，似乎都是嵇康要破除的迷障，嵇康以氣性提點眾人。

「有無——迹本論」是魏晉玄學會通儒道的主要課題之一，在魏晉玄學「有——無」之論的核心議題上，嵇康並沒有缺席，嵇康在〈聲論〉中所落實的辯證思維，是以「有無」的論題作為開展。〈聲論〉中實隱含老子採取「有、無」之思維進行思辨，以正言若反的方式表述，也就是說，嵇康的思想也以「有、無」之論題建構。已有學者提出如下的看法：嵇康的論辯採取「無所措乎是非」的態度或傾向，目的不在提出主張，而是瓦解對方的立場，例如〈明膽論〉、〈管蔡論〉、〈難宅無吉凶攝生論〉、〈釋答難宅無吉凶攝生論〉等，這也是莊子〈齊物論〉的精神，也可以說是一種「無」的精神，契合魏玄以「有」、「無」為主要思想內容的方向。在這樣的基礎上，以聲情關係引出的主客問題，在聲情關係、主客關係兩大軸線中，分別由莊子「天籟」與「和」的概念論證出「有——無」思想的運用。亦有更進一步將有無之辨放到整篇〈聲論〉的闡述方式來探究，揭櫫嵇康之玄智是以聲為道，分三個層次來理解之，此論作不管從思維上或生命實踐，皆表現出「有無辯證思維」的落實與具現，是對於〈聲無哀樂論〉之理解的新向度。在前人研究的基礎上，筆者再加以充實：嵇康〈聲論〉中的思維乃老子論「道」的全然展現，實踐觀

更是道家的致虛工夫──「沖氣以爲和」，這是一個道的開展，也是復歸之路。依照〈聲論〉爲文立論的思序，其先立「音聲無常」，將和聲上提至「道」的位階，引發眾情，爲其作用；再言「和聲無象，哀心有主」，心聲二軌，做名實上的分判；最後言「隨曲之情，近於和域」、「樂之爲體，以心爲主」，使聲音由「道」之「無」涵攝「有」之「物」的屬性──氣的舒疾體式，並與生命主體──情（心）直接於「躁靜」的「氣應」活動中相即，主客相濟，共臻道境。如此符合正、反、合的辯證思考方式，並構成「無──有──無」之迴向。音聲雖屬物之自然，似乎落於實有層，然即體即用，和聲引發眾情，「有之以爲利，無之以爲用」，有無玄妙，則直接契「道」。

　　〈聲論〉中所言「無聲之樂」，實爲自然與名教相融契的證顯。在「自然與名教」爭論中之「一異之問題」，多數學者主張嵇康爲主自然而斥名教者，應修正的是所斥者應爲司馬氏之名教。平心而論，嵇康論事以理，自然與名教各有特點，名實各不同，這是名教與自然的初步關係，這應爲嵇康所認肯。名教與自然這樣初步的關係，和嵇康在許多論作中所表現出的「辨異精神」是不謀而合的，如〈聲論〉中的聲情分判。然並非只停留於辨異的層次，完全落入主張自然而斥名教。再者，二者之調和問題，名教與自然的關係，其實正如心聲二軌，雖不相經緯，然以和境相通於玄同之境，故「和」便是名教與自然得以會通的關鍵。嵇康言「越名教而任自然」，便是提點名教與自然之相契，在於「超越」，如此才能既辨異而又玄同，這正是名教與自然之「和」。〈聲論〉便是闡發「越名教而任自然」此一思想之論作，透過對聲情的分判，突顯出音聲之「客觀主義純美論」。「越名教而任自然」雖是〈釋私論〉中對君子無措乎是非的歷程，但〈聲論〉能跳脫凡事以人爲主體的觀點所造成的盲點，從「自然物」的立場重新出發，而賦予了音聲主體性的價值意義。依此調和所產生的體用問題，名教與自然，何者爲體？何者爲用？多數主張自然爲體，名教爲用，大致無誤，然就嵇康而言，要更精確應如是說：以「越名教」爲體，而以「任自然」爲用，當體即用。何也？「越名教而任自然」即「無爲而無不爲」：「無爲」一定連著「無不爲」，「越名教」也一定連著「任自然」。無爲是本，無不爲是作用；越名教是本，任自然是作用。道家從作用層來保存實有層，強調的就是積極實踐的精神。故一般學者皆傾向嵇康主自然而棄名教，實爲誤解，更精確的說，嵇康以「任自然」來「越名教」，「越名教」的作用正是「任自然」，由此會通之。從「無爲而無不爲」，在嵇康的

時空背景之中，落實出「越」名教而「任」自然，嵇康在名教與自然的調和上，面對虛文僞教，其選擇堅持主體的自由，故尋找出適合主體才性展現的道德而成就之，在在以才性爲要，強調主體之構成，而非以道德爲前提。嵇康思以「越名教而任自然」做積極之努力，以超越名教的自然觀與放任自然的名教觀，尋找出適合主體才性展現的道德而成就之，主體獲得存在的尊嚴與價值，道德獲得實踐與證實。人類歷史的發展已經證明，嵇康的生命爲理性奮鬥，爲感性爭自由所透顯的燦爛光輝。

　　本論文提供一個省視嵇康於魏晉玄學歷史定位的方向，受限於筆者之學力，力有未逮之處，懇請批評指證，感激不盡。對於嵇康〈聲無哀樂論〉之研究，或有關涉易理處，可試由〈難宅無吉凶攝生論〉或〈釋答難宅無吉凶攝生論〉作爲契接點，此空白處有興趣者可嘗試塡補。以〈聲無哀樂論〉做爲嵇康思想之立基點，上承老莊，在美學方面於後世呈現出比較明顯的影響和成果，而銜接到當代的成果爲何？值得探討。在玄理方面，考慮其時代思潮之趨勢，或以其語言形式向下契接佛學，是未來可以大膽著力的方向。

參考書目

一、古籍

經部

1. 論語，（春秋）孔子撰，重刻宋本十三經注疏附校勘記，台北：藝文印書館。
2. 周易正義，（魏）王弼、韓康伯注、（唐）孔穎達等正義。
3. 論語釋疑，王弼，善本，長沙娜嬛館補校，清光緒九年，1883 年。
4. 禮記正義，（漢）鄭元注、（唐）孔穎達等正義，重刻宋本十三經注疏附校勘記，台北：藝文印書館。
5. 四書集注，（宋）朱熹注，台北：學海出版社，1991 年 3 月再版。

史部

1. 漢書，（漢）班固撰，點校本。
2. 晉書，（晉）虞預撰，四部備要本，台北：中華書局，1965 年。
3. 晉書，（晉）虞預撰，四明叢書，收錄於張壽鏞輯刊第八冊，台北：新文豐出版社，1988 年臺一版。
4. 三國志，（晉）陳壽撰，台灣中華書局、宏業書局。
5. 新校本晉書并附編六種二，楊家駱主編，台北：鼎文書局，1975～1977 年。
6. 三國志集解，盧弼撰，台北：漢京文化，2004 年 3 月初版。

子部

1. 老子周易王弼注校釋，樓宇烈校釋，台北：華正書局，1983 年。
2. 莊子集釋，（清）郭慶藩編，臺北：萬卷樓出版社，1993 年 3 月。

3. 荀子集解，楊家駱主編，世界書局，1978 年 10 月九版。

4. 呂氏春秋，（秦）呂不韋撰，台北：藝文印書館，1974 年。

5. 白虎通疏證，（漢）班固撰、（漢）陳立疏證，台北：中國子學名著集成編印基金會印行，1978 年。

6. 重修緯書集成卷一（上），安居香山、中村璋八編，明德出版社，昭和五十六年 3 月 5 日印刷、3 月 10 日發行。

7. 論衡，（漢）王充，中國子學名著集成編印基金會印行，明萬曆年間新安程榮刊漢魏叢書本，？年。

8. 人物志，（魏）劉卲撰、蔡崇名校注，台灣古籍出版有限公司，2000 年 11 月出版一刷。

集部

1. 博物志，（晉）張華撰，台北：藝文印書館，據士禮居黃氏叢書收覆汲左閣景宋連江葉氏本影印，1958 年。

2. 世說新語，（梁）劉義慶著、劉孝標注，台北：藝文印書館，1959 年。

3. 嵇中散集，（晉）嵇康，四部備要本，台北：中華書局，1965 年。

4. 嵇康集校注，（民國）戴明揚校注，台北：河洛出版社。

5. 嵇康集，（民國）魯迅校注，魯迅三十年集，香港：新藝出版社，1967 年。

6. 嵇中散集，嵇康撰、王雲五主編，台灣商務印書館，1972 年 3 月臺一版。

7. 新編諸子集成八，楊家駱主編，台北：世界書局，1983 年 4 月新 4 版。

8. 四庫全書薈要・集部・思舊賦，（晉）向秀撰，景印摛藻堂，清高宗敕撰，台北：世界書局，1999 年。

9. 人物志，劉卲撰、蔡崇明校注，台灣古籍出版有限公司，2000 年 11 月。

10. 嵇康集校注，（民國）戴明揚校注，北京：中華書局，2014 年 4 月。

二、專書（依年代排列）

1. 竹林七賢研究，何啓民撰，中國學術著作獎助委員會，1966 年 3 月。

2. 中國哲學原論原道篇，唐君毅，台北：台灣學生書局，1976 年 5 月修訂再版。

3. 陳寅恪先生論文集，陳寅恪，台北：九思出版社，1977 年 6 月增定二版。

4. 中國哲學十九講，牟宗三撰，台北：台灣學生出版社，1983 年 10 月。

5. 郭象與魏晉玄學，湯用彤撰，湖北人民出版社，1983 年三版。

6. 歷史哲學，黑格爾撰，謝詒微撰，台北：大林出版社，1983 年。

7. 魏晉思想・魏晉清談思想初論，賀昌群撰，里仁書局，1984 年。

8. 中國哲學史新編，馮友蘭撰，人民出版社，1986 年。

9. 郭象與魏晉玄學，湯一介撰，台北：谷風出版社，1987 年。

10. 中國美學史，李澤厚、劉紀綱撰，台北：谷風出版社，1987 年再版。

11. 審美心理描述，滕守堯撰，台北：漢京出版社，1987 年。

12. 魏晉玄學史，許抗生等撰，陝西師範大學出版社，1989 年 7 月。

13. 古樂的浮沉，修海林撰，山東文藝出版社，1989 年。

14. 嵇康研究及年譜，莊師萬壽撰，台北：台灣學生書局出版，1990 年 10 月。

15. 從創造的詮釋學到大乘佛學・創造的詮釋學及其應用——中國哲學方法論建構試論之一，傅偉勳撰，台北：東大圖書，1990 年 7 月。

16. 管錐篇，第三冊，錢鍾書撰，台北：書林，1990 年。

17. 魏晉清談，唐翼明撰，台北：東大圖書，1992 年 10 月。

18. 康德判斷力之批判，牟宗三譯註，台灣學生書局，1993 年 1 月初版。

19. 中國哲學原論，唐君毅撰，學生書局，1993 年 2 月全集校定版第二刷。

20. 玄智、玄理與文化發展，戴璉璋撰，中央研究院中國文哲研究所，1993 年 6 月再版。

21. 反者道之動，杜保瑞撰，台北：鴻泰圖書公司，1995 年 7 月。

22. 邏輯與方法，朱志凱，北京：人民出版社，1995 年 8 月。

23. 玄學通論，王葆玹撰，台北：五南圖書，1996 年。

24. 嵇康的音樂美學，徐麗珍撰，國立編譯館，1997 年 3 月。

25. 嵇康音樂美學思想探究，張蕙慧撰，台北：文津出版社所出版，1997 年 4 月。

26. 才性與玄理，牟宗三撰，台北：台灣學生書局，1997 年 8 月修定八版。

27. 中國年譜辭典，黃秀文主編，上海：百家出版社出版發行，1997 年 5 月。

28. 論音樂美，漢斯立克（E.Hanslick, 1825～1904）撰，陳慧珊譯，台北：世界文物出版社，1997 年 11 月。

29. 歷史的嵇康與玄學的嵇康——從玄學史看嵇康思想的兩個側面，謝大寧撰，台北：文史哲出版社，1997 年 12 月。

30. 文藝心理學，朱光潛撰，台北：台灣開明出版社，1999 年 1 月修訂本。

31. 中國思想史，韋正通，台北：水牛圖書出版事業有限公司，1999 年 6 月。

32. 竹林玄學的典範——嵇康，曾春海撰，台北：萬卷樓圖書公司，2000 年。

33. 思想方法五講新編，勞思光撰，香港：中文大學出版社，2000 年修訂版。

34. 中國哲學史，王邦雄等著，國立空中大學，2000 年 4 月初版三刷。

35. 魏晉玄學，湯用彤撰，台北：佛光文化事業，2001 年。

36. 玄智・玄理・文化發展，戴璉章撰，中研院中國文哲研究所，2002 年。

37. 理則學，牟宗三，台北：正中書局，2004 年 8 月二版。

38. 魏晉玄學史，余敦康撰，北京：北京大學出版社，2004 年 12 月。

39. 魏晉玄學研究論著目錄 1884～2004，林麗真等編，漢學研究中心，2005 年 11 月。

40. 中國思想通史，侯外廬等，北京：人民出版社，1995 年 10 月第 7 次印刷。

三、論文（依年代排列）

（一）學位論文

博士論文

1. 袁保新，老子形上思想之詮釋與重建，文化大學哲學研究所博士論文 1983 年 12 月。

2. 魏晉玄學的自然觀與自然美學研究，林朝成，台大哲研所博士論文，1992 年。

3. 魏晉玄論與世風新探——以「情」為合及詮釋進路，吳冠宏撰，台灣大學哲學研究所博士論文，1997 年 5 月。

4. 魏晉有無之辨研究——從王弼到郭象，吳曉青撰，政大中文所博士論文 1999 年 6 月。

5. 言意之辨與中國美學，張家梅，大陸暨南大學博士論文，2003 年。

碩士論文

1. 聲無哀樂論研究——從傳統音樂發展看聲無哀樂論，葉明媚撰，香港：新亞研究所文學組碩士論文，1977 年。

2. 原氣，莊耀郎撰，台灣師大國研所碩士論文，1984 年。

3. 嵇康思想論，吳芳玉撰，輔仁大學哲學研究所碩士論文，1987 年 6 月。

4. 嵇康與漢斯里克音樂美學思想研究，鄭明慧撰，台北：中國文化大學藝術研究所碩士論文，1988 年。

5. 阮籍、嵇康音樂理論中的儒道思想研究，游彩鳳撰，東海大學哲學研究所碩士論文，1992 年。

6. 嵇康與阮籍——其人品思想與文學之比較，任效誠撰，中國文化大學中國文學研究所碩士論文，1994 年。

7. 阮籍、嵇康處事態度研究，陳慶元撰，東海大學中國文學系碩士論文，1994 年。

8. 嵇康音樂美學思想研究，羅嵐君撰，台北：淡江大學中國文學系研究所碩士論文，1995 年。

9. 嵇康「論文」及其玄學方法研究，崔世崙撰，國立師範大學國文學系碩士論文，1998 年。

10. 阮籍與嵇康比較研究，陳嚴坤撰，東吳大學中國文學系碩士論文，1998 年。

11. 嵇康之思維及其藝術精神，何淑雅撰，暨南國際大學中文所碩士論文，1999 年 12 月。

12. 嵇康之藝術生命探析，何美諭撰，國立中興大學中國文學系碩士論文，2002 年。

13. 嵇康之養生論與樂論研究，楊旋撰，東海大學中國文學系碩士論文，2002 年。

14. 嵇康〈聲無哀樂論研究〉：以「樂教」為核心考察，蕭凱文撰，台北：淡江大學中國文學系碩士論文，2002 年。

15. 嵇康神仙思想研究，張澤文撰，中國文化大學哲學研究所碩士論文，2003 年。

16. 嵇康玄學思想研究，陳弘學撰，東吳大學中國文學系碩士論文，2003 年。

（二）期刊論文

1. 阮籍和他的達莊論，黃錦鉉，師大學報 22（上），1977 年 6 月。

2. 過江三理——聲無哀樂、養生、言盡意論探微，江建俊，收錄於《成功大學學報・人文篇》，16 期，1981 年 6 月。

3. 關於「聲無哀樂論」評價問題——兼論嵇康的音樂美學思想，袁繼喜撰學術年刊，1981 年，第十二期。

4. 言意之辨與魏晉名理（七）嵇康「聲心異軌」論及其音樂美學，吳甿撰，鵝湖，1985 年 10 月。

5. 越辨越明真理在——〈樂記〉、〈聲無哀樂論〉學術研討會紀略，磁冉撰，收錄於中央音樂學院學報，1985 年第三期（總第二十期）。

6. 論莊子與嵇康的養生論，高柏園，鵝湖月刊，172 期，1988 年 10 月。

7. 老子思想中「聖人」觀念的提出，丁原植，哲學與文化，第十八卷二、三期 1991 年 2 月。

8. 嵇康「聲無哀樂論」之音樂美學研究，徐麗真，國立台灣師範大學研究所集刊第三十六卷，1992 年 5 月。

9. 嵇康的思維方式與魏晉玄學，岑溢成，鵝湖學誌，第九期，1992 年 12 月。

10. 魏晉風度及文章與藥酒之關係，魯迅，收錄於，魏晉思想乙編三種，里仁書局，1995 年 8 月 31 日初版。

11. 魏晉「言意之辨」的兩個層面，岑溢成，鵝湖學誌，第 11 期，1993 年。

12. 嵇康《琴賦》小論，李銳清撰，新亞學術集刊，第十三卷，1994 年。

13. 嵇康音樂審美主體觀發微，陳允鋒撰，中央音樂學院學報，1994 年第 3 期。

14. 養生與禁忌：以嵇康觀點為中心，范家偉，中國文化研究所學報，1996 年第 5 期。

15. 理想與現實結合的養生論──試探嵇康〈養生論〉，黃靜芝，雲漢學刊，1997 年 5 月。

16. 道家的思維方式與中國形上學傳統，朱伯崑撰，道家文化研究 第二輯台北：文史哲出版社，2000 年 8 月校訂一版。

17. 嵇康的審美表現及生命美學，曾春海撰，哲學與文化，第二十八卷第八期，2001 年 8 月。

18. 析論聲無哀樂論的儒道思想，吳德育撰，輔仁大學中文研究所學刊，2002 年 10 月。

19. 嵇康養生思想及其黃老、道教之淵原蠡測，吳聯益，中國文學研究，第十八期台灣大學中國文學研究所，2004 年 6 月。

20. 《老子》的醫療觀，鄭志明，鵝湖月刊，2005 年 3 月。

21. 由老莊的生死觀論其養生哲學，李美燕，國立屏東師範學院學報刊，第十一期。

22. 由莊子的生死觀論其養生哲學，李美燕，國立屏東師範學院學報刊，十二期。